渡辺　裕

——交叉する〈都市〉と〈物語〉

まちあるき文化考

春秋社

目次

まちあるき文化考――交叉する〈都市〉と〈物語〉

第5章 「音楽の都」のつくりかた …… 285

装置としての音楽散歩 ウィーン

まちあるき文化考

交叉する〈都市〉と〈物語〉

序　章

「作品世界」と「現実世界」の虚実

「コンテンツツーリズム」全盛の時代に

近年、コンテンツツーリズムなるものが脚光を浴びている。映画の「ロケ地めぐり」、アニメの「聖地巡礼」など、作品ゆかりの地に出かけてゆき、その空気を味わうという体験に、多くの人が惹かれている。観光客が増え、「地域おこし」の格好のネタになるということで、自治体なども力をいれはじめ、映画のロケ地を誘致するためのフィルム・コミッションのような組織も各地で整備されるようになった。映画が韓国や中国でヒットし、ロケ地になった場所に海外からの観光客が多数訪れるようなケースも出てきており、外国人観光客の増加とも相まって、観光や旅行のあり方自体に大きな地殻変動が起こっていると言っても良い。

コンテンツツーリズムをめぐる研究も進みはじめている。「コンテンツツーリズム学会」と銘打たれた学会が二〇一一年に設立され、二〇一四年から毎年一回機関誌『コンテンツツーリズム研究論文集』（コンテンツツーリズム学会2014–）を刊行しているほか、『コンテンツツーリズム入門』（コンテンツツーリズム学会、増淵敏之他著2014）と題された概説書なども出ている。他にもコンテンツ文化史学会（2009）などの関連するテーマを旗印に掲げた学会や研究会が相次いで作られており、社会学などの既存の領域での活動も含めれば、急速に成長している状況にあることは間違いない。

注目を浴びることのないまま放置されていた「文化資源」にスポットライトが当たって、そこに潜在していたさまざまな展開の可能性が洗い直され、「開発」されてゆくことは決して悪いことではない。観光への活用というと、すべてが金勘定だというような受け止め方をされ、文化を何と心得るか、というような批判にさらされることもあるが、見慣れた土地の風景が、ちょっと見方を変えることで新たな光のもとに見直され、そこに今までになかった価値が賦与されたと考えれば、それはまさに、歴史の中で「文化」が価値観の変動を伴いながらさまざまに形を変えつつ展開してきた過程の一端をなすものであろうし、それはまた、その「文化」が生きたものとして機能しているということの証に他ならない。ただ、コンテンツツーリズムをめぐる現代の状況を見ていると、性急な形で展開を急ぐあまり、そこにもともと孕まれていた豊かな可能性を十分に引き出せていなかったり、甚だしきにいたっては、そのような可能性を潰すような状況を生み出していることも多いように思われてならないのである。

考えてみると、コンテンツツーリズムというような言い方はたしかに新しいものであるかもしれないが、そこで取り上げられている具体的な活動のかなり多くの部分は「文学散歩」や「音楽散歩」など、古くから行われてきたものである(1)。筆者は美学や芸術研究などと呼ばれる領域に身を置き、そのような観点からものをみる習性を身につけてきた者だが、そういう目からみてみると、コンテンツツーリズムは芸術研究のテーマとしても実に興味深い問題をたくさん含んでいるように思われる。そのような視点から捉え直してゆくことができるならば、さらにまた違った視野がひらけてくるのではないだろうか。そのことがあるいは、コンテンツツーリズムやその研究に関わるこれまでの欠落を補い、新たな視界を開くことを可能にしてくれるかもしれないのである。

1　コンテンツツーリズムの魅惑

映画をみたことでそのロケ地への関心をそそられ、実際にその場所に行ってみるという行為は、心をわくわくさせるものがある。画面で見覚えのある景色が、何一つ変わることない形で目の前に現れた時の高揚した満足感は、何ものにも代え難い。もちろん、古い映画の場合などは、風景が全く様変わりしてしまい、映っていた場所がどこであったのかさえわからなくなってしまうようなケースも少なくないが、それはそれで、画面の中にちょっとした手がかりを見つけて現実の景色の中に「復元」してゆくというような楽しみ方もある。筆者が前著『感性文化論』で取り上げた市川崑監督の記録映画《東京オリンピック》では、マラソンの場面で新宿駅南口の光景が背景に映っていた。それは懐かしさを通り越して、戦前に撮影されたものかと思ってしまうくらいの変貌ぶりであったが、実際にそこに行ってみて、映画中の「村上の靴」の看板があったと思しき場所に「村上ビル」なるものをみつけた時には、鬼の首をとったような感じがしたものである。インターネットでちょっと探してみれば、ロケ地を訪れてそこで撮った写真を得意げに掲載しているウェブサイトが山ほど出てくる。こういう感じをもつのが筆者だけではないということの証左であろう。

ロケ地巡りにせよ、文学散歩にせよ、そこに伴うこのような高揚感は、いったい何に由来するのだろうか。もちろん、これは文学や映画のような芸術作品に限ったことではない。昭和の頃の東京

1964年東京オリンピックのマラソンで新宿駅南口付近を通過する選手たち。右端に「村上の靴」の看板がみえる（記録映画《東京オリンピック》より）

同じ場所の現在の風景（写真右奥、交差点角の建物が「村上ビル」）

の街角を写した写真集のようなものもたくさん出ているが、それをみて現地を訪れたり、今の写真と見比べたりしながら、これがどこにあたるのかいろいろ詮索することに無上の喜びを見出す人も多いことだろう。そこには、写真という、現実を写したものでありつつ、紙の上で完結した虚構世界を前にしたとき、そこに映し出されている世界を現実世界に対応させてゆかないと気が済まない、言ってみればアイデンティフィケーションをもとめる人間の性のようなものがあるのかもしれない。また、その街を歩く行為に、ひとつ歴史的次元を付け加えるだけで、それが鮮やかに別種の体験に変貌する、その魔法にかかったような瞬間に魅せられてやまないという向きもあるかもしれない。

ロケ地巡りや文学散歩の体験に関しても、おそらく同じようなことが言えるだろうが、こちらの場合には事態はさらに複雑である。言うまでもないが、文学作品や映画作品に登場する街は、それ自体はフィクションである。文学作品の中に出てくる地名や建物は実在のものと一致しているかもしれないが、すべてが全く架空の存在であってもいっこうにかまわないし、実在の地名をかたった場所で、あり得ないようなことが起こることも許容される。映画のロケ地となるとさらに厄介である。たとえ画面に映っている建物や街角そのものは実在のどこかであったとしても、それとは違った場所として設定されていることもしばしばある。架空の場所というのであればまだ始末が良いが、実在する別の街という設定で自分のよく知っている場所が出てくることすらありうるのである。二〇〇八年公開の日仏合作映画《陰獣》（バルベ・シュローデル監督、ファインフィルムズ、2008）では、金沢のひがし茶屋街のロケで撮られた映像が京都のお茶屋という設定で用いられたが、こういう例は挙げればきりがないだろう。

もちろん、作品はあくまでも作品であって、どんな場所が出てこようと現実の場所とは根本的に別のものだと割り切るのは、それなりの理屈だが、実際の鑑賞体験を思い起こしてみるならば、そのような形で既知の場所のイメージを切り捨ててしまったならば、作品世界にわれわれが感じていたリアリティの多くが失われてしまうということは容易に納得されよう。テレビドラマの最後に「このドラマはフィクションであり、実在する人物や場所とは一切関係ありません」といった内容の字幕が出て来ることがよくあるが、そういうことをわざわざ断らなければならないということ自体、ドラマの情景が現実と混同されがちであること、それどころか、作品体験自体がそのような混同を当て込んでおり、その両者の重なり合いの中に、単純な現実にも単純な虚構にもない第三の次元が開かれる形で成り立っているということを示しているのではないだろうか。

作品に登場する場所が鑑賞者のよく知っている場所であればあるほど、鑑賞者にとって作品体験は、そこで起

金沢「ひがし茶屋街」の見慣れた風景も、「京都府警」の文字の入ったパトカーなどの小道具で京都に変身！（《陰獣》より）

こっている出来事があたかも現実に目の前で起こっているかのようなリアリティを伴った迫真性のあるものとなってゆく。外国文学など、まったく馴染みのない場所を舞台とした小説などでは、舞台が整って没入できる感覚になってくるまでずいぶんと時間がかかるというようなことは誰しも経験していることだろう。それが既知の場所となれば鑑賞者にとっては、そのイメージと重ね合わせることで、あっという間に作品世界に引き込まれ、その中で登場人物たちが生き生きと活動しているかのようなリアリティを伴った体験が可能になる。そのようなリアリティは、作品体験が生きたものになるためには必須のものであるとも言えるだろう。

他方でこの体験は、作品の舞台に使われた現実の場所の側に対しても大きな力を行使することになる。どこかの現実の場所で起こった出来事が、その場の記憶として蓄積されることでその場所のイメージが形成されてゆくのと同じように、作品中の出来事もまた、その場所のイメージを形作る一端を担う要素となってゆく。柴又のような場所を、《男はつらいよ》シリーズでの寅さんのイメージを抜きにして思い浮かべることはほとんど不可能であろう。帝釈天の門をくぐれば誰しもが、今にも中から笠智衆演じる御前様が出てくるような感覚にとらわれるのであり、それはほとんど、映画の撮影されたセットを見学しているような体験に近いものとなる。そうであるからこそ、ひとは文学散歩やロケ地巡りへと駆り立てられるのである。

それに加え、文学にせよ映画にせよ、芸術作品の場合には、舞台となったその場所が、陰惨な殺人事件が起きたり、感動の出会いが実現したりといった、さまざまな事象の詰め込まれたきわめて濃密な場となるのが常である。それゆえ、それらの出来事はその場所のイメージ形成に際して、時

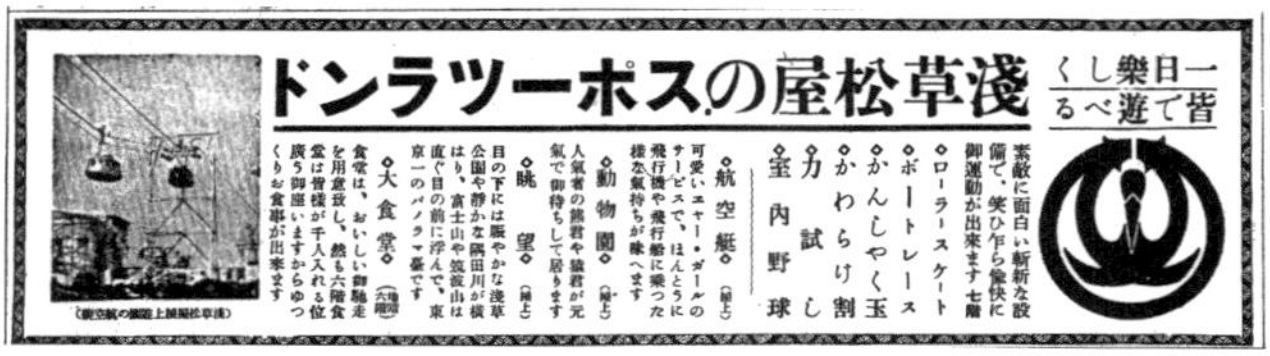

1

戦前のデパートは子供へのアピールのために屋上遊園地を設けていたが、中でも浅草の松屋デパートはことさらその部分を売り物にしていた（1は1932年5月15日付読売新聞に掲載された開店時の広告）。2は戦前、3は戦後の絵はがき。前者には飛行艇、後者にはスカイクルーザーが確認できるが、それだけでなく、ここに写っている屋上の様子は、今のデパートの感覚からすると、いったい何が起こっているのかと思わせるほどさまざまな設備であふれている。浅草を舞台にした映画で、松屋の建物のシルエットが遠景にみえるだけのものも多いが、それだけでも「浅草感」を醸し出すには十分だった（今のわれわれの浅草イメージからはなかなか想像できないが）。

2

3

として、現実のその場所で起こった出来事以上の強烈な力を発揮することになる。そのようなあり方をよく示すものとして、浅草の松屋デパートの屋上にあった遊園地の例を取り上げてみよう。一九三二年にスポーツランドという名でオープンしたこの遊園地は浅草の名物となると同時に、戦前から戦後初期にかけての映画で頻繁に使われてきた。浅草に暮らす三姉妹の命運を描いた《乙女ごころ三人姉妹》（成瀬巳喜男監督、P.C.L. 1935）には、家を出た長女がこの屋上で次女と再会を果たしている場面があり、その背景にこの屋上の売り物だった「航空艇」と呼ばれるロープウェイ風の乗り物が往き来している姿が映っている。

　戦後になるとこれに代わって一九五〇年に作られた「スカイクルーザー」という土星のような形をした六〇人乗りの回転する乗り物が名物となり、映画の若い男女のデートの場面などでしばしば登場する。だが、この「スカイクルーザー」を一躍有名にしたのは、日本に潜入したアメリカのギャングを描いたアクション映画《東京暗黒街　竹の家》（サミュエル・フラー監督、米二〇世紀FOX 1955）のクライマックス

《東京暗黒街　竹の家》などで、浅草松屋の屋上遊園地にはすっかりダークなイメージが染みついてしまった。皮肉といえば皮肉であるが、映画やドラマで遊園地がこのような場所として使われるケースは意外に多く、それらが逆に遊園地が「探偵ごっこ」的な想像力を豊かに広げてゆく場所になるための大きな要因としてはたらいていた側面もあったという見方もできるかもしれない。

での銃撃戦の場面に使われたことであった。さらにその後の《女獣》（曲谷守平監督、新東宝 1960）でも犯罪をめぐる取引が行われる場面で、やはりこの「スカイクルーザー」が使われている。さらにこのスカイクルーザーが一九六〇年に取り壊された後の一九六二年に制作された《左利きの狙撃者　東京湾》（野村芳太郎監督、松竹）でも、取引の現場としてこの屋上が使われるなど、この松屋の屋上はこの種の場所の「定番」と化し、すっかり犯罪のにおいを帯びてしまった。とりわけ「スカイクルーザー」は設置されてからわずか一〇年で取り壊された短命な存在だったにもかかわらず、人々の記憶に強く残り続けているのは、多分にこれらの映画のもたらしたイメージゆえのことではないかと思われるのである。

2　《北の国から》の街・富良野にみる「作品世界」と「現実世界」

この現実の世界と虚構の世界との間に開かれる記憶の蓄積は、時には人々の想像力の枠を突き破って、現実を動かしてしまうような力にもなる。《北の国から》と言われれば、多くの方が、フジテレビ制作のこの大ヒットしたテレビドラマとともに、その舞台になった北海道の富良野の風景を思い出すことであろう。《北の国から》の本編となる連続ドラマが放送されたのは一九八一年から翌八二年にかけてのことだが、その後、一九八三年から二〇〇二年にかけて、計八話が長篇の「ドラマスペシャル」として放送され、登場人物たちのその後の成長や富良野の風景の変化が描き出されたため、人々があたかもそれらをリアルタイムで一緒に見守っているかのような状況が生じることになった。

ドラマの中の人物や出来事だけでなく、それを包み込んでいるかのような富良野の環境がこのドラマのリアリティを格段に増すことに貢献したということは言うまでもないが、逆に、現実の富良野の側も、このドラマの進行とともに新たなリアリティを獲得したという面を無視することができない。たとえセットで撮影された架空の街であっても、長期間にわたってそこを舞台としたストーリーが展開されれば、あたかもそれが現実の街であるかのようなリアリティをもってくることになる。極端な言い方をするなら、富良野の街も《北の国から》のセットのような性格を強めていくことになったのである。

このドラマ以前の富良野は、数々の観光地を有する北海道の中で、どちらかといえば特徴のない街であり、観光地的な要素はほとんどなかった。北海道のちょうどまん中に位置することから「北海道のへそ」などと呼ばれることがあるということを別にすれば、あまり話題になることもなかった。それが、《北の国から》が人気を呼ぶことでロケ地としての富良野に焦点があたり、観光客が急速に増えることとなったのであり、そのことが富良野の街のあり方自体を変えてゆくことにつながったのである。

一九九六年にフジテレビ出版が出した『「北の国から」ガイドブック』と題されたガイドブックがある。その中心をなすのは、ロケ地になった場所を紹介する「《北の国から》をたずねてみよう」という章であるが、これをみると、このガイドブックを手に富良野を訪れる人がこの街をどのように認識しているかを窺い知ることができるように思われ、興味深い。まずは中心的な舞台である麓郷地区を中心に、主人公一家の住居となった建物や、「蛍が手紙を落とした橋」、「れいの自転車のチェーンが外れた場所」等々、ドラマ中の印象的なシーンの舞台となったロケ地が紹介されるが、そのあと範囲を市街地へと広げ、さらに「レストラン・宿泊ガイド」へと進んでゆくにつれて、ロケ地を紹介しているのか、現実の富良野のタウンガイドであるのか、判然としなくなってくる。紹介されている店の多くにはどの回のどのような場面で登場したかが書かれており、その意味ではロケ地の紹介なのだが、「温かみあふれる宿泊スポット」等々、店の特徴の記述もかなり詳しく、おすすめメニューなども掲載されている。ドラマ中で何度か出てくる警察に呼ばれる場面などで使われた本物の「富良野警察署」も紹介されているが、そこには「旅先で何かあったら行ってください」などと書かれている。別の言い方をすれば、これは富良野という町全体を、《北の国から》というドラマのセットのようなものとして再構成したともいえるのである。

　現在では最後の《北の国から　2002　遺言》の放送からも一五年以上の年月が経過し、さすがに、このガイドブックに紹介されている店なども相当部分が姿を消している。「レストラン・宿泊ガイド」で冒頭に紹介されている、喫茶店「北時計」（ガイドブック刊行の前年に放映された《北の国から'95　秘密》で宮沢りえ演じるシュウが純に自分の過去を告白し、和解する印象的な場となった店である）も二〇一〇年に閉店した。しかし、この建物の寄贈を受けた富良野市が翌年、このドラマの放映三〇周年記念事業の一環と

『「北の国から」ガイドブック』
表紙

してこの建物をボランティア団体に無償貸与して期間限定で営業を再開、その後この団体が正式に営業を引き継ぐことになり、今日にいたっている（店名は「あかなら」と変わっている）。この三〇周年記念事業では、さまざまなイヴェントの開催とならんで、ドラマにちなんだ新商品や新メニューが発売されるなどの試みがいろいろ行われているが、そのことは、現実の富良野の街を《北の国から》の街に向けて形作って行こうとする「セット化」的なベクトルの力がいかに強く働いているかということを物語っているともいえるだろう。

現実の富良野とドラマの中で描かれる富良野とが接する界面で人々の想像力を刺激することで、その虚実皮膜の間に形作られてくるこの豊かな広がりは、言ってみれば、芸術作品という特殊な存在によって生み出される「作品世界」に特有のものであり、その意味ではわれわれが芸術という独特な文化のあり方を考えようとする際のキモとなる現象であるということもできる。そしてそのことは、一見現実の世界から切り離されたものであるかにみえた芸術作品をめぐる体験が、再び現実世界と関係を取り結び、現実世界を生きているわれわれに大きな力を行使する、そのような回路が存在し、大きな役割を果たしていることをあらためて認識させてくれるのである。

3　コンテンツツーリズムは脇役か　芸術研究と「作品中心主義」

コンテンツツーリズムは、近年急速に高まった、映画の「ロケ地巡り」やアニメの「聖地巡礼」の人気を受けて使われるようになったかなり新しい言葉ではあるが、それに類する行為自体は、決してそれほど新しいものではない。「文学散歩」の由来については本論第1章でもまた触れることになるが、文芸評論家・野田宇太郎が一九五一年に刊行した『新東京文学散歩』をきっかけに、文学作品のゆかりの地を訪ねることがブームとなり、各地に「文学散歩友の会」などの組織が作られており、ジャンルこそ異なるが、近年の「ロケ地巡り」や「聖地巡礼」とほぼ同型の動きをみてとることができる。さらに戦前にまで遡ると、昭和初期の空前の旅行ブームの時期がある。この時期、ジャパン・ツーリスト・ビューロー（今日のＪＴＢの前身）が設立されるなど、旅行のパッケージ化の端緒となるような動きが進んだが、出版社の博文館からは「趣味の旅」なるシリーズが企画され、『古跡めぐり』（笹川臨風著 1919）、『古社寺をたづねて』（齋藤隆三著 1926）、『名物をたづねて』（松川二郎著 1926）、『伝説をたづねて』（藤澤衛彦著 1927）などが次々と刊行されている。その中に含まれている『謡曲名所めぐり』（谷口梨花著 1920）、『川柳名所をたづねて』（近藤飴ン坊著 1928）には、明らかにその後の「文学散歩」に直接つながる発想がうかがえる。

またこのシリーズには、松川二郎の著した『民謡をたづねて』（松川二郎著 1926）、『新民謡をたづねて』（松川二郎著 1929）のタイトルもみることができる。ここにみられる方向性は、本書第5章で取り上げる「ウィーン音楽散歩」に通じるところがあるが、他方でこの「民謡の旅」というコンセプトは、戦後にはさらに大規模な形で展開し、服部龍太郎、高橋掬太郎らの手によって「民謡の旅」を名乗る本が続々刊行される。そのひとつとして出されたソノシートつきのシリーズ《カラー版 民謡の旅》（服部・野田 1966–7）には共編者として服部の名前と並んで、文学散歩の創始者である野田宇太郎の名前が登場している。このことは、この両者が連動したひとつの動きをなしており、一九五〇―六〇年代にかけてひとつのピークを形作るにいたったことを象徴的に示していると言って良い（松川二郎と「民謡の旅」の周辺については、拙著『サウンドとメディアの文化資源学：境界線上の音楽』［渡辺 2013］を参照されたい）。今のコンテンツツーリズムのブームもまた、そのような系譜の延長線上にあるとみることができる。その意味ではこのような動きは、最近急に取り沙汰されるようになった現代的な現象などでは決してないのであり、芸術を考察する中で、当然大きな関心事となってきてしかるべきものだったはずなのである。

それにもかかわらず、コンテンツツーリズムが地域おこしと絡んで、主として経済的な観点から脚光をあびる一方で、その文化的な意義や役割を芸術研究の側から評価し、解明するような動きはこれまで乏しかった。作品の舞台や作者のゆかりの場所に行くことが、その場所の雰囲気や情緒を知り、作品の理解に資する補助的な体験として評価されるくらいのことはあっても、それ自体はあくまでも脇役にすぎず、重要なのは「作品そのもの」の理解や解釈の方だ、というような見方をされることが大半だったのではないだろうか。

芸術研究は、長いこと、作者や作品に焦点をあわせ、最終的にそこに着地させることを目指す「作品中心主義」とも言うべき考え方をベースに展開してきた。一八世紀末から一九世紀にかけて西洋において近代的な芸術概念が確立してゆくとともに、芸術作品は、作者の人格や個性の表現された小宇宙として認識されるようになってゆく。そういう中で作品鑑賞の本来のあり方は、作者の精神の所産であるこのかけがえのない唯一無二の小宇宙を味わい尽くすことであると考えられるようになった。そういう考え方にたってみるなら、たとえそこに描かれている世界が、どれほど身の回りの日常よく知っている場所の風景に似ていたとしても、それは作者の作り上げたかけがえのない小宇宙の中で必ずや何らかの特別な意味を担うものとして描かれているはずであるから、そこから作者の表現を捨象して日常的な世界に還元してしまうようなふるまいは、芸術作品の本来の鑑賞のあり方に悖るものだということになる。

作品を、その場所の当時のあり方を伝えるドキュメントのような形で取り扱うなどということが、芸術の本質から著しく逸脱したこととされたのは、そのような考え方からすれば当然のことであった。最近では、芸術とそれに関わる場所との関係に焦点をあわせた研究も決して少なくはなくなったのだが、そういう場合でも最終的には、テクストとしての作品がメインに据えられ、場所の方はつねに、その背景にある副次的なコンテクストとしての役割にとどまるほかなかった。ユトリロの描いたパリや小津安二郎の撮影した東京の状況が取り上げられる場合でも、そのことが意味をもつのはあくまでも、それらが彼らの表現にとって何らかの役割を果たしているという限りでのことであり、鑑賞の重点が作者を離れて、そこに描き出されている当時のパリや東京の状況を理解するという側に移ってしまった途端に、そういう鑑賞の仕方は邪道のレッテルをはられることになってしまったのである。

しかしながら、一九八〇年代頃から芸術研究に生じた一連の新しい動きの中で、こうした見方は明らかに変わってきている。それまで自明のものと思われてきた、作品と作者との関係や、そういう中での作品鑑賞の「正しい」あり方についての考え方自体が、歴史的、文化的に規定されて生じたものにほかならず、きわめて一面的なものであったことが認識されるようになった。西洋以外の文化、また西洋においても近代以前の文化に関してはそれとは違った捉え方が必要であることが認識されるようになったばかりでなく、当の西洋近代においてすら、文化としてトータルに考えるならば、それとは違ったあり方が機能していた局面が多々あったことも明らかになりつつある。

そのことは、芸術作品とそれに関わる都市との関係のあり方についても新たな見方をもたらすことになった。(2) 芸術作品について、「作品そのもの」を解釈されるべきテクストとして位置づけ、それと関わる都市をそのコンテクストであるとするような固定観念を一端棚上げしてみると、逆に都市の側を読み取るべきテクストとして設定し、それに対するコンテクストとして芸術作品を位置づけるというような考え方も可能になってくる。ポピュラー音楽研究者であるサラ・コーエンは、ビートルズの音楽と彼らが生まれ育ち、活動した都市リヴァプールとの関係を論じる際に、そのような考え方を提示した(Cohen 1997)。炭坑産業が斜陽化したリヴァプールでは、一種の町おこし策として、リヴァプールの出身であるビートルズを目玉とした観光政策を展開しているのだが、これはビートルズの音楽というテクストの背景となるコンテクストとしてリヴァプールという都市があるというよりは、逆の関係、つまり、リヴァプールの街というテクストに対してビートルズの音楽がそのコンテクストをなすという関係として捉える必要があるというのである。リヴァプールの街のあちらこちらに、ビートルズの録音したスタジオだとか、メンバーの住んでいた家といったさまざまな「遺跡」が「発見」されて博物館などの施設になっており、市の観光局が作ったパンフレットなどに掲載されているモデルコースに沿って回ると(ちなみに、このルートに一番忠実に回っているのは日本人だとコーエンは書いている)、ビートルズの活動がたどれるという寸法だが、同時にこれはリヴァプールの街を「ビートルズの街」として認識し、ビートルズの活動というストーリーを背景にこの街を理解するということでもある。そして、そのようなルートに沿って歩くと、行く先々でビートルズの音楽が鳴り響いており、人々がまさにビートルズの音楽という「コンテクスト」を背景としてこの街を読み解いてゆくための装置となっているというのである。まさに「逆転の発想」によって、芸術体験の中にある、これまでの捉え方では抜け落ちてしまっていた側面をすくい上げることに見事に成功した事例と言えるだろう。

もちろんだからといって、従来の芸術体験の中で積み上げられてきた作品解釈などの蓄積が無効になり、都市体験の中に解消されたというように理解してはならない。作品と都市の両者の間にあるテクストとコンテクストとの関係を逆転させるということは、単に逆転して終わりという話ではなく、その両者が一種の弁証法的な関係のうちに置かれるというようなモデルで捉えるべきことであろう。そこに生ずる不断の相互作用によってそれぞれに奥行きが付け加えられ、どちらにもなかった第三の次元がひらかれてくるということが重要なのであり、それこそがまさに作品世界と芸術世界との虚実皮膜の間にあらわれてくる豊かな広がりを可能にしていると考えるべきなのではないだろうか。

本章の最初に述べた、近年流行のコンテンツツーリズムが、いささか皮相的に流れ、そのさまざまな可能性を十分に発掘できていないのではないかという危惧にしても、他方で芸術研究の側の「作品中心主義」的な志向が強すぎるあまり、「芸術と都市」といった問題意識を都市の側についての知見として発展させることができなくなっている状況にしても、テクストとコンテクストの間に作用しているこのような相互作用を十分に捉えることができていないために、一方向的な展開にならざるをえなくなったところに大きな問題があるように思えるのである。このあたりの捉え返しが本格化してくることで、状況は大きく変わってくるのではないだろうか。

4 「歴史記述」としての歴史映画　歴史学研究の新展開

そのような変化を予感させる徴候として、歴史映画の研究をめぐる最近の動向について、最後に触れておくことにしよう。これまでもっぱら現実世界の歴史に関わる研究に終始してきた歴史学の側から、歴史映画に着目するという新しい流れが急速に生じはじめているのである。

言うまでもなく、これまで歴史学にとっては、そもそもフィクションに過ぎない歴史文学や歴史映画など、資料価値など全くなかったし、それが歴史記述であるなどと考える余地もなかった。しかし、歴史学においては近年邦訳の刊行された、ヘイドン・ホワイトの『メタヒストリー』を筆頭に、これまでの歴史の捉え方自体を問い直す動きが展開し、「記憶」、「表象」、「歴史観」、「歴史記述」といったキーワードの周辺に一群の問題系が作られてきており、そういう中で、歴史映画への歴史学者からの注目が集まっているような状況が生じている。

歴史学において、「記憶」という概念が前景化してきたのは、一九九〇年代にフランスの歴史学会が総力を挙げて取り組んだ『記憶の場』においてであった。そこで提起された問題の根源にあったのは、煎じ詰めれば、これまでの歴史学が、文書を基礎にした実証主義的手法によって明らかにしてきた「歴史」は、本当の意味での「歴史」だったのか、という問いであったと言って良い。人々が「歴史」を語るときに通常イメージされているものは、そのような「歴史」とは違うのではないか、むしろ真に「歴史」と呼ぶべきものは、過去のさまざまな事象が人々の記憶の中に蓄積され、それらがトータルに作り出すイメージなのであって、文献から実証的に読み取られたような「歴史」はその一端をなすにすぎず、最も重要な部分を汲み取れていないのではないか。少々乱暴に『記憶の場』の問題提起を総括すれば、そのようなことになろうかと思う。『記憶の場』は、街の中に置かれた銅像、記念碑から通りの名前にいたるまでのさまざまなものを取り上げることで、公文書館に保存された文書ではなく、これらのものに記憶された、人々にとっての「歴史」を語り出そうとしたのである。

そのように考えてみるならば、狭義の実証的な「歴史的事実」をこえて、歴史観や歴史表象、歴史記述といった問題系が歴史研究の前面に躍り出るようになった、このような動きの中で、歴史映画もまた歴史研究の視界にはいってくるようになったことはごく自然なことであるようにも思われてくる。実際、われわれのいだいている歴史表象の相当部分が、歴史映画やテレビの歴史ドラマなどによって形作られていることは間違いのないことだからである。筆者が高校生だった頃、上杉謙信と武田信玄を主人公にした《天と地と》というＮＨＫの大河ドラマが大人気だったのだが、日本史の試験の答案に、このドラマに登場する架空の人物の名前を書いて大目玉をくらった友人がいた。このことは、われわれの歴史観の形成にとって、このようなドラマが歴史の教科書などよりもはるかに大きな影響力をもっていたことの証とみることもできるだろう。もちろん、実証的な「歴史的事実」に照らせば、こんなものは端的に誤りであり、歴史記述などと呼べるシロモノではない、と反論するのはたやすいが、そうなってくると、たとえば司馬遼太郎の《竜馬がゆく》や《坂の上の雲》はダメにしても、それなら『街道をゆく』はどうなのか等々、境界線は限りなく曖昧になってゆく。

あらゆる虚構を排除するということを至上命題とするならば、その境界画定は何にも増して重要ということになるのだろうが、仮にそこに何らかの境界線が引けたとして、その原理原則を明らかにすることがこの事象にまつわる魅惑的なおもしろさについて何かを語り出してくれるのであろうか。むしろ、虚実皮膜の間に形作られる独特の広がりのもっている魅惑を消し去り、事象をつまらなくしてしまう結果をもたらしてしまうのではないだろうか（同様のつまらなさはおそらく、「作品世界」を何らかの原理原則によって統一的に説明しようとする場合にも生じうるだろう）。作品世界と現実世界との間に厳格な一線を引き、「正しい」歴史的事実と「芸術表現」に二分することに血道をあげるよりは、完全なフィクションから実証的歴史研究にいたるまでの多様なあり方をみとめた上で、この虚実の間の広がりがいかに形作られ、変容してゆくのか、そこではどのような文化的コンテクストが重なり合っており、そこでどのような力学が働いているのかといったことを、個々の局面に立ち入って、具体的に見定めてゆくことの方がはるかに魅力的なのではないだろうか。

そのような認識のもとに、歴史映画という問題圏に積極的に踏み込んでゆく動きをリードしてきたのは、アメリカの歴史学研究である。『American Historical Review』といえば、アメリカ歴史学会の由緒ある学会誌であるが、一九九二年四月に刊行された、その第九七巻二号では何と、アメリカ大統領ケネディの暗殺をテーマにしたフィクション映画である《ＪＦＫ》（オリバー・ストーン監督、ワーナーブラザーズ 1991）の小特集を組んでいる。三人の論者がそこに寄稿しているが、その中のひとりであったロバート・ローゼンストーンはその後、『Visions of the Past』（Rosenstone 1995）、『History on Film/Film on History』（Rosenstone 2006）といった著書を通じて、この分野のリーダー的存在となり、その周辺ではハリウッド映画がアメリカにおける自国の歴史像の形成にどのように関わったか、等々のテーマをめぐるさまざまな研究が次々と出されるにいたった。近年ではこの分野の代表的論考を集めたリーダー本も作られ（Hughes-Warrington 2009）、この学問が、歴史学だけではなくさまざまな専門領域からの研究を接合する学際的な性格のものとして一定の地位を獲得しつつあることを示している。

この問題は歴史映画だけの話にとどまらず、再度コンテンツツーリズムの問題へとかえってくることになる。現実の歴史と作品に描かれた歴史との関係という問題は、時間軸を空間軸に置き換えれば、ただちに現実の場所と作品に描かれた場所との関係の問題となる。人々の歴史に関わる記憶や表象が形作られてゆくプロセスやメカニズムを考える上で、歴史映画やそれにつきまとってくる表現世界の広がりが大きな役割を果たしているように、場所に関わる記憶や表象の場合も、文学作品や映画作品の果たしている役割を抜きにして考えることはできない。それゆえ、歴史映画について、歴史学研究がその方法論に関わるレベルでこの問題を位置づけ、議論するようになってきたのと同じような形で、芸術研究と、場所に関わるテーマを扱う地理学、都市論などの諸分野の研究とが学際的な形でタグを組み、地域の記憶や地域表象の生成展開に果たしている芸術作品の役割を解明してゆくための研究態勢を作ってゆくことができるならば、人間や文化のあり方に関わる新たな視野がひらけるであろうことは間違いない。

「コンテンツツーリズム」の研究が近年さかんになっていることもまた、そういうコンテクストの中で考えてみれば当然のことと言ってよいであろう。ただ、「コンテンツツーリズム」という言葉自体が、どちらかというと地域おこしなどに関わる側の目線から出てきた言葉であることも手伝ってか、これまでのところ、その研究の多くは、やや経営学的な視点への傾きが強すぎる傾向がある。そのために、「作品中心主義」的な体質の強かった芸術研究をうまく味方に引き込み、その成果を取り込むことができていない憾《うら》みがあるのはいささか残念である。

このような経営学的な視点は、「作品中心主義」的な芸術研究が不得意としていた部分であったことは間違いなく、アート・マネージメントや文化政策に関わる研究は、そのような欠落部分を補い、新たな視点を切り開いたと言うことができるだろう。しかし他方でそのような研究は、ともすると実務的・問題解決型のものとなってしまい、それが本来目指していたはずの、文化を支えている枠組みや価値観そのものを問い直したり、そこに働いている力学やメカニズムを捉え返したりする契機を失ってしまうことになりがちである。コンテンツツーリズムに関しても、現実の世界と芸術作品の作り出す虚構の世界とが触れる界面に新たな世界が開かれてくるという、新たな価値の創出に関わる事象である限りにおいて、既成の価値観や枠組みを温存したまま、小手先の操作で片付けることなどできない。そこに求められているのは大袈裟に言うなら、人間と世界との関わり方についての固定観念を打ち破り、記憶や表象のあり方、そこにおける想像力の働き方といった問題系

を切り開くことで、その新たな可能性を探ろうとする営みなのである。(3)

もちろん、こんな本一冊くらいで、それが簡単に明らかにできるなどと思っているわけではないし、そもそもそんな簡単なテーゼにまとめられるような問題でもないだろう。今のわれわれに求められているのは、大上段にふりかぶった議論ではなく、あくまでも具体的に、そこで作用しているメカニズムを丹念に描き出してゆくことである。そのことを通じて、芸術と現実世界との関わりについての隠れた側面を、たとえひとつでもふたつでも照らし出すことができれば、それだけでも大きな成果になりうると筆者は考えている。

5　本書の各章について

本書は、こうした問題について網羅的に概説することを目指すものではない。また、ある場所の全体像を明らかにすることを目的に、それに関わることがらを網羅的に吟味しようとするものでもない。本書の目次をご覧になった方は、それがひどくアトランダムなものであるような印象をもたれるかもしれない。ベルリンやウィーンにまで話が及んでいる一方で、日本国内についても、東京の本郷、小樽、軍艦島と、かなり種類の違う場所が気まぐれに取り上げられているように思われるかもしれない。実際、これらは事前に体系的に選ばれたわけではなく、筆者がおもしろいと思い、思わず深入りしてしまったようなトピックを事後的に集めたらこのようになってしまったという方が実態に近いかもしれない。

しかし、取り上げる事例の数は決して多いとは言えないものの、際だっておもしろいトピックが集められていることはたしかである。考えてみると、一口に「コンテンツツーリズム」という概念で括られてしまっているものでも、それぞれのケースごとに作品世界と現実世界との関係のあり方は相当に多様であり、またこちらの切り口次第でいろいろな問題圏が現れ出てくることになる。その意味ではむしろ、たとえ事例の数は少なくても、おもしろい問題を含んでいるものを選んでじっくり論じた方がかえって、論ずべきいろいろな問題をカバーできるのではないかと思われる。このような研究の場合、個々の事例ごとに徹底的に資料を集め、そこで起こっていることのダイナミズムを具体的な形で捉え直すことが生命線であり、中途半端な一般化や体系化は、そのような微妙なダイナミズムをおしつぶすようなスタティックで図式的な議論に陥る危険性も孕んでいるのである。

そのようなわけで本書の各章は、それぞれ基本的には独立した形で書かれたものであるから、どのような順番で読んでいただいてもかまわないのだが、一応前半三章が日本国内、後半二章が海外の都市を扱うものになっている。また種類で言うと、第1章は文学散歩、第5章は音楽散歩で、その間にはさまれる第2〜4章は、映画のロケ地巡りなど、映像・画像メディアに関わる話が中心になるような構成になっている。

各章には短いイントロダクションを付しており、それぞれの章の問題設定や視点のポイント、本書全体の中における位置づけなどを簡潔に論じている。また、各章の結びには「付記」と名付けられた短いセクションを置き、各章の本論が書かれて以後に生じた変化を反映する形で現在の時点からみた補足事項を書き記している。これは、各章の原型となった原稿のほとんどが二〇〇五年から二〇一〇年くらいまでの間に書かれたり論文の形で公表されたりしたものであり、その後現在にいたるまでの間に状況がかなり変化した部分も多いため、その落差を埋める必要が生じたからである。本文を現在の状況に合わせて全面的に書き換えることも検討したが、その間に著者自身の問題意識や切り口なども微妙に変化しており、それらをあまり混ぜ合わせない方がよいと考えるにいたり、本文自体の修正は最低限にとどめることにした。そのほか、第2章の小樽と第4章のベルリンに関しては、本文で中心的に取り上げた作品以外にそれぞれふたつの作品を取り上げ、「コラム」として挟み込んでいる。本文の議論の筋とは多少違った切り口の話であり、必ずしも直接につながるわけではないが、このような形であえて多様な切り口を提供することで、問題の広がりや奥行きを実感してもらうことができると良いと思っている。

第１章

「文学散歩」ガイドブックのひらく世界

「作品世界」と「現実世界」をつなぐもの

本郷・無縁坂

イントロダクション

メディアとしての文学散歩

最初に考えてみようと思うのは「文学散歩」という営みである。序章でも述べたように、近年、映画のロケ地巡りやアニメの聖地巡礼といったものが脚光をあびるようになって「コンテンツツーリズム」などという概念が登場したわけだが、考えてみれば、そのはるか以前から行われていた「文学散歩」は、作品の舞台となった土地や、作家の活動した場所を訪ねて歩く行為であるから、コンテンツツーリズムそのものである。この活動が登場した経緯については本章の議論の中で触れることになるが、一九五〇年代から六〇年代にかけての日本では、全国的に「文学散歩」が大ブームになったのである。

ところがこの「文学散歩」、これまで文学研究や芸術研究の中ではほとんど正面から論じられたことがなく、その意義や価値が十分に評価されることもなかった。そういう中で、一九八一年に出版された前田愛の『幻景の街』は、日本文学研究の第一線で活躍する学者が文学研究に「文学散歩」的な手法を投入した異色の著作となった。そのポイントについてもこのあとの議論で触れるが、この『幻景の街』が小学館ライブラリー版で再刊された際に（『文学の街』と改題）小森陽一がつけた解説には、「理論編としての『都市空間のなかの文学』に比して、『文学の街』の方は、ただの文学散歩じゃないか、と低く見られるむきもあ」ったことが述べられている（278）。「ただの文学散歩」という言い方には、実際に現地に行ってみるという体験が、作品に漂っている情緒を単に追体験するだけのものであって、何ら新たな卓見や地平をもたらすものではないというようなニュアンスが感じられる。最終的には作品というテクストがすべてであり、都市の方はその理解を補助する副次的なコンテクストにすぎないという考え方にたてば、そういうことになってしまうということだろう。

だが、序章で示したような考え方にたつならば、文学散歩は、作品を現実の都市と結びつけ、重ね合わせる体験を提供してくれるきわめて生産的な場であるとみることが可能になる。われわれがその舞台を訪れ、そこで得られた体験によって作品のイメージを豊かに作り上げてゆくのみならず、それが今度は現実の都市の側にも投げ返され、そのイメージを作り変えてゆくというダイナミックな関係が、そこでは生み出されてくるのである。そこで起こっている事態を注意深く観察してみれば、芸術作品との関わりの中で都市の記憶が形作られ、また変容を蒙りつつ、われわれの中に刻み込まれてゆく過程をつぶさにみることができるのではないだろうか。そして、そのあり方が歴史的にどのように変わってきたかをたどってみるならば、それはわれわれの「都市の記憶」の生きたあり方の一面を浮き彫りにしてくれるのではないだろうか。この章では、森鷗外の『雁』の舞台として知られる東京・本郷の無縁坂の事例をとりあげ、そのあたりのことを考えてみることにしよう。

1——文学散歩の創始者としての野田宇太郎

無縁坂の話に入る前に、「文学散歩」と呼ばれる活動の成り立ちについて簡単に触れておかなければならない。文学散歩の創始者と言われるのは、文芸評論家の野田宇太郎（1909–84）である。野田は一九五一年に『日本読書新聞』に連載した「新東京文学散歩」に大幅に増補改訂を加え、単行本として刊行した（文献二）。これが大当たりしたのをきっかけに、「九州文学散歩」（1953）など、単発の企画を次々と立てるのみならず、そのシリーズ化をはかり、一九五八年の『東京文学散歩』（小山書店新社、三巻のみ刊行、文献8）、一九六二年の『定本文学散歩全集』（雪華社、全一三巻、文献9）、一九七七年の『野田宇太郎文学散歩』（文一総合出版、全二四巻、別巻四、未完、文献18）など、再三にわたって「全集」刊行を試みた。とりわけ東京に関しては、文庫版の『東京文学散歩の手帖』（的場書房1954文献4）、写真中心の『アルバム東京文学散歩』（創元社1954文献3）、『改稿東京文学散歩』（山と渓谷社1971）など、さまざまなヴァージョンを出しており、そのたびに再調査して改稿の手を加えるなど、この「文学散歩」をライフワークとするような活動を展開した。

また、「文学散歩友の会」を創始し、一九六一年にその機関誌もかねて雑誌『文学散歩』を創刊した（『文学散歩』1961–）。この雑誌をみると、各地の支部で行われている活発な活動が紹介されており、文学散歩が大きなブームとなった状況をうかがい知ることができる。

野田が文学散歩をはじめた意図はどのようなものだったのか。最初の著作『新東京文学散歩』の

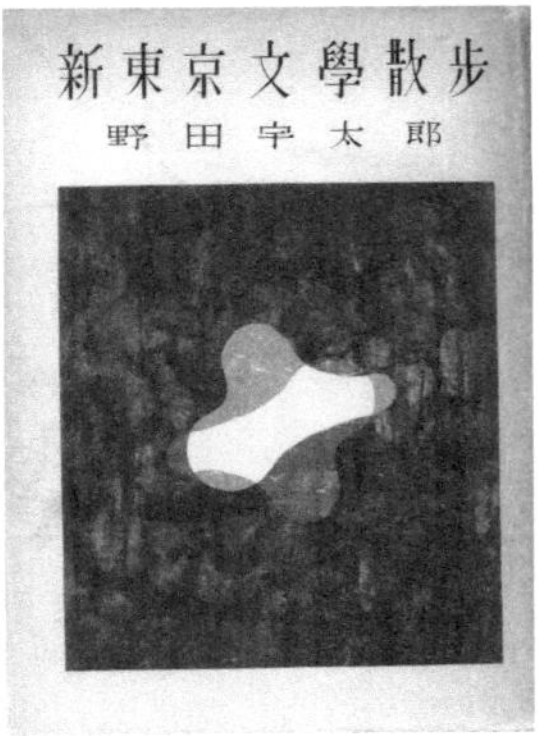

野田宇太郎『新東京文学散歩』(文献1)表紙

文学散歩友の会の機関誌『文学散歩』。さまざまな記事とともに、全国組織である友の会の規約や各地の活動報告なども掲載されている。裏表紙に掲載されている広告からは、まだ一般家庭用のビデオなどなかったこの時代に、文学散歩を題材にした映画が、8ミリや16ミリの規格で作られ、販売されていたこともわかる。

序文には、これは「足で書く近代文学史」であると書かれている。焼け跡の東京を漫然と歩いているうちに、一つの事跡は他の事跡につながり、近代文学史の形に似てきたと彼は言う（文献1:1–2）。これまでわれわれはともすると作品だけで芸術を評価しがちであったが、まずは人間を知ること、そのために自然や環境、私生活を理解することが必要である。多くの作家は東京を場として活動していたから、東京を知ることこそは近代文学の真実に触れることだ、と彼は言うのである。それにもかかわらず、彼らの活動の痕跡は、東京が戦災で焼け、さらに戦後復興の名の下にすさまじい破壊が進む中で急速に姿を消そうとしている。それを少しでも跡付け、記録することこそ自らの役割だというのが野田の認識であった。

その限りでは野田の考えていた文学散歩は、都市自体をテクストとして読むというよりは、作品や作者のコンテクストとしての都市を歩くという色彩が濃厚であった。しかし、野田に触発されて出た文学散歩本の中には、あえて「文学散歩」ではなく、「文学に描かれた東京によって東京の風景の変遷をたどる」ことをうたった槌田満文の『文学東京案内』（文献6）のように都市の側に力点をおいた著作も出るなど、文学散歩はまもなく、野田が考えた以上の広がりを見せるようになるのである。以下本章では、森鷗外の『雁』の舞台となった東京・本郷の無縁坂を事例として、文学散歩のガイドブックや都内の散歩コース紹介などにみられる無縁坂に関わる記述の変化を追いながら、文学散歩という行為を支点にして、この土地の表象と『雁』という作品の表象がどのように結びつきながら変化してきたかを具体的に跡づけてみることにしよう。

2 野田宇太郎の無縁坂表象とその影響

野田宇太郎の最初の著作『新東京文学散歩』（文献ニ）の中に無縁坂はさっそく登場する。野田が「文学散歩」を提唱し、精力的な活動を展開する以前には、無縁坂という場所が特にこの作品との関連で取り上げられるケースは全くなかった。『大正の東京と江戸』（青山霞村編 1916）や『新版大東京案内』（今和次郎編 1929）、『大東京の魅力』（青山光太郎編著 1936）といった戦前の東京案内には、名所旧跡の類がかなりいろいろ載せられているが、無縁坂はもとより、文学作品の舞台になった場所や作家にまつわる旧跡などに関わる記載はほとんどない。筆者が見た中で唯一、無縁坂の名が登場するのは、明治四〇年に東京市が編纂した「東京案内」の「湯島両門町」の項目であるが、「本町と龍岡町との間に無縁坂あり」（東京市編纂 1907:358）と記載されているだけである。もっとも、これは『雁』が発表されるよりも前に出ているので、『雁』への言及がないのは当然のことである。

この『新東京文学散歩』での『雁』に関する野田の記述は、ここが作品の舞台であることを示すだけのごく簡単なもので、作品の内実に踏み込むこともほとんどないが（文献 1:28–32）、野田はその後、同種の本を何度も出し直しており、その過程で記述が詳しくなるとともに、作品の内容との関連を深めてゆく。言うまでもなく、無縁坂には主人公のお玉が高利貸の末造にかこわれて住んでいた家があり、そこを散歩コースにしていた帝大生岡田と出会って思いを寄せるようになるという設定になっているが、野田の最初のヴァージョンではその向かい側にある旧岩崎邸の鬱蒼とした木立と塀についての記述があっただけなのに対し、翌一九五二年に角川文庫で出た増補改訂版（文献2）では、「お玉はその坂の中途の岩崎邸の向かひ側のしもた家の妾宅にかこわれていた」（31）という記述が加わり、さらに一九五四年の『アルバム東京文学散歩』（文献3）には「無縁坂には今でもお玉さんの住んだやうな家がある」という表現が登場する。また、この『アルバム東京文学散歩』はその名の通り、多くの写真を含んでおり、その「お玉の住んだやうな家」の写真が視覚的に提供されることによって、舞台としてのリアリティは格段に増している。この路線は翌年の角川写真文庫『東京文学散歩山の手篇』（文献5）においてさらに顕著になる。「［…］そのあたりから、美しいお玉さんが、ふと出てくるような感じがする。それほど無縁坂は『雁』に描かれている頃の面影を今もはっきり止めている」という記述とともに、添えられた写真には「『雁』のお玉が住んだ無縁坂。右は鷗外の描いている岩崎邸の木立で、この感じは、『雁』の頃とほとんど同じである」というキャプションがつけられ、鬱蒼とした岩崎邸の日陰にひっそりと立ち並ぶ家々の雰囲気をリアリティ豊かに伝えている。

野田はその後、一九五八年の『東京文学散歩　下町　中巻』（文献8）では新たな取材をもとに全く新しい内容のものを書き、その記述は基本的には、彼の最後の仕事となった一九七九年の全集（文献19）にまで引き継がれてゆくことになるのだが、それは無縁坂単独の記述ではなく、不忍池に飛来する水鳥の描写から始まり、そこから無縁坂へと上がってゆくルートをたどりながら、そこに巧みにストーリーを重ね合わせてゆくものである（文献8:159–166）。『雁』は、いくつもの偶然

角川写真文庫の1冊として1955年に刊行された野田宇太郎『東京文学散歩　山の手篇』(文献5)。1950年に創刊された岩波書店の岩波写真文庫の成功をうけて、角川書店が1954年に創刊した同種のシリーズにラインアップされた一冊だが、同じ1954年にはアサヒ写真ブック(朝日新聞社)も創刊されており、この種の写真を主体としたメディアが一世を風靡した時代の雰囲気を感じさせる。文学散歩もまた、その流行に際して、これらの「新メディア」によってもたらされたビジュアル性を梃子にした部分があったことが窺われよう。

鷗外の名作小説〝雁〟は、不忍池に飛来していた雁と、その池の端の無縁坂に住む悲しい宿命のおめかけお玉との、その運命を暗示的にむすびつけているところから、不忍池小説といってもよいくらいである。鷗外は学生時代に大学鉄門前の上条という下宿にいたが、〝雁〟はその明治十[illegible]年頃の思い出としてはじまっている。今でも鉄門前から大学の塀ぞいに竜岡町のしずかな町を池の端の方へ歩いて無縁坂のあたりまで来ると、そのあたりから、美しいお玉さんが、ふと出て来るような感じがする。それほど無縁坂は〝雁〟に描かれている頃の面影を今もはっきり止めている。

現在の東大鉄門　この門をはいると医学部である。門外は竜岡町で鷗外の下宿も近かった。

〝雁〟のお玉が住んだ無縁坂　右は鷗外の描いている岩崎邸の木立で、この感じは、〝雁〟の頃とほとんど同じである。

たそがれの不忍池　無縁坂を下りて池の端に出ると、正面に上野の東照宮の五重塔がみえ精養軒の建物もみえる。

明治時代の不忍池　名物の蓮の枯葉が佗しい。

16

[2]

[1]

野田宇太郎の著書に掲載されている無縁坂の写真。[1]は坂の上から(『東京文学散歩 山の手篇』、文献5)、[2]は坂の下から(『アルバム東京文学散歩』、文献3)、[3][4]はそれぞれの現況。

[4]

[3]

野田は、

の重なりが、お玉が思いを寄せる相手であった帝大生岡田との関係をすれ違いに終わらせる設定になっている。不忍池で投げた石がたまたま一羽の雁に当たり、殺してしまったために、岡田はその雁を外套の下に隠して友人達と大声で話しながら、無縁坂を大急ぎで通り過ぎてしまい、今日こそと渾身の覚悟で待ち受けていたお玉に気づくこともなく、その関係はすれ違いに終わることになる。

このお玉は、明治の社会にまだ根強くのこっていた封建的な因習から、恋愛という美と自由の翼によって抜け出ようとしながら、ついにはたし得なかった不幸な女性の典型ともみることができよう。その運命が、不忍池の不幸な雁によって象徴されている。　(162)

としているが、『国文学　解釈と鑑賞』一九五九年八月号の鷗外特集所収の坂本浩の論考「『雁』の系譜」にも類似の解釈がみられることからみて、野田のこの記述は、当時の国文学研究でのこの作品の一般的理解をふまえたものとみられよう。野田はその上で、

『雁』は、だから不忍池の文学だ、と思いながら、私は鷗外がお玉の家の場所として『雁』の中に設定した無縁坂へ足を向けた。それはそのまま［…］『雁』の最後の三章を髣髴させる道筋でもある。　(163)

とし、無縁坂の街並みを、岩崎邸の木立に遮られていつも「日陰になっている」「狭いさみしい町」として描き出している。無縁坂の薄暗い街並みには、このようにして小説に描かれたストーリーが背景的なコンテクストとして与えられ、一つの意味づけがなされるのである。

このような野田の「無縁坂」表象は、その後の多くの文学散歩ガイド本で繰り返し提示されることによって、この場所に関わる人々の記憶を形作ってゆくことになる。たとえば、

本郷三丁目から切通しの坂を下りてゆくと、電車通りの左側は岩崎邸の塀ですが、邸の裏側の道は、森鷗外の小説『雁』のヒロインお玉が住んでいたという無縁坂です。現在でも、まだお玉が暮らしていそうな古い〝しもたや〟が二軒残っています。（槌田満文、文献 12:239）

その無縁坂にかかる左手の格子造りの家並は、『雁』の女主人公お玉さんの生活をしのばせるのに十分な雰囲気をただよわせてわずかに二軒ほど残っている。（江幡潤、文献 15:83）

といった具合に、この頃までこの坂に残っていた家は、「お玉の住んだ家」として繰り返し描かれた。野田の提唱した文学散歩が全国的な広がりをみせ、各地に文学散歩の同人団体ができると、そのような表象はますます威力を発揮する。森まゆみが、かつてのそのような家が建っていたあたりに住んでいる人に話をきいたところ、次のように答えたという。

どうしてあの風情のある家を壊したの、もったいないと皆さんおっしゃいますが、あのころはまあ、私たち家族はパンダみたいでした。休みの日になると文学散歩の団体が来て、『これは可哀想なお玉さんの家です』と大声で説明する方もあるし、『お玉さんの子孫はいるかな』なんてのぞく人はいるし。いるわけがないじゃないですか。うちの先祖に妾奉公した者はおりません。それで建て替えるとき、できるだけ平凡な目立たない家に変えたんです。

（文献 28:315）

その人の家は明治の頃から、たしかに小説に出てくるそのままのような家に住んでおり、小説に出てくるとおり、隣は裁縫学校だったとのことで、当時まだ若くて美しかったその人の祖母が出入りするのを、あるいは鷗外が通りすがりにみて想像力を働かせたのかもしれない、と語ったという。虚構と現実とが微妙に重なり合う中で、現実の情景を投影することによって小説が生きたものになる。他方で現実の風景もまた小説に描かれた情景と重なりあい、想像力をふくらまされることによって意味づけられる、テクストとコンテクストとの相互関係の機微がここにはあらわれていよう。二〇〇三年に出た『るるぶ情報版　東京を歩こう』（文献 34）に「文人ゆかりの坂と路地をつないで」とい

多種多様な文学散歩本

う名で掲載されている散歩コースの解説には「お玉が住んでいた無縁坂の家は、三〇年ほど前まではそのままの佇まいで残っていたという」(66)と書かれている。フィクションであるとはわかっているはずなのに、思わずそれがあたかも現実の過去であり、歴史であるかのように理解してしまう人々の心性の傾きをまのあたりにするとき、小説が単なる虚構の世界をこえて、現実の都市やその歴史についてのわれわれの表象の欠かせない要素となっていることをあらためて感じさせられる。

　他方、野田が不忍池と無縁坂をつなぐ散歩コースにしのびこませた、池にいる雁の運命にお玉の運命を重ね合わせた解釈もまた、多くの文学散歩本にそのまま引き継がれている。

8 無縁坂●むえんさか

小説の情景を彷彿させる暗く、寂しい急な坂

森鴎外の『雁』の舞台となった坂。時代設定は明治13年、物語の冒頭に、このあたりの景色について書かれた一節がある。主人公の岡田は東大医学部の学生で、この界隈に下宿していた。お玉が住んでいた無縁坂の家は、30年ほど前まではそのままの佇まいで残っていたという。

名前の由来は坂上に無縁寺があったため

『るるぶ情報版　東京を歩こう』(文献34)。あたかもお玉が実在の人物で、この場所に住んでいたかのように説明されている。

　岡田が善意で投げた石が偶然にあたって雁は死んだ。岡田とお玉の愛の蕾も、雁の死のようにはかなく散ってしまうことを暗示しているようで、この作品を読む人の心にせまってくる場面である。不忍池におりてみた。池の一部がボート場になっている。蓮と葦におおわれていた明治の風景とは大きく変わっている。雁はいない。[…]人間的な自我の感情に目覚めながらも、偶然のいたずらも重なって、胸の想いを打ち明けることもできず、妾の境遇に生き続けなければならなかったお玉の哀れさを想いながら、私は不忍池から無縁坂にきびすを返した。暗い格子戸の奥から、ほの白いお玉のさびしげな顔が浮かんでくるようだった。

（電電台東文芸同好会、文献 16:218–219）

今、この無縁坂のあたりは、マンションが建ったりして、すっかり様子が変わってしまったが、旧岩崎邸――今の司法研修所――の樹木の生い茂っているところだけは、この小説に描かれている当時と、そう変わっていない。［…］なんとなく、薄暗い町の感じからは、この小説のふんいきを、少しはしのぶことができると思う。［…］この作品は、無縁坂に住む、古い型の若い女性――お玉――の自我の目覚めを描いた小説である。［…］また、この小説で、作者の森鷗外は人生には偶然というものがよくあって、その偶然から、また別な人生の道が開かれることも多いものだと、いいたかったのである。お玉の自我が、ついに目覚めることなく終わったのも、ふとした偶然からで、また、このあとに描かれている――不忍池の雁が生命をおとした――のもまた、ふとした偶然であった。

（大竹新助、文献 20:37–40）

そこには、野田の提示した無縁坂の表象が、多少のヴァリエーションを伴いながら繰り返し現れてくることによって、人々のこの場所の記憶に定着してゆくさまをみることができるだろう。

小説の舞台になっている場所を現実に見聞することによって、そのコンテクストが、小説というテクストをよりリアルで充実した形で体験することを可能にしている一方で、その舞台になった場所というテクストの方もまた、小説に描かれた情景やそれに対する解釈がコンテクストとして重ね合わされることによって、奥行きや重層性を伴って立ち現れてくることになる。文学散歩はまさにそのような形で現実の場所と小説とを媒介する装置となっているのである。ただ、野田の場合、そこにまとわされてくるコンテクストは、いささか情緒的なものに偏しているように思われる。不忍池と無縁坂を結びつけているのは、一羽の雁がお玉の運命を象徴しているという関係であり、岩崎邸の鬱蒼とした木立のもたらす薄暗さもまた、お玉の生活のありようを象徴的に映し出すようなものとして位置づけられている。その意味では、この小説が無縁坂という場所にまとわせるのはもっぱらそのような情緒であり、それが小説の味わいと響きあいながら、われわれの体験を豊かにしているという関係をそこにみることができるだろう。

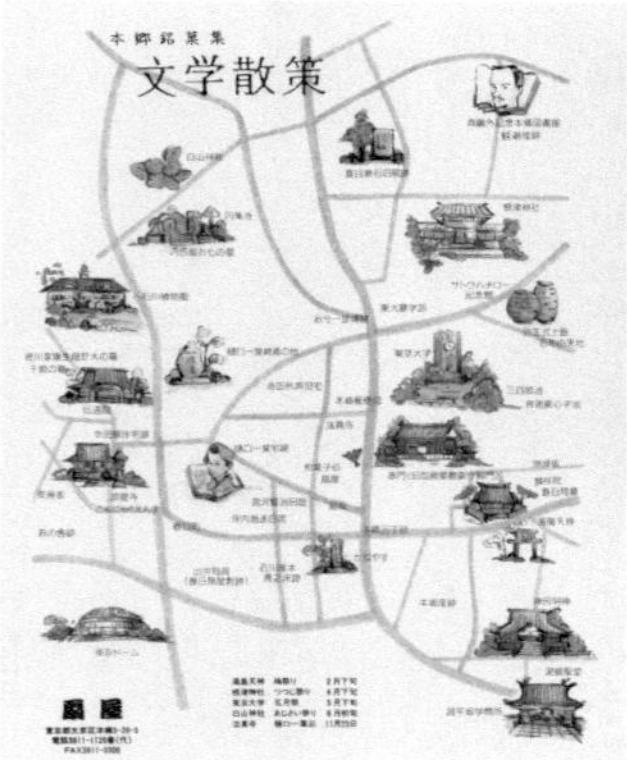

本郷の東大赤門前にある菓子店では「文学散策」という商品が売られており、中には近隣の文学散歩地図がはいっている。

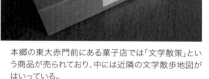

3　前田愛の『幻景の街』

それに対して、一九八〇年代にはいると、無縁坂の表象はそれとは違った様相をみせはじめることになる。新しい動きをもたらしたのは、国文学者・前田愛の著書『幻景の街』(文献21)であった。

一九八〇年から小学館のＰＲ誌『本の窓』に連載されたものだが、前田自身はこの本の「あとがき」で、「テクストとしての都市から切り出されたメタテクストないしはサブテクストとしての文学を考察した『都市空間のなかの文学』が理論編であるとすれば、この『幻景の街』はそれに対する実践編である」と述べている。また、文学散歩の創始者である野田のことにも触れ、「野田氏の文学散歩は、作家の生誕地や育った環境を足で歩いて探索するところに興味の中心がおかれていたのに対し、『幻景の街』は、むしろ作品のなかに描かれた都市を復原して行くところに狙いがある」とも述べている(268)。

前田のこのような姿勢によって、『雁』の読みにも、そこに

前田愛『幻景の街』(文献21)の表紙。1986年に単行本として刊行された後、1991年に小学館ライブラリー、さらに2006年には岩波現代文庫に収録されるなどして読み継がれた。

描かれた無縁坂の表象にも新しい局面がもたらされる。前田の文学散歩の武器となるのは、作品に設定されている年代当時の現場の地図である。前田は鷗外自身が「東京方眼図」と題された地図の編纂者になっていることを挙げ、鷗外が小説の中でいかに鋭敏な地理感覚をもって東京を描き出しているかを述べた上で、明治一〇年代につくられた参謀本部陸軍測量局の「五千分一東京図」を持ち出し、『雁』に描かれている岡田の毎日の散歩コースをそこに書き込むことからはじめている。お玉の家のあったあたりについては、以下のような記述がある。

『五千分一東京図』では、岩崎の邸は「累石牆」のうえに「鉄柵」をめぐらしているように見える。無縁坂の北側には都合九件の民家があり、やや奥まったところには講安寺の一風変わった土蔵造りの本堂が、網目の記号で木造の民家と区別されている。ルーペで覗き込むと、この九件の民家が『雁』の描写どおりにそれぞれの表情をもって浮き上がってくるように錯覚される。「格子戸を綺麗に拭き入れ」たお玉の家は、坂の上から数えて三軒目の家屋が宛てられるかもしれない。(26)

このように前田は当時の地図を参照することによって、小説の背景にある都市の全貌を明らかにし、その中にあらためて登場人物や彼らの織りなすできごとをプロットしてゆくのだが、そこから浮かび上がってくるのは、無縁坂という場所が、お玉をかこっている高利貸の末造が池之端にもっている自宅、蓮玉庵近くの家、下谷竜泉寺町の事務所といった末造の築き上げた「小さな王国」に

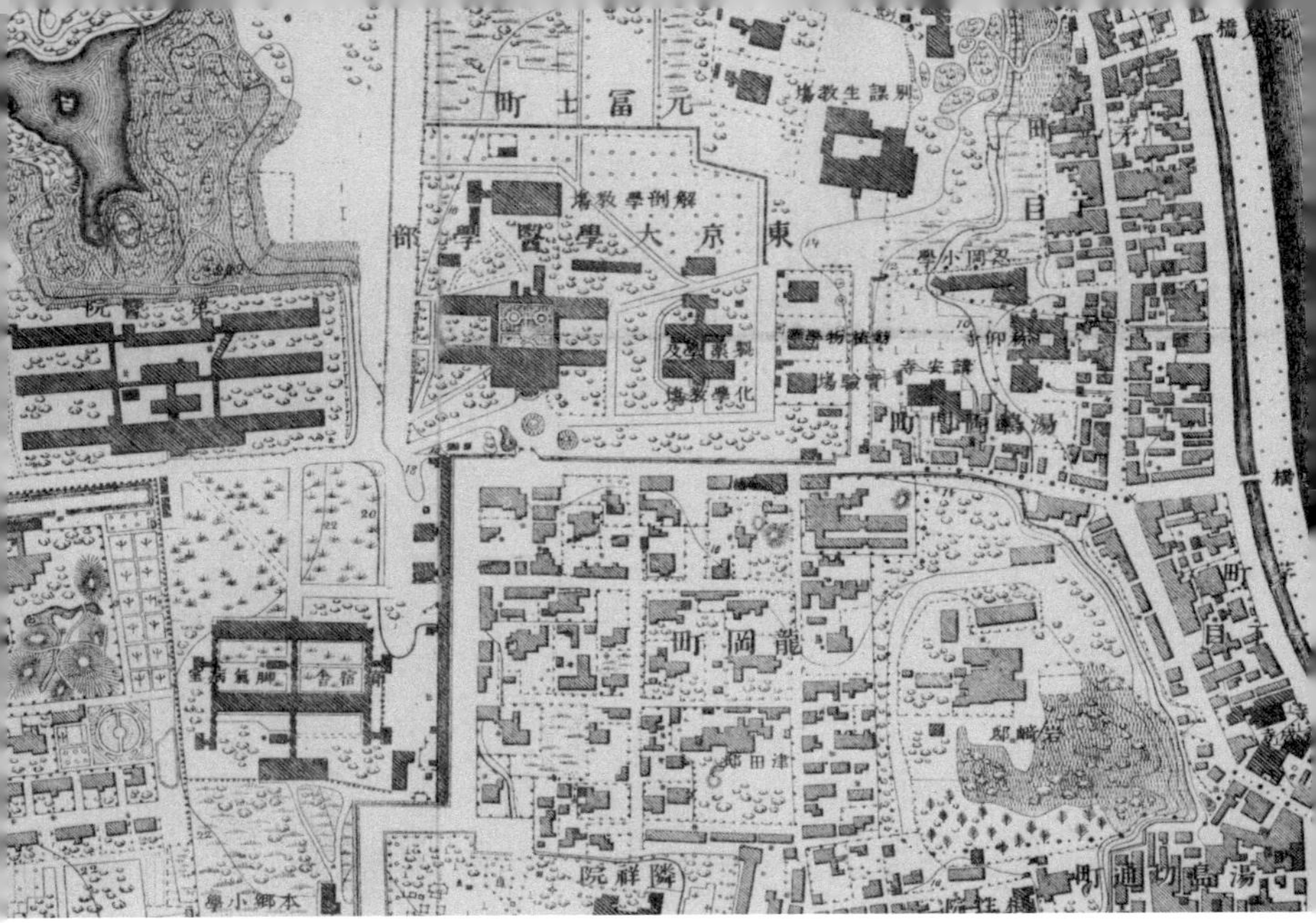

「五千分一東京図」(参謀本部陸軍測量局)に描かれている本郷周辺。「東京大学医学部」南側の門(鉄門、図版中央左)から東に向かい、「湯島両門町」のあたりを不忍池へと下りてゆく道が無縁坂。明治10年代制作の地図だが、すでにこの時期にこれほどまで精密で美しい地図が作られていたことに驚かされる。前田愛の『幻景の街』には、この図に岡田の散歩コースを書き込んだものが掲載されている。

岡田の散歩コースがふれあうポイントになっているという構図である。開化の世相から取り残されてしまったような、この前近代的な王国にからめとられていたお玉が、岡田との出会いをきっかけに、この王国の外の世界に魅かれていくという構図には、自我の目覚めという言葉には括りきれない何かが現れていると前田は言う。

末造の「小さな王国」が罅割れはじめるこうした兆候から、私は地縁や血縁でかたく結ばれていた下町的な世界のなかに押し入ってきた〈近代〉を読み取りたいと思うものだ[…]一方には末造夫婦やお玉父娘が生活の根を下ろしている下町の淀んだ世界があり、もう一方には、散歩の道筋にそってあらわれる下町の町並を、ただ風景としてやりすごす明治のエリートたち、「僕」や岡田の世界がある。待ち続ける女と通り過ぎて行く男――お玉と岡田の出逢いの意味をそこまで煮詰めてみると、『雁』のなかにこのうえない精密さで復原された明治十年代の東京の町並もまた、二つの位相に切りわけられていることがのみこめてくるだろう。暮れなずむ坂の途中に立ちつくして、岡田の後ろ姿を見つめつづけていたお玉のまなざしは、〈近代〉の閾からへだてられてしまった無縁坂の侘しい街並のまなざしそのものなのである。（30–31）

前田が当時の地図を手がかりに読み解いた、当時の東京という都市をおりなす二つの文化圏の関係の中に置いてみることによって、岡田とお玉をめぐる物語やそこでの出来事に新たな解釈の可能性が開かれたこともさることながら、そのことによって同時に、東京という都市自体のあり方やその中での無縁坂という土地の景観についても新たな視点がもたらされたことが重要である。二つの文化圏のせめぎあう場所としての無縁坂、そういう位置づけのもとにみることによって、ただの平凡な坂にしかみえない無縁坂の中に歴史的な奥行きや文化的な広がりをみるようになる、文学作品というフィルターを通すことによって、最も印象的な形でそのような事態を体験することを可能にするのが文学散歩という場であること、『幻景の街』はそのことを見事にわれわれに示してくれたのである。

前田の開いた文学研究のこのような新しい方向性は、文学研究の領域でもいろいろな形での展開をみせた。前田がこの連載をはじめた一九八〇年六月の雑誌『国文学解釈と鑑賞』は「文学空間としての都市」という特集を組んでおり、助川徳是の「無縁坂と『雁』という論考も掲載されているが（文献19）、前田による文学研究のコペルニクス的転回ともいうべき斬新な視点についてゆくことができなかったのか、与えられた論題にこの著者はいささか当惑気味である。少し後の一九九一年には雑誌『国文学』が「近代文学東京地図」という臨時増刊号を出しており、千葉俊二の担当した無縁坂に関する記述には「『雁』という作品は、結局山の手と下町との境界を越境して歩く医科大生岡田と、子ども相手に飴細工の屋台をひく爺さんの娘で、岡田へ思いを託すことによって下町から山の手への上昇を夢みたお玉との接近と乖離という坂のもつドラマであったとはいえまいか」と書かれているが（文献22:73）、この記述が前田の見方を基本的に踏襲していることは明白である。

『幻景の街』の影響力の大きさは、多くの文学散歩のガイド本の中にそこでの観点が取り入れられるようになることに如実にあらわれている。鷗外の作品が取り上げられる時に、前田が引き合いに出した鷗外編の「東京方眼図」が

雑誌『国文学　解釈と教材の研究』が1991年に出版した臨時増刊号「近代文学東京地図」の表紙。前田愛の『幻景の街』が呼び水となって文学散歩の新たなブームが起こっていることを窺わせる。

言及されるというパターンがみられるようになる傾向も顕著で、坂崎重盛の『一葉からはじめる東京町歩き』（文献35）などはこの東京方眼図を綴じ込み付録としてつけているほどなのだが、無縁坂自体の記述にも前田の影響は如実にあらわれている。

筋だけでは単なるすれ違いの恋の話である。だが主人公のそれぞれ置かれた立場は当時の越えがたい階層の象徴でもある。岡田の属する明治の近代日本の知識世界のエリートと、お玉の庶民の側それも囲われ者という境遇は、男と女の溝以上に深いものであった。その象徴ともいえるのが舞台となった無縁坂である。本郷台地の高台と池之端を結ぶ坂は、山の手と下町を結ぶ道でもある。江戸から東京へ変わった明治という時代に生まれた山の手文化、昔からの情緒をそのまま残す下町文化は、関東大震災や戦災に遭うまでの東京でははっきりと地域によって違っていた。そうした対比は、この作品のあちこちに描かれていて興味深い。

（近藤富枝他、文献27:63）

無縁坂は山の手と下町を結ぶ坂。岡田は山の手に住む近代日本の知識エリート、お玉は下町の庶民、所詮結ばれない階級であった。無縁の関係であった。

（青木登、文献31:52）

彼は毎日大学の医学生——末は博士か大臣かという野心家たちに囲まれ、中には豪遊している輩もいたに違いない。それが無縁坂の坂上の世界で、その刺激から発憤努力して得た中坂の妾宅は末造に象徴される庶民の手に届く最高の悦楽であった。［…］お玉がやっと自我に目覚め、その行動に出たとき運命に突き放される。突き放したのは岡田である。［…］彼もまた坂上の住人であった。

（井上謙、文献32:203–204）

これらはいずれも、前田が浮き彫りにした東京の二つの文化圏の対立構造をふまえ、その両者を結ぶ場所として無縁坂を捉えているものだが、下町の対立項として、前田が使っていないような「山の手」という言い方を出してきたり、その両者を結ぶ存在としての「坂」の表象を東京の坂一般にまで広げるなど、『雁』という作品や無縁坂という特定の場所をこえて、東京という都市全体の表象に関わる要素がさらに明瞭になってきていることがみてとれる。そして、そのことはこの問題は、狭い意味での『雁』をめぐる言説をこえて、この地域全体の表象に関わるさまざまな言説との関わりの中で捉えるべき必要があることを示唆しているともいえるのである。

4 司馬遼太郎の「本郷界隈」

その点で忘れることのできないのは、司馬遼太郎が一九九二年に「街道をゆく」シリーズの一冊として書いた『本郷界隈』（文献23）である。この本には「無縁坂」と題された節もあり、鷗外の履歴を語りながら、鷗外の学生時代の周辺の環境を描き出したドキュメントとして『雁』が取り上げられている。そこでも、無縁坂の反対側にある岩崎邸の塀についての蘊蓄が傾けられているが、重要なことは、この「岩崎邸」を主題的に扱った節が「無縁坂」の節の次に置かれており、そちらとの関連で読むと、無縁坂の部分の記述もこれまでにない広がりを含んだものとしてみえてくるということである。

この本には、他にも本郷周辺に点在する夏目漱石、坪内逍遙、樋口一葉などのゆかりの場所をたずねる記述が多数含まれてはいるが、もとより文学史や文学散歩の本ではない。司馬の設定した中心主題は、明治初期にお雇い外国人やエリートたちが集まり、欧米文明を一手に受け入れ、地方に分配する「配電盤」の役割を果たしたこの地域の特殊なありようを描き出し、今に残るその跡をたずねることを通して、日本の「近代」を問うことにあったのであり、鷗外をはじめとする文学者たちも、そのような大きな文化配置のうちに捉えられている。

お雇い外国人ジョサイア・コンドルの設計になる岩崎邸は、「明治国家の勃興を見、その没落も見、敗戦後の荒みまでも見」た象徴的な存在として描き出されているが（文献 23:122）、この場所は江戸時代には榊原家の藩邸であり、維新直後には西郷隆盛をかついで西南戦争をおこした桐野利秋が住んでいたこともあるという。そういう経過を経て岩崎財閥の所有となったこの土地の鬱蒼とした木立が、一本の道路を挟んで近代から取り残されたような仕舞た屋と対峙する無縁坂の寂しい景観は、このような文化配置の中に置き直してみるとき、さまざまな感興を呼び起こすことになるだろう。最近のガイド本等ではとみにこうした司馬の視点の影響が強まっており、無縁坂の表象もそのような方向性を強めているように感じられる。

二〇〇二年刊行の『本郷界隈を歩く』（文献 33）での無縁坂の記述には、

お玉の家の向かい側、坂の南側といえば、この敷地はその昔、徳川家康の四天王、榊原康政の屋敷跡であり、幕末まで越後高田一五万石の中屋敷、明治になって桐野利秋の邸宅となり、桐野が西郷とともに鹿児島に帰ると、その後は三菱の初代岩崎弥太郎の本邸となっている。そして最近まで、最高裁判所司法研修所であった。この敷地の変遷がなんとも興味深く、歴史が匂ってくる感じさえする。［…］ともかく現在では、『雁』時代の雰囲気は、この坂の石垣の側から漂っていることは間違いない　　　　　　　　　　　　　　　　　　　　　　　　　（132–133）

との一節がある。これが司馬の記述をほぼベースにしていることは間違いないが、無縁坂の景観は「配電盤」としての本郷の名残を残す数少ないものに変貌し、そのような文化配置との関わりの中で、この地に残る『雁』の物語の余韻もまた別の風情を漂わせてくることになるのである。

本郷界隈が司馬の『街道をゆく』シリーズに取り上げられたことは、単なる一冊の本をはるかにこえる影響力を行使することとなった。この人気シリーズを題材にしたテレビ番組やムック本などが次々と作られたからである。ＮＨＫでは一九九七年から翌年にかけて『ＮＨＫスペシャル』の枠内で、司馬の著作をベースにした『街道をゆく』シリーズ六作を制作したが、その後さらに別のシリーズの形をとりながら、あわせて三六作を放映した（その全編がＤＶＤ化されている）。「本郷界隈」は最初のシリーズの第六回として、一九九八年三月八日に放映されたが、同年には、この番組の制作スタッフの手でこの番組の取材記をもとにした『司馬遼太郎の風景』なる四冊本のシリーズ

司馬遼太郎『街道をゆく』シリーズ中の「本郷界隈」（朝日文芸文庫版）の表紙。「配電盤」という言葉がオビにも引用され、この地域を理解する際のキーワードとしての機能を強めていることがわかる。

朝日新聞社のムック本『週刊　司馬遼太郎　街道をゆく』シリーズは2005年から2006年にかけて全60巻が刊行された。

が出版され、「本郷界隈」もその第四巻に収録された（文献29）。また二〇〇五年には朝日新聞社が『週刊　司馬遼太郎　街道をゆく』と題された、全五〇巻からなるビジュアル中心の週刊ムック本シリーズを刊行し、「本郷界隈」もその第一二巻として出版されている（文献38）。

これらはもちろん、文学散歩本ではないから、文学が中心テーマになっているわけではないし、NHKの番組には無縁坂そのものが登場していない。しかしながら、これらのいわば司馬遼太郎に寄生する形で作られたものにあっては、「文明の配電盤」というキーワードを軸にした「司馬ワールド」が、原書からの引用を効果的に使いながらより強調された形で提示され、「近代」を象徴する本郷という特殊な地域と、その周縁にある地域との対比が際だたせられる傾向が強められている。番組は、ちょうど前年に行われた東大の一二〇周年展と岩崎邸を中心に示される本郷の「近代」世界に、菊坂の庶民の下町的な暮らしが対比され、周辺の坂を上り下りしながら、そのあたりに住んだ漱石、逍遥、一葉らをその文化配置の中に位置づけてゆく構成になっている。鷗外や無縁坂は直接には登場しないが、こうした全体像をふまえるならば、そのアナロジーで捉えることは容易である。

ムック本の方も、冒頭に掲げられた「明治後、東京そのものが、配電盤の役割を果たした」という司馬の引用が全体を統一するモチーフとなっており、そのベースの上に無縁坂も断片的ではあるが何度か登場する。「成田龍一がゆく本郷界隈」（文献38:20–23）は、近代史研究家の成田が周辺の見学モデルコースを案内する記事だが、最初に東大を出発し、無縁坂を通って岩崎邸に向かう設定になっている。また、本郷界隈の登場人物としての森鷗外を紹介する日本文学者・紅野謙介による「森鷗外　本郷界隈の坂道を巧みに織り込む」という見出しの付けられた記事には、鷗外自身が東京方眼図を考案した

特集
漱石・鷗外の散歩道
本郷界隈
文明の配電盤としての本郷
司馬遼太郎「本郷界隈」に触れて
半藤一利
安野光雅
三四郎のみた東京

東京のイメージが作られてゆく上で、1986年に創刊された『東京人』という雑誌の果たした役割も忘れることができない。第70号（1993年7月号）では「漱石・鷗外の散歩道　本郷界隈」と題された特集を組んでいるが、「本郷界隈」というサブタイトルからは前年に刊行された司馬遼太郎の著書の影響が窺われ、「文明の配電盤としての本郷」と題された半藤一利のエッセイも収録されている。また、文学散歩関連では、第162号（2001年2月号）で「新東京文学散歩　読んでから歩くか、歩いてから読むか」という特集も組まれている。

ことと、無縁坂を舞台に『雁』を書いたというおなじみの話が紹介され、「高低を結びあわせ、風景を一変させる坂道。切断と接続という、相反する作用を浮き上がらせた坂道こそ、鷗外の小説にふさわしい空間だったのであろう」（15）と締めくくられている。

ある意味では前田以来、繰り返し語られてきた話の焼き直しだが、日本近代の文化配置を読み解くというさらに大きなコンテクストの中で再解釈されることによって、もはや文学作品の解釈や文学散歩という枠をこえて、本郷の全体的な地域表象の中での位置を占めるものになっているということができるだろう。もっとも、司馬が帝大を中心とする本郷界隈を「配電盤」という卓抜な比喩で呼び、それがこうした表象を広めるきっかけを作ったことは事実であるにせよ、あらためて司馬自身のテクストを見直してみると、必ずしもそのようなステレオタイプの議論に終始しているわけではない。司馬独特の「脱線」の多い文章の中では、岩崎邸に関しても、その後人手に渡り、敗戦後には進駐軍に接収され、そこに住んだ進駐軍の軍人が廷内でピストルの試し撃ちをしたらしき跡が今も邸内に残っている話

1

2

[4]

[3]

[5]

東京大学創立120周年を記念する展覧会は1997年に行われたが（[1]カタログ、[2]フライヤー）、この前後、『芸術新潮』、『東京人』などの雑誌も東京大学特集を組んでいる（[3][4]）。近代的な学問や科学技術をいちはやく西洋から移入し、それらを全国に広めてゆく「配電盤」的な役割をあらためて浮き彫りにする一方で、人類学教室に保存されていたという「美男子コンテスト」の応募写真をイラストレーターの南伸坊が面白可笑しく解説するなど（[5]、『芸術新潮』1997年12月号、「東大で眠り込んでいた明治の美男子写真」）、路上観察学的な関心をそそる記事なども多く、幅広い関心の対象となったことが窺われる。

が披露されるなど、この邸が人手に渡って転々とすることによってたどった数奇な運命が語られており、「配電盤」的な色彩一色というわけでは決してない。全国に西洋文化を送り出したエリートの地としての本郷、というイメージが前面に出るようになったのは、司馬の本自体というよりは、司馬のこの「配電盤」イメージに寄生しつつそれをさらに強調された形で広めた、ＮＨＫの番組やムック本を通してであったとみたほうがよい。

ＮＨＫの番組では、ちょうどこの放映の年に行われた東京大学創立一二〇周年記念の展覧会の様子が映し出され、その展示品であった、西洋直輸入の初期のさまざまな実験器具やら、夏目漱石の名が記された卒業生名簿やら、首席卒業者に与えられた恩賜の銀時計やら、本郷台地上で展開されていたエリートたちの世界の様子がさまざまな形で映し出され、台地下の菊坂周辺の下町風の暮らしが対比される構成になっている。岩崎邸もまた、この一二〇周年展の一環として行われたお雇い外国人に関わる展覧会が紹介され、そこに展示されていた設計者コンドルの存在をつなぎ目として、帝大のエリートたちの世界に直接接続させる形で位置づけられている。この一二〇周年記念展は、もちろん司馬の言う本郷の「配電盤」的なあり方を象徴的に示すものではあったろうが、すでに司馬の他界していたこの時期に行われた展覧会を梃子として、司馬の描いた多彩な世界のある一面をことさら強調するような方向性の動きが生じたことは間違いない。とりわけこれらのケースでは、映像、写真等のメディアが効果的に用いられることによって、こうした地域表象のある一面が、視覚的なインパクトを伴って、強烈な形で人々の記憶に焼き付けられてゆくことになったのである。

最近では、狭い意味での「文学散歩」をこえて、この地域の町歩きを楽しむ人が多く、地下鉄の本郷三丁目駅周辺では、ここでとりあげたようなガイドブックを手にした人々の姿を見かけることも多い。東京大学では法人化後の新しい試みとして、大学内のキャンパスツアーを開始し、いつもにぎわいをみせている。大学内のキャンパスツアーに来る人々にはもちろん、司馬遼太郎も近代も関係なく、ただ東大の中を見られるという好奇心から来ているだけの人も少なくないだろうが、そういう体験を通じて、「配電盤」としての帝国大学が作ってきた歴史を認識し、それとの関わりで東京という都市を捉えるような視線を持つ人々が増えてくることは間違いないだろう。そういう人々はあるいは、帰りがけに通る無縁坂が、それまでとは全く違った相貌のもとにみえてくるような体験をすることになるかもしれない。無縁坂の光景も、またそこを舞台にした鷗外の小説も、つねにそういう連関の中におかれながら認識され、解釈されるのである。

ここまでみてきた限りでは、前田ら、卓越した『雁』の解釈者たちの言説によってひらかれた視点が、文学散歩の広がりに乗って広く伝播され、共有された視点になってゆくという傾向が濃厚だが、そういうことばかりではない。

5　さだまさしの《無縁坂》

無縁坂の表象と結びつく芸術作品は『雁』だけではない。同じ場所を舞台に複数の文学作品が書かれるケースも当然あり得るし、文学だけでなく、絵画、映画、写真、音楽など、さまざまなジャンルの作品が複合的に重なり合いつつその場所の表象を作り上げ、それがまた個々の作品に投げ返されるというインターテクスチュアルなモデルを考えることが必要だろう。そういう点から言うと無縁坂に関しても、一九七五年にさだまさし（当時はグレープ）のうたった《無縁坂》という歌の存在を無視することはできない。森まゆみの『鷗外の坂』にも、訪れた講安寺の住職が「いまや、お玉さんの『雁』よりも、さだまさしの作詞作曲した《無縁坂》の方で訪ねてくる人が多いんですよ」と笑った、というくだりがあるが（文献28:309）、無縁坂に関わる記憶を考える上で、このような人々の存在を無視することはできない。彼らの多くは『雁』のことを知らないであろうと思われ、またこれまでみてきた文学散歩の系譜とはほとんど関わりのない形で生じた動きであることを考えるならば、両者の間には大きな影響関係はないようにもみえるが、必ずしもそういうわけでもない。文学散歩本には、この歌の舞台としての無縁坂を取り上げているものは多くはないが、それでもその影響は決して無視できない。

ＮＨＫの「街道をゆく」の制作スタッフが作った『司馬遼太郎の風景』では、岩崎邸の記述の冒頭に「『忍ぶ忍ばず無縁坂』とさだまさしが歌った無縁坂は、不忍池に向かって落ち込んでいる。坂に沿って延びる重厚な石垣の壁が目を引く。しかし、高い壁とうっそうと茂る樹木のため、中の様子はまったく窺い知ることができない」という一節が置かれている（文献29:155）。ＮＨＫのスタッフが『雁』との関連をどのくらい意識していたのかはわからないが、ここではこの歌に、「配電盤」としての本郷台地と不忍池界隈の下町との対比を象徴的に示す役割を担わせる結果になっている。

二〇〇三年刊行の『るるぶ』には「東京の坂　歌のテーマになった坂」というイラスト入りの特

集があり（文献 34:98–99）、そこで無縁坂も取り上げられている。「本郷方面から不忍池へ下ってゆくこの坂は、森鷗外の作品『雁』の主人公岡田の散歩道ということで知られていた。坂の南側は古びた石垣と赤レンガの塀が続き、さだまさしの歌のように叙情的な風景がまだ残っている」と書かれている。またすでにみた『本郷界隈を歩く』（文献 33）では、最初の節に「忍ぶ不忍無縁坂」という見出しがつけられているのだが、言うまでもなく、これはこの歌の歌詞である。一般に、狭義の文学散歩本というよりは、このような一般向けのガイドブック的な性格の強いものであればあるほど、さだまさしの歌の影が強まっていることがみてとれる。

冨田均の『東京坂道散歩』（文献 39）の無縁坂に関する記述では、このさだまさしの歌との関係が前景化している。無縁坂を訪れ、高層マンションが立ち並び、風情のなくなった風景に

《無縁坂》のレコード・ジャケット

『るるぶ情報版　東京を歩こう』（文献34）の記事「歌のテーマになった坂」より

失望した著者は、坂を下りて余所へ移動しかけた時、さだまさしの《無縁坂》の歌詞が頭に浮かんだという。

坂に戻り、歌の中の母のことを考えた。「この坂を登るたびいつもため息をついた」と歌われている。それほど険しい坂ではない。病身だったのかと思った。無縁坂の道は東大病院に続いている。何となく坂の上に住む母と子の話として聞いていたが病院通いの歌だった可能性もある……。急に歌の通りの母子を探してみたが、そう都合よくは現れない。替わりに自転車の前の部分に子供を乗せ、その頭上で煙草に火をつける母親を見た。時代が変わった。《無縁坂》の母は我が子にあまるほどの優しさと正しさをそそぐ母だった。（156–157）

東大病院にやってきたという推測が当たっているか否かはともかくとして、病弱で貧乏な母親がこの坂を登って東大病院に行くという表象は、お玉のイメージと響き合うとともに、病院通いをしている貧しく病弱な親子という新しい種類の登場人物を呼び込む。この両者が重ね合わせられることによって、《無縁坂》という歌の解釈にも新しい局面がひらかれようし、それはまた、この場所の表象をさらに重層的にしてゆくであろう。文学という枠をこえて、さまざまな芸術作品のマルチメディア的な関わり合いの中から新しい表象が生み出され、それがまたそれぞれの作品に返されてゆくというダイナミックな関係がそこには成り立っている。文学散歩はまさにそのような場を提供する核となる場なのである。

付記 《ブラタモリ》時代の東京の坂道

本章では無縁坂という場所をめぐって、そのイメージが『雁』の解釈やその周辺に形成されたさまざまな言説との相互作用的な関係の中で変容してきた経過の分析を行なってきたわけだが、その過程で、無縁坂という個別の事例のみならず、東京という都市の中に形作られた、異質な空間をつなぐものとしての「坂」という存在がクローズアップされることになった。

ここ十数年、東京をめぐる本がずいぶんいろいろ出て、書店によっては「東京本」コーナーが作られていたりもするほどなのだが、そういう中で、坂が中心的な話題になっているものもかなり多い。すでに取り上げた冨田均の『東京坂道散歩』(文献39)は二〇〇三年から三年間にわたる東京新聞の連載記事をまとめたものだが、同じ二〇〇三年からほぼ並行する形で、朝日新聞には山野勝が『江戸の坂』という連載記事を書いており、やはり単行本化されている(文献40)。

もちろん、東京の坂や坂道に対する関心は、べつに今になってはじめて生まれたというものではない。古くは一九七〇年に刊行された横関英一の『江戸の坂　東京の坂』(文献13)あたりから、坂は東京という都市のあり方を特徴付けるものとして注目され、東京の坂をテーマにした論考がいろいろ書かれてきた。多くは都内に数多く残されている坂の名前の由来をたずね、それを手掛かりに江戸期以来のそれぞれの場所の歴史を描き出すようなものであるが、文学論においても特権的な位置を占めてきたことは、すでに述べてきた通りである。当初は作品の風情、雰囲気を醸し出す存在として、そして前田愛の『幻景の街』や司馬遼太郎の『街道をゆく』以後は、作品の骨格をなす東京の二つの世界を結び合わせる装置として、欠かすことのできない位置づけを与えられてきたが、とりわけ文学散歩などの営みを通じて、そのようにして形作られた表象が、現実の坂に関わる言説にも反映され、それがまた東京という都市の風情を生み出すものとしての坂の地位を高めることにもなってきた。そのような形での坂の位置づけ方は連綿と生き続けており、二〇一四年に刊行された『東京の「坂」と文学』(文献番号48)なども、そのような系譜の中に位置づけることができよう。

他方で近年になって、東京の坂についてのこれまでにない視野をもった言説が広がりはじめていることも無視できない。そのような方向の動きを代表的な形で示しているのが《ブラタモリ》という、タレントのタモリがアシスタントの女子アナとともに街を歩く番組である。最近では全国各地のいろいろな都市を訪れる形になったが、初期はもっぱら東京都内が対象であり、とりわけそういう中でタモリが反応するポイントの一つが土地の高低であったから、必然的に坂というテーマが主題化されることにもなった。タモリは「日本坂道学会副会長」を名乗り、すでに二〇〇四年に『タモリのTOKYO坂道美学入門』なる本を出している(文献37)。この本では、東京都内の四〇ほどの坂が取り上げられているが、それぞれの坂について「坂道実力診断」と称する五段階評価が行われており、これがおもしろい。四つの評価項目があるのだが、坂道をめぐるこれまでの言説で常に中心的なテーマであった江戸時代からの歴史や情緒に関わる「江戸情緒」、「由緒」という項目とならんで「勾配」、「湾曲」という項目が設定されているのである。この本では「美しい湾曲」、「緩急あわせた勾配のバランスの妙」など、いかにも純粋な形の美しさに重きをおいているような書き方が目立つが、《ブラタモリ》などで現地での彼のふるまいをみてみれば、そのような関心が、こうした微妙な勾配や湾曲などをもつ地形が生み出された過程や背景への関心と分かちがたく結びついていることがよくわかる。たとえば、以前には川が流れていたところが暗渠化されることによって残された道路の微妙な湾曲や、河岸段丘や砂州の名残をのこすわずかな上り勾配に反応する、といった具合である。

こうした傾向は、決してタモリの個人的な嗜好や性向を示すものではない。ここ数年に出ている「東京本」のうちのかなり多くのものが、こうした微地形への関心を示している。二〇〇六年出版の『東京の凸凹地図』（文献41）をはじめ、『凹凸を楽しむ東京「スリバチ」地形散歩』（文献45）、『地形を楽しむ東京「暗渠」散歩』（文献46）等々、柳の下のドジョウを狙ったような亜流本なども含めれば、優にそれだけで書店の特設コーナーを作れるくらいの数の本が出ている。このような地形への関心は、江戸期の町をはるかにこえて、太古の痕跡を探し、その姿を浮かび上がらせようとする志向に根ざしているような面もあるかもしれないが、鉄道廃線跡の微妙な湾曲を見つけ出すというような要素も含んでいることを考えれば、ここはむしろ、路上観察的心性をめぐって藤森照信が「空間派」に対置させる形で「物件派」と呼んだような心性に近いものがあるように思われる。そこで東京という都市の表層から読み取られるのは、山の手対下町といったマクロな構造ではなく、微細な痕跡の背後にひそむさまざまな「事件」の匂いだったりするのである。

実を言うと、こうした微地形への関心もまた、今はじまったものではない。堀淳一の『地図のたのしみ』(堀 1972) が日本エッセイスト・クラブ賞を獲得し、「地図ブーム」の引き金を引いたのが一九七二年、それを受ける形で堀が中心となって一九七九年に刊行がはじまった『地図の風景』(全二〇巻、堀・山口・籠瀬 1980) は、「立体空中写真と地図とエッセイで綴る新日本風土記」と銘打たれているが、地図上の独特のカーブから鉄道廃線跡を見つけ出すようなメンタリティはすでにここにはっきりあらわれている。その「関東編I」に収録された東京の部分では、河川争奪の跡を示す等々力渓谷や、谷と坂が複雑に入り組む本郷・弥生界隈といった、近年の凸凹マニアの「定番」スポットがすでに取り上げられているし、両眼視によって立体視することのできる空中写真は、二〇〇六年の『地べたで再発見! 東京の凸凹地図』につけられた赤青のセロハン紙を使った3Dメガネのコンセプトをほとんど先取りしていたと言っても過言ではない。また、この微地形から東京を読み解いてゆくというコンセプトに建築家・槇文彦らがいちはやく反応し、『見えがくれする都市――江戸から東京へ』(槙・若月・大野・高谷 1980) という論集を編んだり、東京の地形の成り立ちを本格的に論じた貝塚爽平の『東京の自然史』(貝塚 1964) が増補改訂版として装いも新たに再刊されるなど、この一九八〇年前後の「地形ブーム」は、ほぼ今日のそれにつながるようなものであったことはたしかである。それが三〇年を経て、タモリのような人材を得ることで、エンターテインメント性を帯びた形で一桁違う広がりをみせるようになったとみるべきであるのかもしれない。

話が文学散歩からやや離れてしまったようだが、このような形で坂に対する表象が大きく変化す

1

2

都市の中にわずかに残る高低差に着目し、それらが生み出された原因や経緯を追究することの楽しみを広め、東京の坂道に新しい視点をもたらしたのは、テレビ番組《ブラタモリ》、《タモリ倶楽部》などを通じたタモリの功績と言って良い(1、文献37)。最近では東京の「凸凹」をテーマにした本が書店を賑わしているが(2、文献41/3、文献47)、その徴候はすでに1970〜80年代の「東京ブーム」の際にもあらわれており(4、堀・山口・籠瀬1980)、タモリはいわば「伝道者」として、そのようなものの見方のおもしろさを広く普及させた存在とみることができよう。

3

4

ることになれば、文学散歩もまた、それと連動してそのあり方を変えてくる可能性があるだろう。一九七〇年代以降の坂道研究の進展と手を携える形で文学散歩における坂の表象や、それを結節点とした作品の読みが広がってきた側面があるとするなら、現在起こっている坂道への新しい関心もまた、文学散歩やそこでの作品表象のあり方に何らかの新しい動きをもたらすのではないだろうか。無縁坂自体に関しては、そのような動きにつながるような徴候はまだみられないが、同じ本郷の菊坂周辺に関する興味深い事例を紹介しておくことにしよう。

《ブラタモリ》で二〇〇九年一二月三日に放映された「本郷台地」と題された回では、この菊坂周辺の地形探訪企画を行っている。その中で見晴らしのよい台地の縁のところから間近に広がる谷の部分を見下ろしたタモリがそれを「菊坂渓谷」と名付けるシーンが出てくる。微地形を追跡して都心の風景の中に「渓谷」を発見した、まさに《ブラタモリ》の面目躍如たるシーンである。これは菊坂から南に向かって上がる炭団坂と呼ばれる坂の上の部分から菊坂の谷を見下ろしているシーンなのだが、実はこの同じ場所が、すでに触れたＮＨＫの『街道をゆく』シリーズの「本郷界隈」（一九九八年三月八日放映）でも登場している。冒頭部分、「本郷では、つい地質時代を感じてしまう。時代としては、そのあといきなり明治がやってくる」という司馬からの引用とともに登場し、低地にある不忍池周辺と対置させる形で台地としての本郷という地域の特異性を描き出すシーンとして使われている。番組中では説明がないが、司馬の原本では、炭団坂上のこの場所が、実はかつて坪内逍遙の旧宅があったところであり、さらにその後には常盤会という松山藩久松家の育英組織が買い取って学生のための寄宿舎を建て、そこに正岡子規が入寮したといういわく付きの場所であったことが述べられている。また、さらにこの炭団坂の下に広がる古い家並みの一角には一時期、樋口一葉が暮らしていた旧宅の跡があり、子規が崖上の寄宿舎で暮らしていたのと同時期、すぐ近くに、しかしおそらく相互に全く接点のないまま、この二人が暮らしていたという運命のいたずらについて述べたりもしている。この炭団坂上からの風景は、こうした文化配置を嗅ぎ取った司馬の歴史的感性が《ブラタモリ》的な地理的感性とも重なり合うものであることを、象徴的に示すものであると言って良いだろう。

この炭団坂上の同じ場所は何と、「ウルトラマン」シリーズの《ウルトラマンマックス》（二〇〇五～二〇〇六年）にも出てくる。第一三話「ゼットンの娘」という回で、ゼットン星人に操られた少女・小田夏美が危機から救われ、最後に正気を取り戻して大団円となる場所として使われている。この夏美という少女は下町の古い家に住み、新聞配達をしながら病気の母親を看病した親孝行な娘という、いわば古き良き日本の象徴のような存在として描かれているのだが、その家として設定されていたのが、樋口一葉旧宅周辺の路地の一角であった。映画中ではその周辺に残る井戸や銭湯などを中心に元気な子どもたちが駆け回る情景が、

炭団坂上から見た「菊坂渓谷」

3

1

4

2

5

《ウルトラマンマックス》に登場する子供たちは、樋口一葉旧宅近くに今も残る井戸の周辺（1、2）とともに、炭団坂のひとつ西側にあたる鐙坂のあたりも駆け回る（3、4）。この鐙坂はかつて泉鏡花原作の映画《婦系図　湯島の白梅》（衣笠貞之助監督、大映1955）でもロケ地として使われ、主人公が書生をしていたドイツ文学者酒井の自宅近くの場所として登場しており（5）、このような記憶の連鎖は限りなく広がってゆく。

《ALWAYS 三丁目の夕日》も顔負けのノスタルジックなトーン全開という感じで描かれている。

もちろん、それぞれの番組の制作の際に、これらのつながりや重なり合いがすべて意識されていたというわけでもなかろうが、このようにみてみれば、《ブラタモリ》での主たる関心対象になっている地形の話も文学散歩的な世界といたるところでつながっており、また、そこで取り上げられているような場所がさらに多様な使われ方をすることで、その関係にさらにいろいろな記憶が沈澱し、重層化されてゆく可能性が秘められているということが実感されるのである。

第2章

「ロケ地巡り」が掘り起こしたもの

近代建築の保存活動からまちづくりへ

小樽

イントロダクション

「文化」としてのロケ地巡り

文学散歩の次には、今度は映画の「ロケ地巡り」に関わる事例として北海道の小樽市を取り上げる。原理論的に考えるならば、「コンテンツツーリズム」という同じ括りで捉えられるという限りで、両者は基本的には同種のものとも言えるのだが、あまりそのような原理主義的な論じ方をしてしまうと、個々の現象のもっているディテールのおもしろさをつぶしてしまうことにもなりかねない。映画の「ロケ地巡り」はやはり、文学散歩にはない独特のあり方を具えているのであり、そのあり方は、映画というメディアの特性と深く関わっているのである。そのあり方を見定めておくことは重要であろう。

映画の場合にポイントになるのは、実写映像という媒体の特性である。あらためて書くまでもないことだが、文学作品や絵画、アニメなどとは異なり、実写映像の場合には、作者によって完全なフィクションとして構成された世界はありえず、つねに何らかの形で現実の時空が参照されることになる。もちろん、撮影された場所や日時などの素性を可能な限り隠そうとすることはできるとしても、実写映像の場合には、現実の時空の残す痕跡を完全に消し去ることはできない。舞台ではなくロケ地に焦点があたってしまうというのも、基本的にはそういう構造に由来しているのであり、文学作品の場合にはもちろんありえないことである。「ロケ地巡り」という事象は、その構造をむしろ逆手にとり、ロケ地となった現実の場所とのつながりを前景化することで成り立っているという意味で、映画というメディア特有の見方に合わせてできあがってきた現象とみることもできるだろう。とりわけ近年では、映り込んでいる看板などを手がかりにロケ地を特定しようとする探偵顔負けのマニアなども多いから、制作者が構築しようとした世界を飛び越える形で、偶然画面に映り込んだようなものが作品世界の中でどんどん存在感を高めてゆくことになるのである。

その意味で、「ロケ地巡り」はまさに「文化」である。映画がさまざまな形で鑑賞されるようになる中で、そのメディア特性に合わせる形で、「ロケ地」という第三項に着目する見方や、「文学散歩」にはみられなかった、作品世界と現実世界との関わりについての新たな捉え方が、いわば「開発」されてきたのである。映画にロケ地が存在するのは今にはじまったことではないが、ロケ地に注目する傾向が近年になってからとみに強まってきているのも、まさにそのような見方が「文化」として定着したがゆえのことという面が強いのではないだろうか。もちろん、映画の撮影が撮影所中心からロケ中心に変化して「ロケ地」の露出度が高まったとか、地域おこしのための素材としての経済的価値が注目されるようになったといった要因もさることながら、それらと連動する形で、人々が映画の新しい見方に気づき、実践するようになってきたという側面があることは無視できない。探偵顔負けのロケ地探しもまた、そのような中で「開発」されてきた映画の見方にほかならず、そこではもはや、フィクション作品鑑賞の前提をなしていると思われてきた、もっぱら作品世界に着目し、現実世界との関わりを背後に退かせてしまうというような見方は成り立たなくなっているのである。

それゆえ、このような映画の見方は、映画のメディアとしてのあり方、映画をめぐる社会状況と相関的に形成されたものであり、状況自体が変化すれば、また別の見方や現実世界との関わらせ方が出てくる可能性もあるだろう。近年ではCGの使用が日常茶飯事となり、映っている場所を現実の場所に対応させる見方自体が成り立たなくなりつつあるから、そのことはやがて、現実世界との新たな関わり方やそれをふまえた新たな見方を生み出してくることになるかもしれないのだが、とりあえず今はそのことは措いておこう。

映画作品に関して、ロケ地となっている現実の世界との間でどのような関わり方が生じているのか、北海道小樽市でロケされた《Love Letter》(岩井俊二監督 1995)で主人公の住居として用いられた「モダン住宅」坂邸の事例を中心に、それが小樽で展開されてきた近代建築の保存の動きに関わりつつ、しかしそこでさらに新しい動きを引き起こす誘因として機能するようになった状況を見直してみたい。また、コラムとして収録した《天国の本屋 恋火》(篠原哲雄監督 2004)、《雪あかりの街》(NHK札幌局制作テレビドラマ 2007)の事例は、同じ作品世界と現実のロケ地との関わりといっても、さまざまな展開形がみられ、またそのあり方をさまざまに変化させている様子を窺い知ることを可能にしてくれるだろう。

I　「小樽イメージ」の成立と展開　小樽運河保存問題と映像の役割

小樽は今日では北海道を代表する観光地となっており、大手旅行会社の企画するパッケージ・ツアーでも必ずコースの中に入っている。小樽と言えば、運河、硝子細工、それにちょっとしゃれた西洋館の立ち並ぶ独特の街並み、といったイメージがすぐ思い浮かぶことだろう。とりわけ小樽運河は小樽の代名詞とも言えるもので、しばしばポスターやガイドブックの表紙を飾る存在となっている。

しかし、ほんの三〇年くらい前までは、ちょっと特徴のある地方都市といった、知る人ぞ知る町であり、少なくとも観光地のイメージは全くなかった。筆者の手元にある一九七三年のガイドブック（ブルーガイドパック 1973）は、「札幌、函館、洞爺」というタイトルになっており、それ以外にも積丹、支笏湖、襟裳岬、登別、大沼、ニセコといった地名が表紙に列記してあるのだが、小樽はその中にすら入れられていない。本文中では一応扱われてはいるが、たったの二ページで、しかも、今日小樽観光の中心となっている小樽運河もガラス工芸も出てこないことには驚かされる。それらが前面に出てくるのは一九八〇年代以降のことであり、それまでは、かつて繁栄したものの、今は時代から取り残されつつあるさびれた町というようなイメージが強かった。このガイドブックにも「今なお北海道西海岸では第一の港湾都市だが、戦前ほどの活気はない」と紹介されている。

運河の街・小樽というイメージの成り立ちを考える上では、小樽運河の埋め立て計画が出現し、それに反対して運河の保存運動が起こった経緯を無視することはできない。この運動自体について詳論することは本論の目的ではないが、現在の小樽という町やそのイメージのあり方を決定的に方向づけた出来事なので、簡単に触れておこう。

小樽運河の完成は一九二三（大正一二）年のことだが、海運が全盛だったこの時代、運河の完成によって小樽は札幌を上回る繁栄をみせた。運河近くの色内大通りには大手銀行の重厚な建築が立ち並び、「北のウォール街」と呼ばれるまでになったが、戦後になると北海道の中心としての位置を完全に札幌に明け渡し、小樽は「斜陽の街」と化していった。運河もほとんど使われなくなったため、市はこの運河を埋め立てて国道五号線のバイパスにすることを目論み、一九六六年に計画決定した。それに対して運河の保存運動が起こり、

1973年に刊行された観光ガイドブック（『ブルーガイドパック 3 札幌・洞爺・函館』、実業之日本社）での小樽の扱いには驚かされる。

最終的には、運河の幅を縮めて残し、公園として整備するという一種の妥協案に落ち着くこととなったのだが、このような経緯が、運河を中心に形成された現在の「小樽イメージ」やその後のまちづくりのあり方を規定してきた(1)。

一つのポイントは、運河の保存運動が、この時期全国的に展開した街並み保存の動きと連動し、その象徴ともいえる形で機能したことにある。運動は当初、郷土史家や画家などの地元文化人を中心にはじまったが、一九七七年に中心メンバーが交代し、Uターン組や外からの流入組を中心とした、当時二〇～三〇代の世代が担い手になると、同時代に全国で起こっていた環境保護、自然保護などの住民運動の動向なども視野に入れた新たな展開がはかられるようになった。

当時、妻籠宿などでも街並み保存運動が起こっていたが、そのような動きとも連携をはかりながら小樽運河の文化的価値を全国にアピールする努力を続け、一九八〇年には第三回全国街並みゼミを小樽で開催している。この時期はまた、日本建築学会が全国に残る戦前の近代建築のリストを作るべく悉皆調査を行っていた時期であり(2)、これに連動する形で北大の助手や院生などを中心に小樽運河周辺に残る近代建築の調査が行われた。その結果は『小樽運河と石造倉庫群』と題された調査報告書として一九七九年に刊行されている（観光資源保護財団 1979）。このようにこの時期は、開発一辺倒の方向に対し、過去の遺産に着目し、その保存や活用を考え直そうとする大きな流れが全国的に生まれていたのであり、小樽運河の保存運動はその流れにうまく歩調を合わせることによって、単に小樽運河の存在を全国的に認知させるのみならず、日本の景観保存運動の象徴ともいうべきものとなっていったのである。

もう一つのポイントは、保存運動が徐々に「観光化」という方向づけをもつようになっていったことにある。その点で象徴的なのは、当初市の埋め立て計画に賛成だった商工会議所が一九八三年になって、保存を支持する側に回ったことである。このあたりから「保存」を主張するロジックの中で、運河が観光資源として文化開発の材料になることが強調されるようになった。保存運動が最終的にたどりついた、埋め立てて幅を半分にし、そこに遊歩道などを設置するという妥協案のあり方は、その行き着いた先であったともいえる。

こうした経緯をみるにつけ、時代に取り残された町であった小樽が代表的な「観光地」へとそのイメージをドラスティックに変えるにいたった背景に、町の活性化を図ろうとする地元の志向と「外の目」との一種の共犯関係があったことを感じずにはいられない。小樽のイメージや「小樽らしさ」の表象もまた、さまざまな立場からこの町に関わる多様な

「小樽運河」半分だけ保存　市が折衷案
道路ルート山側に
散策路や博物館など整備
「一部では意味ない」と守る会

小樽運河の埋め立て問題は、1979年6月29日付北海道新聞の記事にあるように、半分を埋め立て、半分を残して公園化する方向で決着をみることになったが、左の二枚の写真を見比べると、「保存」とはいえ、全く別物になってしまったという感は否めない。

小樽運河の埋め立て前の姿(上、1976年撮影)と同じ場所の現況(下)。当時はかなり荒れた状態で悪臭なども発生していたため、保存運動が起こってからも、埋め立てて道路にすることに賛成する市民は決して少なくなかった。

人々やそれによって持ち込まれた多様な要因のおりなす複合的な力学を通して形作られ、また変容してきたものである。その過程で小樽に関連する芸術作品が何らかの役割を果たしたこと、とりわけ、そのようなイメージがあまねく広がり、共有されるようになってゆく局面において、映画のような視覚メディアが大きな役割を果たしたことは容易に想像されるだろう。リヴァプールの街というテクストが、ビートルズの音楽をコンテクストとして一つのイメージをなしていったように、小樽のイメージもまた、映画というコンテクストとの関わりの中で成立し、また変容してきたという側面をもつのではないだろうか。

小樽をロケ地に用いた映画を歴史的にたどってみると、そこには小樽のイメージの変化が映し出されていることがわかる。「運河問題」以前につくられた大島渚監督の《少年》(1969)では、小樽は地方の寂れかかった都市として描かれている。また、《人間の条件》(小林正樹監督 1959)、《わが青春のとき》(森川時久監督 1975)などでは朝鮮や満州などの都市を舞台にする映画のためのロケ地に使われているが、そのことはかえって小樽自体が「小樽らしさ」をもつものとして注目されることがなかったことを示していると同時に、そもそもロケ地というものに焦点をあてる発想が今日よりもはるかに稀薄であったような状況があらわれているとみることもできるだろう。

「運河問題」以後、小樽を舞台とした映画は増え始め、しばしば運河が出現するようになる。「寅さん」シリーズの一作として一九七五年に制作された《男はつらいよ・寅次郎相合い傘》(山田洋次監督)では、運河の改修前の風景が映し出されるのだが、そこでの寅さんの「この古くせえ町のどこがいいのかね」という台詞は、「運河問題」が勃発し、注目を集めはじめていた一方で、未だ

「小樽イメージ」が明確な像を結んでいなかったこの時代の状況をよく示している。

その後の時期には、《恋人たちの時刻》（澤井信一郎監督 1987）、《「さよなら」の女たち》（大森一樹監督 1987）など、小樽を舞台とした映画で運河が登場することは「定番」化してゆく。《桃尻娘 プロポーズ大作戦》（小原宏裕監督 1980）や《はるか、ノスタルジイ》（大林宣彦監督 1992）には、運河が注目を浴びていることを皮肉ったり、観光化を批判したりするシーンがみられるが、それらとても、それぞれの時期の運河の表象の一面を映し出しつつ、最終的には、映像が運河を中心とした「小樽イメージ」を人々に提供し、強化してゆく動きの原型を形作ったと言って良い。

こうした「小樽イメージ」が今日のように広く流布し、観光地としての小樽の地位を押し上げるにいたった要因としては、映画以上にテレビドラマで繰り返し取り上げられてきたことが大きいだろう。特に二時間ドラマなどのトラベルミステリー風の作品の舞台とし

1

2

《男はつらいよ》シリーズより。1は第一五作《寅次郎相合い傘》（1975）、2は第二二作《噂の寅次郎》（1978）より。保存運動を機会に、昔の姿を残す小樽運河の価値を再認識する動きが出はじめた時期の作品であり、こうした動きに山田監督が敏感に反応していたことがよくわかる。

て小樽はしばしば使われ、そこでは判で押したように運河のシーンが出てきて、捜査にあたっている刑事などが、ほとんど必然性もないのにわざわざ橋の上で会話を交わしたりするようなシチュエーションが織り込まれている。これらの映像が、運河を中心とした小樽のイメージを人々に刷り込む役割を果たしてきたことは間違いない。

しかし、映像で描かれた小樽と現実の小樽との関係は、単にこのような形で映像が既成の「小樽イメージ」を追認したり、強化したりすることにとどまらない、もっと多様で豊かなあり方の可能性を孕んでいるのではないだろうか。個々の映画の表現の機微や、その背景にある文化的コンテクストにも目配りして丁寧にみてみるならば、映画がそれまでになかった小樽イメージを作り出したり、さらにはそういう方向に現実の都市を変えてゆく力を発揮したりするような事例を見いだすこともできるのではないだろうか。

ここでは、一九九五年に制作されて一世を風靡し、今でも小樽を舞台とした映画の代表作とされる《Love Letter》（岩井俊二監督、中山美穂主演）を取り上げて考察してみよう。実際のところ、この映画は小樽のロケ地めぐりの「定番」にもなった映画であるにもかかわらず、運河は一度も登場しておらず、他の観光スポット的な場所もほとんど出てこない。それにもかかわらず、この映画は人々の小樽の表象のみならず、その街並みのあり方、街づくりの方向性にまで大きな影響を与えており、映画の表現内容と都市のあり方がより深層のレベルでの複合的な関わりをみせている恰好の事例であると思われる。以下にその一端を明らかにしてみたい。

2　モダン住宅の「発見」と《Love Letter》　ロケ地としての坂邸

前述したように、《Love Letter》は、小樽の「ロケ地めぐり」の定番作品である。韓国で大人気となり、そこからの観光客を大量に呼び込むことになった経緯もあり、現在でもウェブ上には、この映画のロケ地めぐりのコース案内や体験記が多数掲載されている。「小樽観光ネットワーク」という会社では、映画撮影に関わった地元スタッフを案内人とするガイドツアーを二〇〇一年に企画したが、これは同年五月二三日付の北海道新聞でも大きく報じられている。同じ北海道新聞は、同年一〇月九日付の紙面に「ロケ地に小樽が人気」という記事を掲載しているが、フィルムコミッションの正式な設立に先立つこの企画は、今日のような全国的な「ロケ地めぐりブーム」の先駆ともいえ、当時としてはかなり斬新な企画として受け止められたのであった。

雑誌『ロケーションジャパン』などで行われるロケ地めぐりの特集でも、小樽は常に人気の場所だが、そこで小樽が取り上げられるときに必ず出てくるのがこの作品である。ところがこの作品には実は小樽の「定番スポット」はほとんど出てきていない。後に触れるように、船見坂を郵便配達のバイクが上ってくるところがあるくらいで、運河周辺も「運河プラザ」などの建物は多少出てくるが、運河自体の映像は全く出てこない。ステレオタイプの「小樽イメージ」を微妙に外れたところに向かっているかにみえるこの映画にとって小樽という都市はどのような位置を占めているのか。また逆に、現実の小樽という都市の側にとって、この映画の提示する小樽イメージはどのような意味をもつのだろうか。

運河などの「定番スポット」が欠けているとはいえ、この映画のロケ地には、小樽に残るさまざまな近代建築が使われている。中でも重要なのが、主人公の一人、藤井樹（中山美穂）が住んでいる家として使われた、坂邸であり、これは一九二七年に建築家・田上義也によって作られた「モダン住宅」である。映画の中では、家の外側、内側ともに何度となく映し出され、この家自体が主人公になっていると言っても過言ではないほどである（なお坂邸は、二〇〇七年五月二六日に火災で焼失し、ロケ地めぐりの核が失われる結果となった）。また、樹は図書館に勤めている設定であるが、この図書館は、国指定重要文化財に指定されるなど小樽で屈指の近代建築である旧日本郵船小樽支店（1906）が、また風邪をこじらせて肺炎になった樹が運び込まれる病院には小樽市庁舎本館（1933）が用いられている。この映画でのこれらの建物の使われ方をみてみると、それらが映像の中の小樽と現実の都市としての小樽とのつなぎ目としての役割を果たしていることがわかってくる。

その点で興味深いのは、小樽とともにもう一つの舞台となる神戸との関係である。この映画では、小樽と神戸とで話が並行的に進んでゆき、両者がだんだんシンクロしてゆくのであるが、神戸ではロケは行われておらず、神戸のシーンもほとんどが小樽で撮られている。冒頭の雪のシーン（天狗山スキ

ここでミポリンが！
「ラブレター」ツアー開始

映画で主演の中山美穂さんが歩いた運河プラザ周辺を見学するツアー客

小樽を舞台にした映画「ラブレター」（岩井俊二監督、一九九五年）の撮影現場を見学するツアーが二十二日始まり、東京などから参加したファンが小樽市役所や旧日本郵船小樽支店などを見て回った。

旅行業「小樽観光ネットワーク」の主催。ガイド役は、撮影をコーディネートした市内在住の渋谷明美さんが務め、映画の裏話が聞けるのがみそ。

初日、参加したのは岩井映画ファンの六人で、映画の映像を思い浮かべながら実物を見学し、あらためてビデオ撮影をした。料金はタクシー料金別で、三人まで一万五千円、七人まで二万五千円。問い合わせは同社☎0134・51・2556へ。

高体連サッカー支部予選組み合わせ決定

【余市】余市町内で三

《Love Letter》のロケ地巡りツアーの開催を報じる2001年5月23日付北海道新聞。まだロケ地巡りが珍しかった時期で大きな話題になった。

[1]

[2]

1995年に刊行された『小樽の建築探訪』(小樽再生フォーラム編、北海道新聞社)に紹介されている《Love Letter》のロケ地となった建物。坂邸([1][2])を筆頭に、小樽市庁舎([3])、日本郵船小樽支店([4])など、この映画の広がりは、小樽の歴史的建築物の価値が広く認識されてゆく過程とも重なり合っている。

[3]

[4]

ー場）、神戸の藤井家の屋敷（旧寿原邸 1912）、神戸の硝子工房（グラススタジオ・イン・オタル）など、本来神戸でロケを行うべきシーンが実際には皆、小樽のロケで撮られている。神戸に住む人間が小樽に行こうという打ち合わせをしているシーンまでが、実際には小樽の喫茶店でロケされていたから、小樽の藤井樹と神戸の渡辺博子という二人の主人公を中山美穂が二役で演じていることも相まって、小樽在住の人は混乱して話がよくわからなくなったというエピソードまである。もちろん、神戸でのロケを行わなかったことにはロケの費用や手間を節減するという現実的な理由もあったことだろうが、よくみてみるならば、このことは二人の女主人公の世界が重なり合ってゆくというストーリー上の要請と結びついており、中山美穂が二役を演じ、しかも必ずしも明瞭な演じ分けをしていないというようなことも、二つの世界が融け合い、シンクロしてゆくというこの映画の醍醐味を作り出すための大きな武器となっていることがわかるのである。

この映画の主人公の一人は、山での遭難事故で藤井樹という名の婚約者（男性）を失った神戸に住む渡辺博子という女性であり、彼女が神戸にある樹の実家で、彼の小樽時代の中学校の卒業アルバムを目にし、そのアルバムに書かれていた樹の住所に手紙を出してみたことから話が動き始める。その場所には樹は当然もう住んでおらず、家ももはや存在しないはずだったのだが、なぜか藤井樹と書かれた返事が届く。実は、樹には中学時代、同じクラスに同姓同名の女子のクラスメート（中山美穂の二役）がおり、博子は間違ってそちらの藤井樹に手紙を出してしまったのだったが、その小樽の樹が受け取った手紙に戯れに返事を出したことから、二人の奇妙な文通がはじまる。最初は当然のことながら、両者のやりとりはチグハグなのだが、文通を重ねるうちに、全く別々の人生を歩んでいたはずのこの二人の女主人公の世界は、藤井樹という一人の男を介してつながりはじめる。小樽の樹は博子のために、ほとんど忘れかかっていた同級生の男のことを思い出し、そのエピソードを手紙に綴っているうちに、忘れていた思い出や、当時は気づかなかったその同姓同名の男子学生の自分に寄せた愛情への思いがあふれ出してくる。また、神戸の博子はそれらの手紙から、自分の知らなかったかつての婚約者の一面を知り、彼の死以来凍りついていた自分の心が融け出してくるのを感じる。このようにして、それぞれの心の傷によって止まっていた二人の時間が動き始め、交錯し、やがてシンクロしてくる、そんな物語である。神戸のシーンのロケも小樽で行ったり、あえて中山美穂に微妙に重なり合うような二役の演技を行わせたりしたことも、このような重なり合いを作り出す上で絶妙の武器となっているのである。

しかし、この小樽と神戸の重ね合わせの問題は、このようなストーリー上のことにとどまらない、現実の小樽のイメージやあり方に関わる要素を孕んでいる。神戸という都市につきまとう、異人館街などに象徴される、ハイカラでモダンな町というイメージと重なり合うことによって、小樽の町のイメージに関しても、もっぱらそのハイカラでモダンなあり方が前面に出てくることになるのである。そしてその際に大きな役割を果たすのが、この映画で多用されている小樽の近代建築である。運河沿いの倉庫群や、「北のウォール街」の銀行建築など、戦前から数多く残されている洋風建築は小樽という町のモダンなイメージの核となるものである。しかしその一方で、小樽という町は港湾都市、それも鰊漁全盛なりし頃からの歴史をもつ漁業基地という、モダンさとは正反対といってもよいような側面を同時にもっていた。今でも寿司が小樽の名物の一つになっており、「寿司屋通り」という通りまであることはそのことを象徴的に示している。[3] 言ってみれば、「小樽らしさ」の表象は、近代建築が密集する倉庫群や銀行街などの醸し出すモダンなイメージと、魚市場や寿司屋街に象徴される泥臭い港町イメージとが同居する形で形作られてきたのであり、神戸との重ね合わせは、その中の港町、寿司屋イメージを背景に退かせ、モダン・イメージの方をもっぱら強調するための装置ともなっているのである。そういう点で最も大きな役割を果たしたのが藤井樹の住む家として用いられた坂邸だったのだが、この坂邸が小樽の建築として取り上げられるにいたるコンテクストをみてみると、実に興味深いことがわかってくるのである。

『日本近代建築総覧』(日本建築学会編、技法堂出版)。国内に残る近代建築の悉皆調査で作られた厖大なデータベースだが、坂邸は含まれていない。

すでに述べたように、坂邸は、建築家田上義也の設計になる住宅で、一九二七年に建てられたものである。[4] 田上義也は、フランク・ロイド・ライトの旧帝国ホテル本館の建設事務所で仕事をした後に北海道にわたり、ライトの系譜を引く住宅建築を多数手がけたことで知られる。北大教授小熊悍の邸宅として札幌に建てられた旧小熊邸[5]をはじめ、彼の残した住宅建築をみると、たしかにライトを思わせる様式が随所にみられる。当時の北海道としては際だって先進的なモダン住宅であったと言ってよい。田上の作品は小樽にも五件ほど残されているが、坂邸は住友坂炭鉱株式会社の二代目、坂敏男の別荘として建てられた田上の代表作とも呼べるもので、二〇〇七年に焼失するまで坂の長男輝彦が居住し、保存状態も良好であった。それにもかかわらず、坂邸の存在が認知されるようになったのは、実は意外なほど後になってからのことなのである。

「運河問題」の経緯もあって、小樽では近代建築の価値が早くから認知され、観光の目玉として機能してきたが、その中心は倉庫群や銀行街であり、このような「モダン住宅」の存在はなかなか認知されなかった。すでに触れた日本建築学会の近代建築悉皆調査の成果として生み出され、一九八〇年に刊行された『日本近代建築総覧』（日本建築学会編 1980）でも田上が小樽に残した作品は取り上げられていない。八三年の新版につけられた補遺の部分でようやく、同じ一九二七年に建てられた坂牛邸が取り上げられているが（日本建築学会編 1983:425）、この時点でもなお坂邸は掲載されていない。一九八〇年代半ばになると、藤森照信らの「建築探偵団」の活動に触発される形で「近代建築ブーム」が全国的に広がり、小樽に集中的に残る近代建築群は一般にも広く脚光を浴びることになるのだが、その時期に出た『近代建築ガイドブック　北海道・東北篇』（越野、坂田編

小樽市が日本建築学会北海道支部の協力を得て行った歴史的建造物の実態調査の報告書。坂邸が小樽市に残る歴史的建築物として認識されるきっかけになったと思われる。

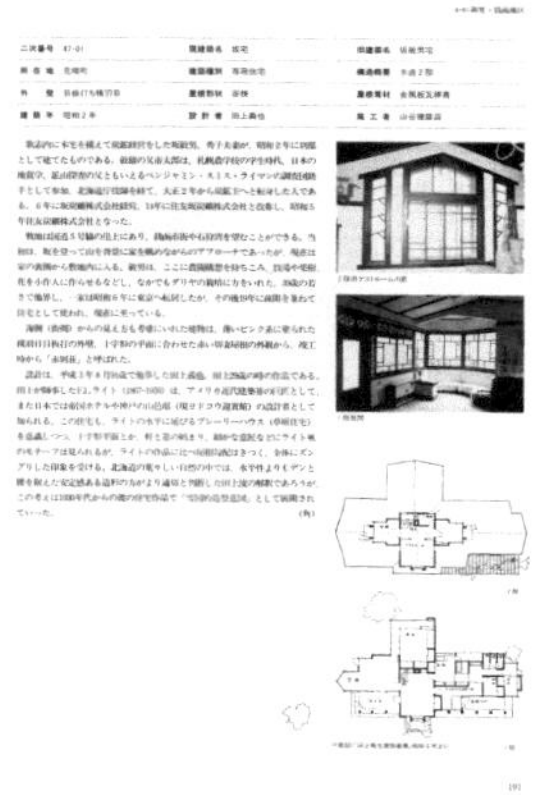

1985)、『総覧日本の建築1　北海道』(日本建築学会編 1986) にも坂牛邸だけがエントリーされている。地元出版をみても、一九七九年刊行の千葉七郎著『小樽の建物』(千葉 1979) なる写真集があり、これには上記の本には取り上げられていない住宅建築も結構取り上げられているが、田上の作品は一つも掲載されていない。この種の本で坂邸がはじめて取り上げられたのは、私の知る限りでは、一九九三年刊行の『北の建物散歩』(越野、北大建築史研究室編 1993:164) であり、九五年の『小樽の建築探訪』(小樽再生フォーラム編 1995:118) ではかなり大きな扱いになっている。

ポイントとなるのは、一九九二年に小樽市の委嘱によって日本建築学会北海道支部の手で行われた市内の歴史的建造物の実態調査である。その報告書『小樽市の歴史的建造物』は九四年に刊行されているが、坂邸は口絵にも使われるなど (日本建築学会北海道支部編 1994:10)、かなり大きな扱いになっている。この直後、一九九四年五月一二日に坂邸は小樽市指定歴史的建造物として登録された。この制度は一九八五年からはじまり、二〇一七年現在で八五号まで指定されているが、九四年指定の坂邸はその第四八号となっている。(6) 一九九二年の調査がはじまる段階では登録件数は三一件であったが、調査終了後の九三年一一月に第三二~四七号、九四年五月に第四八~五九号がまとめて登録されており、これらはこの調査によって発見された成果であるとみられる。もちろん坂邸は、それまでにも田上の作品というコンテクストでは認識されていたが、小樽に残る建築として坂邸が視界に入ってきたのは、この調査がきっかけであったことは間違いない。《Love Letter》が坂邸をロケ地に選んだこの時期は、その直後の時期だったのである。

そんな状態であるから、一般的な認知度ということになればさらに低いのは当然である。一般向けの観光ガイドブックの変遷を調べてみると、小樽で近代建築が観光コースに組み入れられるのは一九八〇年代後半になってのことであることがわかる。日本交通公社（現ＪＴＢ）で出していた「ポケットガイド」シリーズを五冊入手し、調べてみたが（ポケットガイド 1977, 1985, 1987, 1994, 1999）、建築自体についての記述が初めて出てくるのは、一九八七年に登場する「歴史とロマンの散歩道」というコラムが最初である（ポケットガイド 1987:124）。《Love Letter》でも使われた国指定重要文化財である日本郵船小樽支店は、それ以前には小樽市博物館として使われていたが、当初のその項目の説明は博物館としての内容が中心で建築面からの説明は稀薄であり、博物館が旧小樽倉庫に移転してしまった後の一九八七年の版では項目自体が削られてしまった。「旧日本郵船小樽支店」としてあらためて項目が立てられるのは一九九四年の版からである。他のガイドブックでも状況はほぼ同様で、「北のウォール街をあるく」、「色内本通り」等々のコラム記事や個々の建築を取り上げた独立項目が登場するのはやはり一九八〇年代末あたりからである。いずれの場合でも、対象は運河周辺の倉庫、銀行、商店などに限られており、坂邸も含め、住宅建築は対象になっていない。

3　《Love Letter》と映画の「マジック」　坂牛邸保存・活用問題への展開

坂邸はなぜこんなに後になるまで、小樽を代表するモダン建築として取り上げられてこなかったのだろうか。一つの要因としては、坂邸が小樽の中心部から遠い銭函《ぜにばこ》という地区に位置していたため、調査も行き届かず、観光コースにも組み入れにくかったということが考えられる(7)。だがさらに考えてみると、このことにはなかなか面白い問題が含まれていることがわかってくる。

われわれは何となく、坂邸がたまたま小樽の中心部から遠いところに位置しているというふうに思ってしまうのだが、本当にそう言えるのだろうか。よく考えてみれば、坂邸のある銭函は小樽から一五キロも離れ、むしろ札幌の手稲区に隣接しているような場所である。たしかに行政区分上は小樽市であるのだが、そもそも一般的な小樽の表象の範囲には括ることができないのではあるまいか。そうであれば、「小樽の近代建築」が話題になった時に、坂邸が取り上げられなかったのはむしろ当然なのであって、極端に言うなら、多くの人はむしろ、この映画を経由することによって、坂邸が小樽の建築だ、と認識するようになったのではないだろうか。

この点については、新谷保人が実に鋭い洞察を提示している。新谷は小樽短期大学の図書館の司書であった時期に『図書館だより』に執筆した小樽関連の記事などを自らのウェブ

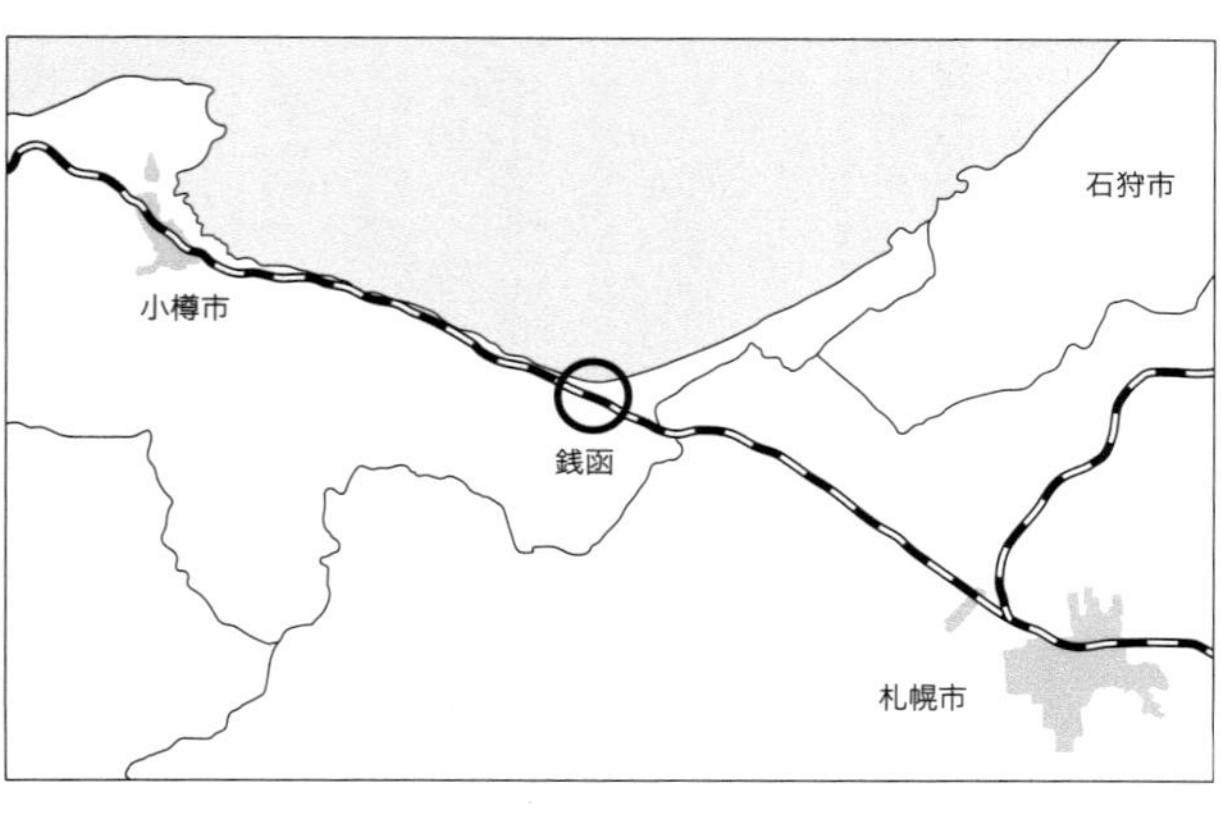

坂邸のある銭函(地図中央)は、小樽よりも札幌の方が近いくらいである。

サイトにアップしているのだが、その中に、「小樽に残る田上ハウス」というシリーズがあり、そこでこの問題に触れている（新谷 Web1）。新谷は、この家の所有者であった坂敏男が、音楽や絵画などのモダンな趣味をもつなど、主として札幌を生活圏として活動した人間であったことなどに触れながら、銭函までは札幌の文化人・経済人たちのリゾート地だったこと、小樽の文化圏からは距離を置いた場所として意識されていたのではないかということを述べている。坂敏男は海の見える場所を選び、この地に別荘を建てたというが、そこで彼の見ようとした海はそもそも、小樽の人々がみている海とは別の海だった、田上はそのような違いに自覚的に「モダン・スタイル」のこの建物を設計した、と彼は言う。新谷の考察の鋭いところは、この問題を《Love Letter》という映画のあり方と重ね合わせた議論に持ち込んでいる次の箇所である。

坂敏男の見ていた「海」と、映画監督・岩井俊二の見ている「海」もちがうしね。結局、こういう微妙なズレに無頓着な人間たちが、韓国や台湾から観光客がいっぱい来る！って喜んでいるのが、今の小樽という気がします。『ラヴレター』、観たこともないくせに。詰めが甘いんだから…　映画を一度でも観ていれば、岩井俊二がどれだけ「海」を使わずに「小樽」を表現しようとしていたか、すぐわかることなのに。そんな努力さえしていない。あれは画期的な「小樽」なんですよ。かなりの数の小樽アイテムを意識的に排除して、逆に、使ったものといえば「図書館」とか「トンネル」とか「中学生」といった誰も思いもつかなかったような素材だったわけです。それらを「映画」というマジックで組み合わせ、奇跡的に「小樽」というものを成立させたところが岩井俊二の才能なのです。昔、田上義也という人が「建築」というマジックで、これと同じことをやったように。

だから、ヒロインの藤井樹が寿司を食ってるシーンなんかあるわけがない。（『はるか、ノスタルジィ』じゃないんだから…）『ラヴレター』に憧れて小樽に来た人たちだって、別に寿司や運河なんか関係ないんですよ。でも、相変わらず、寿司屋通りの前で観光客が来るのを待ってる…ってのが今の小樽じゃないのかなあ。

坂敏男が邸宅建設の際にこの地を小樽と認識していなかったという新谷の認識は当を得ている。実際、行政区分の上から言っても、この銭函は隣接する朝里《あさり》や張碓《はりうす》とともに「朝里村」の一角を形作っており、それが小樽市と合併したのは、坂がこの家を建てたずっと後の一九四〇年のことであった。小樽市民の中でも、あそこは小樽ではないというような認識が戦後になってもずっと続いたであろうことは十分想像できる。《Love Letter》の制作スタッフがそこまで考えていたかどうかはともかくとして、結果的にこの映画は、坂邸をロケ地に定め、小樽の中心に据えることによって、運河や寿司屋に象徴されるこれまでのものとは全く違う小樽イメージを提示することになったといえよう。田上の建築を核に、市内に点在するそれと共通する「モダン」な要素をクローズアップし、一気に光をあてたような小樽イメージを作り出したと言ってもよいだろうか。そう考えてみると、神戸との重ね合わせなども、そのための恰好の道具となっているわけだが、そういうつもりでみてみると、それ以外にもいろいろな仕掛けがなされていることに気づく。

たとえば、郵便配達夫の存在である。この映画は、二人の主人公の手紙のやりとりが柱になっているので、郵便配達夫や郵便ポストが全体をつなぐ存在としてしばしば映像にも登場するのだが、小樽が出てくる最初のシーンで、郵便配達夫がオートバイで船見坂を上がってくる情景が出てくる。その後にそのオートバイが坂邸のところに到着してポストに郵便物を入れるシーンが続くのだが、船見坂は小樽の中心街からほど近いところにあるから、銭函の坂邸は、言うまでもなくこの坂を登った先にあるわけではない。しかし、小樽の町を一望でき、小樽観光の定番の一つである船見坂とこのシーンを直接につなぐことは、坂邸を小樽の文化圏の中に位置づける役割を果たしているのである。同様に、神戸から博子と一緒に小樽にやってきて藤井樹の家（坂邸）の所まで来た秋葉が帰りがけに言う「小っさい町や。すぐ繁華街に出るやろ」という台詞もまた同様な仕掛けになっている。

郵便配達夫がオートバイに乗る映像としては他にも、同じ田上義也の坂牛邸が一瞬背景に映し出されるシーンもある。これは流れの中で背景に映っているのではなく、非常に短いワンカットがあえて挿入された形になっており、これもまた、これまで注目されていなかった小樽市内の「モダン住宅」をあえてクローズアップし、郵便配達という仕掛けを使ってうまく一つにつなぎ合わせているると解することもできよう。他方で、旧日本郵船小樽支店や小樽市役所といった、小樽の中心部にある近代建築も巧みに取り込まれているが、小樽市役所のシーンで映し出されるステンドグラスの光景を坂邸の樹の部屋のステンドグラスと呼応させるなど、これまでの小樽の観光イメージの中にあった対象についても、坂邸のイメージとのつながりで再編成しているとみることができるだろう。

1

2

3

4

5

6

《Love Letter》のシーンから
1郵便配達夫が船見坂を上ってくる
2郵便配達夫が樹の家（坂邸）に到着
3郵便配達夫の背景に坂牛邸が一瞬映し出される
4樹の家（坂邸）の内部
5樹の家（坂邸）の庭
6病院という設定で使われた小樽市庁舎。背後のステンドグラスが特徴的ここでの小樽イメージは、これらのさまざまな仕掛けが相まって作り上げられているのであり、これこそまさに新谷が映画の「マジック」と呼んでいるものの実体である。それは、映像の中に出現するイメージ上の都市に現実の都市を織り込みつつ、両者の間のずれを巧みに利用することによって、映画の世界での独自のリアリティを作り上げる作業であるが、今度はそれが同時に現実の都市へと投げ返され、人々に新たな認識をもたらすことにもなるのである。

坂邸や、田上義也の「モダン住宅」をとりまく文化環境は、かつては「小樽文化圏」に属するものとは考えられず、運河やその周辺を中心に考えられてきた小樽の街並みやまちづくりに関わる形で認識されることは全くなかったのだが、映画《Love Letter》やそのロケ地めぐりで坂邸が注目を浴びて以後、そのあたりの状況は確実に変わりはじめている。そのことを示す例として、この映画にも一瞬登場した、同じ田上義也の坂牛邸の保存問題をめぐる動きを挙げることができる。坂牛邸については、所有者が手放すのをきっかけに再利用の動きが生じたのだが、そこに「田上義也記念室」とカフェコーナーを併設するというプランが生まれ、二〇〇九年に初の一般公開、さらに二〇一〇年二月には記念室の正式オープンにいたった。そこにいたる過程では、二〇〇八年五月の「坂牛邸のあり方を考えるミニフォーラム」をはじめ、シンポジウムなどの試みを重ねつつ保存・活用の方向性が模索されたが、NPO法人小樽ワークスを軸に展開されたこの動きは、単なる一建築物の保存をこえた広がりをもっており、かつてあの倉庫群や銀行街の保存・活用をめぐって展開された動きを彷彿とさせるのである（NPO小樽ワークスWeb）。

もちろん、すべてが映画のせいというわけではないだろう。《Love Letter》が制作される時点で、少なくとも建築の世界では坂邸の価値が認識されはじめていたことはすでに述べたとおりである。しかしそれが小樽のまちづくりに直接関わるような形で動き始め、それが人々に受けとめられる上で、この映画のロケ地として広く注目されたことが大きな要因となったことは間違いない。坂牛邸の小樽にとっての位置づけや意味づけもまた、保存・活用を主導したＮＰＯの人々だけの認識であることをこえて多くの人々に共有される結果を生み出しているとすれば、そこに介在した映画の果たした役割は計り知れなく大きいのではないだろうか。

　実際、坂牛邸の価値やその保存をめぐる議論の中では、必ずといってよいほど、坂邸との関連が指摘され、それが《Love Letter》のロケ地であったことが言及される。ネット上には、田上の師とも言うべきフランク・ロイド・ライトの名と、ヴァイオリンをたしなみ、札幌交響楽団の創立者でもあった音楽好きの田上の素顔、それに坂邸をロケ地とした映画の名前を組み合わせた、「ライトとラブレターとヴァイオリン」という三題噺のような見出しからはじまる坂牛邸の紹

1995年に刊行された『小樽の建築探訪』（小樽再生フォーラム編、北海道新聞社）の坂牛邸を紹介するページ。

介記事などもある（木造ハウジングコーディネーター Web）。今この時期に坂牛邸の保存・活用問題が急速に高まっている背景の一つに、映画の提示した小樽の「モダン」イメージの拠点であった坂邸が二〇〇七年に火災で失われた状況下で、それに代わる拠点を求める志向があることもたしかだろう。(8)

もう一つ興味深いのは、この坂牛邸の保存・活用への動きの中心人物の一人として、札幌における田上の代表的作品の一つであった旧小熊邸の保存・活用を推し進めたNPO法人「旧小熊邸倶楽部」の代表者である東田秀美が加わっていることである。この旧小熊邸については、先に挙げた新谷の「小樽に残る田上ハウス」シリーズでも「番外編」として取り上げられ、田上が小樽に残した住宅建築のあり方との関連で論じられている（新谷 Web2）。東田は、この札幌の旧小熊邸が取り壊し問題に直面した一九九六年に「旧小熊邸倶楽部」の前身である「旧小熊邸の保存を考える会」を設立し、最終的に札幌市交通開発公社が事業主体となって移築復元を行い、ろいず珈琲館がテナントとして喫茶店に利用する、という現在の形にいたるレールを敷く活動を行った（北海道人 Web／日経ウーマンオンライン）。坂牛邸の保存・活用の動きにも東田が関与することによって、田上建築や北海道のモダン文化の全体的なあり方を射程に入れ、その中に自らを位置づけてゆく回路が作られることになった。それはちょうど、かつて小樽運河が、環境保全や街並み保存の全国的な動きと呼応することによってその価値を認識され、そのことが小樽の都市イメージ全体を大きく変えていった、そういう動きとよく似ている。東田は、「小樽は保存運動の後、建物がちゃんとうまく活用しきれていないところもあるので、私、小樽がふるさとですから、そろそろ小樽に帰って、活動をもうちょっと根づかせていきたいかなというふうに思っているところです」と述べている（国土交通省北海道開発局 Web:71）。東田は、札幌在住であるが、実は小樽の出身であり、そのこともまた、運河保存の際に中心的に活動したのがUターン組であったことを思い起こさせるのである。

《Love Letter》という映画やこの映画にまつわる「ロケ地めぐり」の広がりは、ともすれば保存に直接関わる一部の人々の中だけにとどまってしまいかねないこうした認識を一般に広めてゆく装置としても大きな役割を果したように思われる。ネット上のブログをいろいろみていると、実際にロケ地めぐりをした人の体験記などもアップされており、その中には次のようなものも出てくる。

今頃ですが僕は岩井俊二監督の「Love Letter」にはまっています。［…］

最初は主演の中山美穂目的だったのだが、中

坂邸と同じ田上義也の設計による札幌の旧小熊邸。上は移築前（1987年撮影）、左は移築後（2009年撮影）。

山美穂扮する藤井樹の住む家の風景が凄く好きで（小樽ロケ）、目に焼きつき、忘れられない家の風景となっていた。

それが先日、その家を見に行く事が出来た。中を見ることは出来ないが、映画のままの景色が広がっていてすごく素敵だった。

しかもその家は、前にブログに載せた現ろいず珈琲館（旧小熊邸）を設計した田上氏の設計だと分かり、僕にとってさらに感慨深い風景となった。

一緒に見学した妻の方がもっとハマッテしまい、ヤフオクで「Love Letter」のビデオを落とし、家の中を見て楽しんでいます。ロケ地めぐりって楽しいですね。（松岡プランニング Blog1）

札幌で建築士事務所を営むこの人は、その一月ほど前に札幌の旧小熊邸を訪れており、その時にも感想をブログにのせているのだが（松岡プランニング Blog2）、このようにロケ地めぐりは、その場所自体のイメージのみならず、文化全体への認識のありようを確実に変えてゆく力をもっているのである。

その一方で、小樽のコンテンツツーリズムをめぐる近年の状況をみていると、田上義也の建築と映画《Love Letter》の「マジック」が作り出した小樽のイメージがいささか置き忘れられて、新谷がいみじくも「寿司屋の前で客を待っている」と表現したような見当違いの状況になっている側面もしばしば見受けられるように思われる。もちろん、これだけが小樽イメージの唯一のあり方というわけではないし、一本の映画だけに依存するような街づくりのあり方もそれはそれでどうかと思うが、せっかく見出された田上建築の価値が十分に生かされないまま埋もれていってしまうとしたら、何とも残念なことである。

付記　建築物保存・その後

本章では、小樽という街が、そこを主たる舞台とした《Love Letter》という映画作品によって提示された斬新なイメージを取り込むことで、街の来歴も手伝って、このイメージが具体的なまちづくりのあり方に影響を与えるまでに力を発揮するにいたった経緯を論じてきた。

その際に核となる役割を果たしたのがロケ地となった銭函の坂邸であった。いわばそれを結節点とする形で小樽に芽生えた「モダン住宅」的イメージは、田上義也が小樽以外の北海道各地に残したさまざまな住宅建築への再評価や保存・活用への動きと手を携えるような形で、小樽のまちづくりの新たな方向性を切り開いていった、というのが本章で筆者が提示したストーリーであった。

それからほぼ一〇年がたった二〇一八年は、筆者にとっていささかショッキングな年となった。一〇年前に取り上げた場所が今どのような状況になっているかを確認するため、ネット検索を駆使して情報集めをしたのだが、本論で取り上げたような田上建築の再評価や保存・活用の動きに揃いも揃ってクエスチョンマークがつくような展開になっていたのである。坂邸自体が二〇〇七年に火災で失われ、ロケ地巡りの核が失われたことはすでに本文中で述べたが、その後に坂牛邸の保存問題が浮上し、市民の努力によってそれが田上義也記念室として保存されることが決まったわけで、言ってみればそれが坂邸の残した遺産として継承される結果になったわけである。筆者はそのことに高い評価を与えることができると感じ、今後もその延長線上に小樽のまちづくりが進んでゆくことに大きな期待を寄せていたのである。

ところが、その田上義也記念室がどうやら閉室してしまったらしいということが明らかになった。六年間あまりにわたって小樽ワークスというNPO法人が管理し公開をはかっていたが、現在は「田上義也記念室」のプレートも外されてしまったという（小梅太郎Blog）。もちろん取り壊しになったというわけではないし、個々の物件にはそれぞれいろいろな事情があると思われるので、そのことだけを取り出してどうこう言うつもりはないのだが、ちょっと気になったのは、この時期に相前後する形で、他の場所にあるいくつかの田上建築においてもそのあり方に軒並み「異変」が生じていたからである。

札幌の旧小熊邸で二〇年にわたって営業を続けていた「ろいず珈琲館」も二〇一七年一一月一九日をもって閉店となってしまった（「洋館での歴史の味わい最後　旧小熊邸「珈琲館」19日閉店」、北海道新聞、二〇一七年一一月一四日付）。また本文中では触れていないが、同じ田上義也が同時期に函館に建てた住宅建築である「旧佐田邸」も、地元のペシェ・ミニヨンという洋菓子メーカーが買い取って「日和茶房」というカフェとして二〇一三年から営業していたものが、二〇一五年一〇月で閉店となってしまっていた（函館新聞社Web）。これだけ一度に重なると、これらの住宅建築をカフエなどに転用してまちづくりに生かしてゆくという考え方も、結局は夢や幻に過ぎないものだったか、近代建築への人々の関心も所詮は一部の人々の中でのブームに過ぎず、それを保存し支えてゆく厚みなどなかったのかと、いささかショックを受け、暗澹たる気分になってしまったのも無理はない。

しかしその後よく考えてみると、そんなに単純な話でもなさそうだ。たしかに函館のケースは運営会社であるペシェ・ミニョンの社長が「ある程度の赤字は覚悟していたが、収支がなかなか改善しなかった。今年に入って人手不足が深刻化したことも重なり、売却は苦渋の決断」と語っていたとのことで、転用保存がいかに大変なことであるかが如実に示されている例であることは間違いない。しかし、他のケースをみてみると、それぞれに事情が異なっている。

本文中でも紹介した東田秀美らの運営する「歴史的地域資産運営機構（れきけん）」と名付けられたＮＰＯ法人があり、このＮＰＯ法人の提供しているフェイスブックのページ（れきけんfacebook）をみるとそのあたりの状況がよくわかる。札幌の旧小熊邸の場合には、ろいず珈琲館自体がこの建物を購入したわけではなく、所有していたのは近くにある藻岩山ロープウェイなどの経営母体でもある札幌振興公社であった。東田らのＮＰＯ法人がその運営を任せられており、ろいず珈琲館はテナントとしてここを借りて営業していたのだが、二〇一六年に二〇年の契約期間が満了したのを機会にその撤退が決まったということであった。その後、新たなテナント選びが行われて、二〇一八年四月にドリーバーデンという釣具店が新たなテナントとして入居した。店内にはカフェや田上関連のパネル展示のコーナーなども設けられているとのことである。一方、旧坂牛邸の場合には所有していた小樽ワークスから二〇一五年に新しい個人所有者が買い取り、その居宅として使われるようになったため、公開されなくなったということのようだ。

したがってこの三つの例については、その「保存」を可能にしていた仕組みやそれに対する保存団体の関わり方はそれぞれに異なっているから、それまでの一般公開がとりやめられた理由もまた、それぞれ微妙に異なっており、保存がたちゆかなくなったと一概にまとめてしまうことはできない。「れきけん」のフェイスブックページからは、この団体が、道内各地のこの種の物件の状況に応じてかなりきめ細かく、保存・活用のための方法を模索している様子が伝わってくる。

もちろん、用途変更や形状変更が再三にわたって行われ、事と次第によっては解体されてしまうかもしれないという危機につねにさらされ続けているという状況が非常にリスキーであり、このような価値ある建築物をもう少し安定的な形で保存してゆけるシステムがあってほしいという思いはないでもない。しかしまた、別の見方をしてみるならば、もともと都市の中に建てられ、その中で「生きた」ものとして人々に使われてきた建物をあまりにも特別扱いするような形で「保存する」というようなやり方もまた、それはそれでいささか不自然なものだという感もある。明治村や北海道開拓の村などに移築されれば、それらの施設自体が閉鎖されない限りは解体される危険はなくなるかもしれないが、それはもはや建物であることをやめてその形骸だけが残っているというような感じは拭えないし、飛騨高山のようなところに行き、街並みはきれいに整っているが、どの建物に入っても観光客相手の土産物屋になっているような状況をみるにつけ、それはそれでどうかと思う。

考えてみると、建築物をめぐる価値観も決して一つではないし、当然のことながら、時代によって移ろいゆく部分がある。古い建物はすべて原形に復して保存すべきだということになれば、一度できあがってしまった街はもはや変容してゆく余地がないということになってしまうわけで、何でもかんでも保存し、当初の姿に復することこそが正しいという価値観も、それはそれでいささか極端にすぎるという面もあるのではないだろうか。

本論でも引いた一九七三年発行の観光ガイドブック『ブルーガイドパック３ 札幌・洞爺・函館』（実業之日本社）には、函館のページをみると、佐田邸のある元町界隈はすでに観光の目玉となり、ハリストス正教会をはじめとする建築群がいろいろ紹介されているが、佐田邸は名前も挙げられていない。それどころか、驚いたことに、佐田邸近くにあり、今ではこの近隣の代表的な歴史的建築物になっている旧イギリス領事館は「函館病院看護婦寮（旧英領事館）」と記載されている。この歴史的な建物で暮らしていた当時の看護婦の方々が新装なった今の旧イギリス領事館のおしゃれなカフェを目にしたときにどのような感想を抱かれるか、訊ねてみたいものだが、歴史の中で価値観がどのように変化し、個々の建物がそのたびごとにどのようにしてその動きに対応してきたのかということこそが、まさにその建物の刻んできた歴史であり、その総体が「文化」なのだと切に思う。

すべてを残すことができない以上、その価値がないと判定されたものが姿を消してゆくのは歴史の必然であるということもできるだろう。本論でとりあげた映画作品に限らず、芸術作品は、それらの価値を生み出したり変容させたりする上で、そしてまた一部の人だけの間で認識されていた価値を広めていったりする上で大きな力を発揮する。しかしそのようにして一つの価値観を前面に出すことが、他の価値観を背後に退かせることを常に背中合わせに伴っていることを忘れてはならない。その意味では、そういういろいろな価値観のぶつかり合いを調整する機構がいろいろなレベルで確保されていることが重要だということになるだろう。「文化」と呼ばれるものは、そういう中でほとんど綱渡りのように営まれているものだということを、あらためて痛感させられるのである。

コラム

フィルムコミッション的「小樽アイデンティティ」？　《天国の本屋～恋火》

「ロケ地巡り」が脚光を浴びることで、ロケ地のあり方自体が今大きく変わっている。その中で作品に出てくる都市と現実の都市との関係自体も変わりつつある。小樽という「定番」のロケ地においてもそのような変化が急速に進行していることをあらためて感じさせるのが、二〇〇四年制作の《天国の本屋　恋火》（篠原哲雄監督）という作品である。

《天国の本屋　恋火》は小樽を舞台にした映画ではない、というよりも、現実の時空とは一線を画した空想的な場所で展開される、ほとんどファンタジーと言ってもよい話である。「地上」の世界と、そこで一生を終えた人々が暮らす「天国」の世界とを行き来する作品であるから、「天国」はもちろんのこと、「地上」も小樽と銘打っているわけではない。また、小樽だけでなく、石狩、江別、増毛など、いろいろな場所でロケが行われている一方で、小樽でロケされたシーンは「天国」と「地上」の両方で使われており、映画の中では、これらのいろいろな場所が混じり合って出てくる形になっているから、映画の中の街並み全体が現実の小樽と直接に結びつけられる局面はほとんどない。

この映画の中で使われている小樽の主要なロケ地には、運河のような「小樽らしい」スポットは全く出てこない。たしかに、どこか時代遅れな雰囲気に満ちた「天国」の街並みで使われている手宮線の廃線跡や旧前堀商店（撮影当時はＢＢＣというライブバーだった）の建物などは、小樽の「レトロ」イメージを反映しているとは言えるかもしれない。しかし、「天国の本屋」の外観に使われている旧岡田倉庫や、そこから出てきたところに広がる「平和通」という煤けたような商店街などは、小樽ではなく江別市でロケされており、その両者がシームレスにつながるひとつの街並みをなす形で描かれているから、そこに醸し出されているレトロ感を小樽だけに結びつける必然性はほとんどない。

一方、「地上」の世界としても、竹内結子演ずるヒロイン香夏子の実家として登場する景星餅菓商（入船二丁目）という餅菓子屋などいくつかの場所が出てくるが、これまたそこから現実の小樽の街と重ね合わされるような何らかの統一的なイメージを引きだしてくることは難しい。景星餅菓商もどこか古びたいい味を醸し出してはいるが、きわだって「小樽らしい」要素をもっているわけではないし、それを小樽という街のイメージに結晶させてゆくような仕掛けも施されているわけではない。

それにもかかわらずこの映画は、小樽の「ロケ地めぐり」の定番の一つとなった。ネット検索してみると、この映画のロケ地巡りで小樽を訪れた人々の探訪記がいろいろ出てくるが、景星餅菓商を訪れた人はこんなことを書いている（樽樽源 Web）。

この《天国の本屋　恋火》の中で竹内結子の演じた娘さんの御実家となっているのは餅屋さんです。この餅屋さん、小樽に実在します。［…］勿論、竹内結子さんの本当の御実家じゃないんですが、僕は勝手に「竹内結子ちゃんの実家の餅屋」と呼んでいます。

当然、連れていった友達は「本当？」とき返しますから、半分嘘で半分本当ないきさつを話してあげてるの。みんな喜ぶんですよ（^^）［…］その映画を見ていた方々なら、今にも香夏子ちゃん（竹内結子さん）が暖簾《のれん》くぐって出てきて、『いらっしゃい、また買いに来てくれたのぉ』とかやってくれちゃいそうな雰囲気にひたれることでしょう。［…］

このような調子で話は続いてゆくのだが、そこに掲載されているこの店の商品の写真には「竹内結子ちゃんの味がするぅ、と信じることが大事です」というキャプションがつけられている。竹内結子のファンと思われるこの人の言動からは、たしかにロケ地めぐりに特有の心性やリアリティ感覚が窺われる。映画の中のイメージが、現実の小樽という街にある景星餅菓商という店に投影されているわけだが、その際、香夏子という登場人物とそれを演じた竹内結子という女優のイメージを微妙に重ね合わせているあたりには映画というメディア独特の想像力の広がりが感じられるし、その想像力が半端なものでないことは、

「半分嘘で半分本当ないきさつを話して」いるというあたりから(いったいどのような「いきさつ」を話しているのか、興味深いのだが)窺える。まさに映画のロケ地めぐりというもののもっている可能性が十全に生きている事例とみることができるだろう。

しかしながらこうした想像力の発揮される先がここでは、景星餅菓商という店についての、かなり断片的・個人的表象にとどまっており、小樽という街の統一的な表象へと向けられていったり、集合的記憶としてまちづくりに関わっていったりすることにつながっているようには思われない。このような形で景星餅菓商を訪れた人が、その続きで小樽の街をいろいろ回ってその空気を堪能するということが果たしてあるのだろうかというこ

景星餅菓商(左)は《天国の本屋 恋火》では「陽光堂」という店名(下)で用いられている(樽樽源Web)

とすら訝しく思われてくるのである。少々乱暴な言い方をすれば、景星餅菓商は景星餅菓商であれば十分なのであって、それが「小樽らしい」ものである必要は全くないのである。

このようなことになっている原因のひとつが映画自体の性格にあることはたしかである。この映画の場合、「天国」はもちろんのこと、「地上」も含めてファンタジー的な世界であるから、リアリズム的な映画の場合のように、現実の小樽という都市に重ね合わせられた世界として体験される必要はない。そういう意味で、小樽である必要はないということはたしかに言えるであろう。

しかし同時にもうひとつ注意しておく必要があるのは、この映画が、小樽フィルムコミッションが本格的に制作に関わった最初の作品だという事実である。フィルムコミッションとは言うまでもなく、ロケ地を誘致することの「地域おこし」的な効果に着目した地方自治体などが、映画、ドラマ、CMなどのロケーション撮影を誘致し、実際のロケをスムーズにするための便宜をはかるために作る機関であるが、ロケの目的に合った場所や建物を紹介することもその重要な業務のひとつである。

小樽の場合、フィルムコミッションが正式に設立されたのは二〇〇三年だったが、《Love Letter》のロケ地巡りツアーがすでにその前から行われているなど、映画のロケ地を観光資源としてとらえるような見方はかなりはやくから醸成されていた。《天国の本屋 恋火》についても、映画の制作にフィルムコミッションが全面的に協力しただけでなく、映画の公開とともにフィルムコミッション自体がウェブサイトなどを使って、そのロケ地をめぐるモデルコースの宣伝をはかったりもしている。

　ロケ地のあり方の変化ということに関して特に重要なのは、多くのフィルムコミッションが、ロケ地としての使用をスムーズに進められるよう、市民に呼びかけて、ロケに使っても良い商店や民家などを募集し、データベースとしてストックしておき、ロケ地を探している相手にそのリストを提示するというようなやり方を採用しているということである。小樽の場合にも、初期の頃のウェブサイトには、「ロケーションライブラリー」なるページがあり、「歴史的建造物」、「病院」、「学校」、「集合住宅」等々に分類されたロケ候補地の写真が掲載されていた。そのようなやり方はたしかに、いかにも「小樽らしい」ありきたりな場所だけでなく、多様な物件がロケ地に使われることを可能にしている一方で、必ずしも小樽でなくても良いようないろいろな場所がロケ地に使われる可能性をひらくことにもなる。そのようなやり方は場合によってはたしかに、既成の小樽イメージを破る斬新なものになる可能性を孕んでいる一方で、それが街全体の個性や特徴的なイメージに結びついてゆかないまま、何となく「風情のある建物」程度の感じで使われるというようなケースを助長することにもなりかねない。それが悪いことなのかどうかということについては必ずしも即断はできないのだが、「ロケ地巡り」を、その街らしさと関わらない、ロケ地だという事実さえあればどんなところでもOKというようなものに変質させてしまう要因を孕んでいるということは認識しておく必要があるだろう。「ロケ地巡り」が地元の狙っている地域アイデンティティの創出に結びついてゆかない、どこかミスマッチな状況を作り出しているのがフィルムコミッションそのものだった、というような皮肉な事態が生じていないことを祈るばかりだが……。

コラム

ガラスの街・小樽？　ＮＨＫドラマ《雪あかりの街》

運河と並んで、小樽観光のもう一つの観光目玉になっているのがガラス工芸である。堺町通りなどには、カラフルな色ガラスを使った細工物を取り扱う店や、それに寄生するかのようにオルゴールなど、若い女性をターゲットにした小物の店なども立ち並び、いつも賑わっている。《Love Letter》の中でも、博子と一緒に小樽を訪れる秋葉は神戸でガラス工房をやっており、小樽の友人を訪ねてくるという設定になっている。この友人の工房は小樽運河工芸館、秋葉の工房はグラス・スタジオ・イン・オタルと、ロケはいずれも小樽のガラス工房で行われており、坂邸や小樽市庁舎のステンドグラスなどとも呼応して、小

2

1

3

堺町通りがガラス工芸店などの立ち並ぶ観光スポットになったのもそう古いことではない。1は1908年に建てられた旧百十三銀行小樽支店で、運河埋め立て前の1976年の時点で撮影したものだが、当時は株式会社藤森という広告看板制作会社が使用していた。その後1985年に小樽市指定歴史的建造物となり、修復工事が行われている。1995年に刊行された『小樽の建築探訪』(小樽再生フォーラム編、北海道新聞社)の時点では千秋庵という菓子店の店舗となっていたが2、その後、2003年にガラス工芸やアクセサリー品などを展示即売する小樽浪漫館という施設としてオープンするにあたり、北側部分に同一の意匠を用いた増築が行われたことが3からわかる。興味深いことだが、株式会社藤森の藤森茂男は運河の保存運動においても「小樽運河を守る会」の事務局長として中心的な役割を果たしていた。一方、千秋庵は札幌に本社をもつ北海道内のチェーン店の小樽支店であり、さらに小樽浪漫館は、甲府に本社を置くタンザワというアクセサリーや雑貨の製造販売会社が運営しているもので、完全に北海道外の資本である。観光地としての小樽の街並みが整備されてゆく過程が、そのまま小樽の街がそこに住む人々の手を離れてゆく過程でもあったことを象徴的に示している動きであるとも言える。

樽の「モダン」な雰囲気を醸し出す上での欠かせない要素になっている。

観光案内などでは、小樽は「ガラスの街」などと言われ、古くからガラス工芸が盛んであったことが強調されているのだが、実際にはこのようなイメージが確立するのはかなり新しい。たしかに小樽には古くからガラス産業はあったのだが、そこで作られていたものは、漁業用の浮玉やランプなどの実用品が中心で、色ガラスを使った華やかな工芸品のイメージとはほど遠かった。今のような「モダン」なガラス工芸が前面に出てくるようになったのは、実は一九八〇年前後のことであった。この時期は日本全国、ガラス工芸ブームで、バブル状況も手伝って、各地にガラス工芸の美術館などが相次いで作られ、エミール・ガレやルネ・ラリックの作品が次々買い集められた、そんな時代であった。そのような時代にいちはやく反応し、堺町通りに拠点をつくった北一硝子を中心に、小樽は「ガラス工芸の街」としての定評を得るにいたったのである。

この小樽のガラス工芸を題材に、ＮＨＫ札幌局が制作し、二〇〇七年に放映された《雪あかりの街》というテレビドラマがある。制作からもうすでに一〇年以上が経過しているが、その間何度か再放送されており、結構の評判になったようだ。地元札幌局の制作だけあって、ガラス工芸の店が立ち並ぶ堺町通りあたりの街並みが「小樽らしさ」を醸し出す小道具としてお約束のように登場してくる「ご当地もの」二時間ドラマなどとは一味違った作品になっている。

主たる舞台になっているのは、塩見三省演ずるガラス職人の一家だが、同じ小樽のガラス職人とはいえ、ガラス工芸のきらびやかな世界には背を向けた職人気質の人間として描かれている。生活に困っても妥協することなく頑なに浮玉製造にこだわるこの主人公の姿を通して、家族や周囲の者も「小樽の本物の文化」とは何かということをあらためて考えさせられるというのが、このドラマのひとつのテーマになっている。そのため、観光客とは縁のない花園町の商店街を歩きながら「小樽の街は見世物じゃないんだと言われた気がした」、「観光客を呼ぶためのものでなく、生活に必要なものを作らなければ人は小樽に戻ってこない。小樽には本当に良い物を作る人がいるということを知ってほしい」などという会話が交わされるシーンなども出てくる。

工房のロケ地として使われたのは「浅原硝子製造所」という、浮玉を作っている工場である。一九〇〇（明治三三）年に浅原久吉が創業した会社で、ランプや投薬瓶、金魚鉢等のガラス製生活雑

ドラマ中で「内田硝子製造所」として登場する浅原硝子製造所の外観（上）、左は浅原硝子製造所のウェブサイトに掲載されている同製造所での実際の浮玉づくりの写真。

貨の製造からはじめたが、この会社を大きくしたのは、何と言っても、一九一〇（明治四三）年に考案された浮玉であり、全盛時には旭川、室蘭、稚内、釧路や樺太の真岡にも工場を設けるなど、全道的な展開をみせた。その後、漁業の衰退、プラスチック製浮玉の普及などで縮小を余儀なくされ、このドラマ収録直前の二〇〇五年には跡を継いでいた三代目・浅原陽治の病気もあって、一度は操業停止に追い込まれたとのことである。その後、小樽を離れていた陽治の長男・浅原宰一郎が小樽に戻り、四代目に就任して再出発、現在にいたっている。

興味深いのは、二〇〇五年に一度操業停止に追い込まれた後、二〇〇七年九月に宰一郎が会社を引き継ぎ、再出発をはかるまでの期間というのが、この《雪あかりの街》が制作され、浅原硝子製造所でロケが行われた、まさにその時期に重なっているということである。このドラマの制作過程では当初、浮玉制作の部分に関わる監修を陽治に依頼し、その指導のもとに制作を進める段取りだったらしいが、その陽治が二〇〇七年一月に亡くなったため、急遽小樽に戻った宰一郎と昔の職人たちで、使えなくなっていた窯の修復に一週間以上奮闘し、その甲斐あって同年二月末に浅原硝子製造所でのロケが実現したとのことである（小樽フィルムコミッション Blog）。テレビでは同年五月二五日の道内だけに向けた最初の放映以来、全国放送も含め、何度か再放送されているが、ドラマ本体に加え、一五分ほどのメイキング映像も作られており、宰一郎が窯の再興に向かって奮闘し、昔手伝っていた時の記憶を頼りに浮玉を吹いてみせるシーンや、インタビューにこたえて「自分にはガラス屋のＤＮＡが流れており、浮玉職人の伝統を止めてしまっていいのかという思いがあった」などと語るシーンも収録されている。このような形で現実の小樽で起こっている場面と重ね合わせられることを通じて、観客にとっては、ドラマの世界と現実の小樽との、まさに虚実皮膜の間を漂うような体験がもたらされるのである。

もちろん、このドラマ自体が全くのフィクションであり、登場人物もすべて架空の存在であることはあらためて断るまでもないし、映像を見ている人でドラマの部分と現実の部分との区別がわからなくなってしまう人などはよもやいないだろうと思われるが、それにもかかわらず、近年の「ロケ地巡り」ブームなどの中で、この虚実皮膜の間を漂うような体験がますますデリケートになってきているという感をいだかずにはいられない。このドラマのケースに限らず、映画やテレビドラマのＤＶＤなどを購入すると「特典映像」などと称して、この種のメイキング映像が付いてきて、時にはＮＧを出されて笑い転げている俳優の様子なども見られたりすることがある。その種の「裏舞台」的な部分は、かつては、観客の「幻想」をこわすことのないよう、がっちりと覆い隠されたものであったし、客の方も幻滅を感じさせられることなく「欺される」ことを求めたのではないかと思われるが、今はむしろ、その両者のズレをはっきり認識しつつ、その両者の狭間の部分を楽しむような「文化」が生まれているように感じられる。考えてみれば、ロケ地という存在自体、言ってみれば「裏舞台」に他ならず、その部分に焦点をあてるというのはかなり奇妙な体験ではある。この場所は実際にはどこなのかということを知りたくて、映像を途中で止め、映り込んでいる店の看板や交通標識などを穴のあくほど観察するなどという体験は、作品世界に没入する体験とは著しく異質な体験であるのだから、「ロケ地巡り」などというものがブームになっているという時点ですでに、「作品」を通しての人々の現実世界への関与の仕方自体が根本的に変質していると言うべきなのかもしれない。

いずれにせよ、この作品を機に「浅原硝子製造所」が蘇ると同時に、「ガラスの街」小樽のこれまで背後に退いていた側面に光があたるような状況が生じたことは間違いない。少なくとも、「浅原硝子製造所」のウェブサイト（浅原硝子製造所 Web）などをみる限り、浮玉を軸に、かなり積極的な展開をはかっている様子が窺え、かつて操業停

北一硝子は、「ガラス工芸の街」としての小樽イメージを牽引してきた。堺町通り周辺に立ち並ぶ店舗（写真はかつての倉庫を再利用した3号館の外観と内部）の放つモダンな香りは、浅原硝子製造所の泥臭さと対照的だが、実際にはこの両者はいずれも1901（明治34）年に浅原久吉によって創業された同じ会社から分かれたものであった。現在の北一硝子の社長である浅原健蔵は、浅原硝子製造所の二代目であった浅原寅男の弟の長男であり、三代目の浅原陽治とは従兄弟関係ということになる。

止に追い込まれた頃とはかなり違う状況が生じているように思われる。浮玉をモチーフにした「うき玉ライト」なる照明器具や、「うき玉ひび一輪」なる全五色のカラフルな一輪挿しなど、おしゃれなインテリア商品もいろいろあり、北一硝子的な華やかなガラス工芸の世界にだいぶ寄った形になってきており、ドラマの中でもたらされた頑固一徹の職人が伝承する「本物の小樽」というようなイメージとはだいぶ違う印象になってきていることは否定できないが、そもそも「本物」とか「伝統」とか呼ばれているもの自体、後世の人々や外の文化との接触の中で、そのたびごとに新たに形作られ、現れ出てくるものであり、時代を超えた「本物」の文化がどこかに超然として宙に浮いて存在しているというようなことはそもそもありえない。フィクションと現実が微妙に交錯する中で、「本物」が生み出される瞬間に立ち会うかのような体験のもつリアリティのありようは、二重にも三重にもねじれているとはいえ、まぎれもないひとつのリアリティなのである。

第３章

「廃墟」が「産業遺産」になるまで

写真集と映像をとりまく言説を読み解く

長崎・軍艦島

「廃墟」？　それとも「産業遺産」？

イントロダクション

次に取り上げるのは、「軍艦島」であるが、この本の目次の中に置いてみると、いささか違和感を感じる方もあるかもしれない。他の章が明らかに、一定の大きさをもった都市を取り上げているのに対し、「軍艦島」は「都市」というカテゴリーにおさめるのにはいささか無理がありそうだ。何よりも、「軍艦島」が注目されるコンテクストといえば、まずは「廃墟」、最近では「産業遺産」として取り上げられることが大半であり、他の章で取り上げられている「都市」とはずいぶん背景が違いそうに思われるから、いったいどういう意図でこのような選択をしたのかということを訝る向きもあろう。しかしながら、この章ではまさにこの、「廃墟」や「産業遺産」といったカテゴリーのあり方自体を問い直すことこそが課題となる。

少し前まで、軍艦島といえばごく一部の廃墟マニアの人々にとっての聖地と言えるような存在であったのが、今ではがらりと様子が変わって世界遺産にまで指定され、すっかりメジャーな観光地になってしまった。今でも「廃墟」としての価値は十分に認識されているが、その一方で、世界遺産に指定されたことから、「産業遺産」としての価値の方が取り上げられることが多くなった。そのことは、イメージ自体の変化という以上に、そこに価値を見出す基盤自体がすっかり変わってしまったということでもあり、短い期間に価値観自体がこのように根底から変化してしまったことに今さらながら驚かされるのである。

しかし考えてみると、このような事態は決して特殊なことではない。どんな場所であっても、その価値を評価するのに、人によってさまざまに異なった尺度が存在するというのは、当然すぎるほど当然のことだ。観光客にとってはプラスの価値であるものが、そこで暮らしている住民にとっては無意味であったり、マイナスの価値であったりするようなことは、いくらでもあることだ。京都を訪れる外国人観光客が急増し、地元の人々がバスにも乗れなくなるなど、生活自体が脅かされているような状況が近年問題になっているが、これなども、観光という価値基準だけでものをみてしまい、そういう複眼的な思考を忘れるとどんなことになるかという警鐘とみるべきかもしれない。軍艦島の場合も、単純に「廃墟」から「産業遺産」へとその価値基準が変わったというわけではない。複数の価値観やそれらを支える文化的コンテクストがつねに存在しているのであって、この動きもまた、こうした力関係や配置関係が変わる一連の動きの一環として位置づける方が適切なのではないか。もっと言うなら、存在する価値基準はべつにこの二つに限られているわけではなく、さまざまな価値観や文化的コンテクストがつねに流動しながら時間的展開の中でその関係性を無限に変えているのであって、個々の局面でみえているのは、たまたまその時点で切り出された一つの断面にすぎない、そのように考えるべきではないのか。

そうなってくると、軍艦島は「廃墟」であって、本書の他の章で取り扱われている「都市」とはカテゴリーが違う、という話もまた、ちょっと違った形でみえてくることになるだろう。実際、本章で明らかになるように、軍艦島がまだ「現役」だった時代や閉山直後の時代には、その取り上げられ方は全く異なっていた。「現役」だった時代に「廃墟」として捉えられなかったことは当然として、しばしば話題になったのは、狭い土地に当時としては珍しかったような高層アパートが建ち並ぶ高集積的な街のあり方であり、それが未来の都市のモデルとして注目を浴びたりもしたのである。

もちろん、そのことで、軍艦島も他の章で取り上げられた「都市」と同列に並べて論じられるなどということを主張しようというつもりはない。重要なのは、軍艦島の表象やその価値が決して単一ではなく、多様な文化的コンテクストを背景に成り立つ複数の価値がぶつかり合ったり相互浸透したりしながら、さまざまな力学の中でその関係性自体を変えてゆくというモデルで物事を考えてゆく必要があるということである。軍艦島のように、そこに見出される価値のあり方が短期間にドラスティックに変わった場所は、このような考え方をしてゆく上で絶好の考察対象となる。そして、そのような変化の過程にあって、写真集、映画、ドラマといった芸術作品がどのような大きな役割を果たしたのかということを明らかにすることが、本章のテーマなのである。

「廃墟」か「産業遺産」かということのみならず、軍艦島をめぐっては、さまざまな立場の人々のさまざまなまなざしがせめぎあってきた。写真集や映画などのメディアは、そうしたまなざしを代弁する形で多様な軍艦島表象を提示したが、それだけでなく、それらの周囲に形成された言説の場は、そうしたさまざまな立場からの軍艦島表象がぶつかりあったり、それらの相互作用が展開されたりすることでその関係性自体を変えてゆく、そのための重要な舞台ともなった。そこでの力学はまた、この時期の軍艦島表象の大きな変化にとっても欠くことのできない役割を果たしたはずである。

1　「廃墟ブーム」のなかの「軍艦島」

近年、「廃墟」が大きなブームとなっている。廃墟をテーマとした写真集やＤＶＤなども数多く作られており、ネット上には、廃墟に関心をもつ人々によって作られているウェブサイトや掲示板なども相当数ある。廃墟趣味の人々にとって「聖地」ともいえるような、神戸の摩耶観光ホテル、沖縄の中城高原ホテルなどの「定番」物件もある。使われなくなった宿泊施設、学校、遊園地などから個人宅まで、種類はさまざまであるが、その多くは比較的歴史の新しいものであり、バブル期に大量に作られたこの種の施設などが最近の経済状況の中で次々と使われなくなってきた状況も手伝い、今でも新たな「廃墟」が次々生み出されている状況になっている。

「廃墟」は言うまでもなく、古来、美学にとって大きな関心を呼ぶテーマの一つであった。神殿や城など、かつて栄華を誇った人工物が、長い時間の経過の中で徐々に朽ち果て、自然へと帰してゆく、そのあり方は、ピクチャレスクの美学やロマン主義の美学にとって、大きな関心事となった。一九世紀には、最初から朽ち果てた姿でデザインされた「廃墟もどき」の建物や庭園が新たに作られるようなことも盛んになり、理論的な関心であることをこえて、ある種、時代の美意識を体現するような役割を果たしたこともたしかであろう。

そうは言っても、今日の日本で起こっている「廃墟ブーム」を直ちにこのような線上で理解して良いかということになると、いろいろ微妙な問題が含まれていることも事実である。今の「廃墟ブーム」に典型的にみられるようなものは、せいぜい数十年という単位の歴史しかもっていないものが多く、ロマン主義美学が想定しているような、はるか昔の栄華や、人工物が自然へと回帰してゆく長い歴史に思いを馳せるような対象とはだいぶ趣を異にしている。谷川渥は、その著書『廃墟の美学』（谷川 2003）の中でその点に触れ、今日の日本の「廃墟ブーム」で取り上げられている廃墟には、バブル時代に作られ廃業した施設など、著しく歴史の短いものが多く、数百年後にはもはや廃墟として生き残れないだろうと述べ、暗に、現在の「廃墟ブーム」は「廃墟」の本来のあり方からはずれたものであるという趣旨のことを述べている。

この歴史の浅さゆえというべきか、現在の「廃墟ブーム」の周辺では、美学やそれに関連する美意識、美的体験といったものとは別の次元のさまざまな問題が発生しているケースが多いということも特筆される。使われなくなったばかりの、未だ私有物件として存在している、「廃墟化」して日が浅い物件に不法侵入して法的な問題になるなどという事態は少々極端であるにしても、まだ過去になりきれていない近い時代の事物を「廃墟」とみなして扱うことが、その対象の周囲にいる多くの人々の現実的な感情や価値観と著しく齟齬する結果をもたらすようなことが起こるということは容易に想像されるだろう。「廃墟」として扱われている物件の多くが、「産業遺産」、「記念物」などの形でその価値を評価され、最近ではそれが観光の対象としても認識されるようになっているケースも出てきている。

これらの問題は廃墟を美的対象と考え、それをめぐる美的体験を考えようとする立場からすると、非本質的なものとして無視されるかもしれないし、そのような「不純」なあり方自体が、日本の「廃墟ブーム」がいまだ廃墟の本来のあり方を呈する段階に至っていないと考えられてしまう一因となっているとみることもできるかもしれない。また、この類の廃墟趣味が、「工場萌え」、「巨大仏さがし」等々、いささか「オタク」がかった文化の一環として位置づけられたこともまた、そのネガティブな評価につながる要因になった面もあるかもしれない。

だが、本当にそうなのだろうか。ここに起こっている状況からみえてきているのは、日本における「廃墟ブーム」が未だ成熟していないなどということではなく、これまでロマン主義的なものの見方に隠されてしまっていた、廃墟という現象の示す別の側面であるとか、廃墟への見方の別様の可能性といったことなのではないだろうか。廃墟という現象を、他のさまざまな社会現象とつながるようなもう少し大きなコンテクストの中においてみることによって、廃墟をめぐる文化のもっている可能性のさらに豊かな広がりがみえてくるのではないだろうか。

それにもかかわらず、廃墟をめぐるこれまでの語り方は、そうした可能性を十分に捉えることができてこなかったように思われる。今の廃墟ブームの中で語られている言葉も、たしかに、これまで「廃墟」が語られるときに用いられてきたクリシェに類するようなものが多い。たとえば、近年夥しく出版されている廃墟本の一冊である湯前悟郎という人の『廃墟探索西日本編』（文献 111）なる本のオビには次のような言葉が書かれている。

廃墟はいつまでも語りかける。かつてその場所に栄枯盛衰があったことを。
そこには確かに人の営みが存在していた。当時の残り香を今なお漂わせ、時空の彼方に閉じ込められた記憶を現代にそっと語りかける。衝撃的異空間ワールドの扉が今ここに開かれた。

近年の廃墟ブームが明確な形をとって顕在化してきたのは一九九〇年代であり、その最初の結実が懐古文化綜合誌と銘打たれた雑誌『萬』の臨時増刊号という形で「廃墟の魔力」を特集した号（文献 107）であった。その後、二〇〇〇年代に入ると廃墟本が続々登場するにいたる。そういう中で、神戸の摩耶観光ホテルとならんで、つねに中心的な存在であり続けたのが長崎の軍艦島である。『廃墟の歩き方　探索篇』（文献 108）の表紙は軍艦島の地獄段と呼ばれる階段のところだが、この風景は廃墟マニアであれば、行ったことがなくとも、誰もが見慣れたものだろう。さきの『廃墟探索西日本編』でも、軍艦島が巻頭に取り上げられており、そこでも、「音が消え光を失い儚くも崩れゆく街　風化された時の流れを追い求めた旅の軌跡　『廃墟探索』そこにはたしかに人がいました」、「遠く忘れ去られた記憶の彼方に風は舞い雲は静かに流れる」といった句がちりばめられている。かつて人間が作ったものが、長い時間の経過の中で忘れられ、うち捨てられ、静かに自然の中にかえってゆく、そういうさまをポエティックに語る言葉がちりばめられている状況は、ほとんどロマン派詩人のものだと言っても良いほどである。しかしもしかしたら、このような言葉は軍艦島

廃墟ブームの先鞭をつけた雑誌『萬』の
「廃墟の魔力」特集号（文献107）

湯前悟郎『廃墟探索　西日本篇』
（文献111）

廃墟ブームで次々と出版された廃墟をテーマにした本

のあり方を捉え尽くしていないのではないだろうか。

本章の趣旨をあらかじめ先取りして言うならば、漠然と「廃墟ブーム」などという言い方で括られている状況は、いくつかの異なった立場、異なったコンテクストに立脚する、複数の動きのおりなすダイナミズムによって成り立っていること、その中で狭義の「廃墟」的なるものは、つねにそうした他の諸力との関係性の中で再定義されて立ち現れており、多様なコンテクストのおりなすダイナミズムの中での様々な折衝を通して不断の変容を被っている、ということである。

前半部分では、雑誌記事などを中心に、軍艦島をめぐる言説の歴史を検討し、そのような歴史的変化のアウトラインをスケッチする。そのことは、軍艦島というと、ただちにイコール廃墟、という具合に結びつけてしまう感覚自体が、特定の立場、コンテクストとの結びつきを前提に成り立っており、つねに複数の立場の離合集散の動きにさらされ、そこでの折衝を通じて変化していることを明らかにすることになろう。

後半部分では、そのような動きのなかで、とりわけ写真や映像といったメディアの果たした役割に焦点をあてる。軍艦島に関しては夥しい数の写真集が作られ、近年ではＤＶＤなども数多く作られている。個々にみてみると、それらはそれぞれに、特定の立場やコンテクストを背負った形で成り立っており、今述べたような状況が視覚メディアのあり方に反映された結果とも言えようが、他方でこれらは一般化し、軍艦島に行ったこともない人の間に普及することによって、むしろ人々の軍艦島に対する見方や表象を作り出すような役割をも果たしている。またこれらのメディアは、上で述べたような複数の立場の折衝、離合集散の場面にも関わり、それを推進する役割も担っているように思われる。その状況を具体的に検証してみたい。

2　軍艦島をめぐる言説の展開　雑誌記事の分析を中心に

端島炭坑（軍艦島）が廃墟として注目されるようになったのは一九九〇年代以降になってのことだが、閉山以前の、まだ炭坑として機能していた時代にも、軍艦島はしばしば雑誌等に取り上げられている。また、一九七四年の閉山もかなり大きな話題になり、雑誌を賑わせている。軍艦島を取り上げた主な雑誌記事は巻末の文献リストにまとめてあるが、そこにおける言説の状況には、軍艦島に関わる表象のあり方の変化が如実に映し出されている。

軍艦島が現役であった時代の記事からは、「海上のビル街」（文献1）、「世界一の人口密度」（文献2）といったタイトルに象徴されるように、この島の高集積的なあり方やそれに伴うライフスタイルに注目が集まっていたことがわかる。雑誌ではないが、岩波写真文庫の『石炭』という巻（文献104）にも軍艦島は四ページという破格のスペースを割いて紹介されており、高層アパートでの洗濯物干しが「立体的」と形容されたりもしている。今日のわれわれが抱きがちな、真っ黒になって地の底から出てきて、狭苦しい共同住宅に住んでいるようなイメージとは対照的に、当時の炭鉱は先端技術が高度に集積した場所という一面をもっていた。とりわけ軍艦島は、人工島で住宅を建設できる用地が限られていること、離島のため、待遇を良くして労働力を集める必要があったことなど、いくつかの要因が重なり、住宅もまた後の高層マンションの先駆となるような、モダンなスタイルを示すようになった（大正五年に建てられた三〇号棟と呼ばれる建物は、日本で最初の鉄筋コンクリート造りのアパートであった）。テレビや冷蔵庫の普及率が同時代の全国平均をはるかにしのいでいるなど、ライフスタイルも時代の先端をいっていたこともあり、「軍艦島」という響きには、ある種の「未来都市」的なイメージが伴っていた。「すしづめ天国」（文献9）、「不況の中の天国」（文献10）といったタイトルは、離島であることも手伝って、そのイメージがある種のユートピア的な性格を帯びていたことを窺わせる。

軍艦島の生活環境は、建築、都市、住宅などの関係者の注目も集めた。一九五〇年代の住宅雑誌には『軍艦島の生活』（文献5）と題された論考が掲載されており、その執筆者として戦後の住宅計画の重要な担い手の一人であった西山夘三の名前がみられることは興味深い[1]。このような注目のされ方が、閉山後の軍艦島に対するまなざしのあり方にも深く関わっていることに注目しておく必要がある。建築雑誌『都市住宅』の一九七六年五月号から翌年にかけ、五回にわたって「実測軍艦島」なる記事が掲載されている[2]（文献22–26）。東京電機大学の阿久井喜孝と彼の門下の大学院生を中心とする調査チームによるものであるが、それはこの島の独特なまちづくりのあり方やそこでの生活様式について、それが廃墟となり、消えてゆく前に記録しておくという目的ではじめられたプロジェクトであった。その試みはやがて一九八四年に『軍艦島実測調査資料集』（文献72）と題された七〇〇ページ以上の浩瀚な記録にまとめられたが、「廃墟ブーム」の状況下では、軍艦島に関心をよせる廃墟マニアに「流用」され、そのバイブルとでも言うべき存在になった。このような「流用」のあり方は、軍艦島をめぐる言説や表象がきわめて複線的、重層的に形成されていること

『アサヒグラフ』1948年8月25日号（文献1）

『週刊東京』1959年10月10日号（文献9）
「その生活がまことに文化的、テレビのアンテナが林立し、戸ごとに電気冷蔵庫のある風景」などという文言がみえる。

『週刊文春』1962年10月22日号（文献10）
九州各地の他の炭鉱とは全く違い、「日本一の高品位炭が採れるために不況とはまったく無縁」とある。

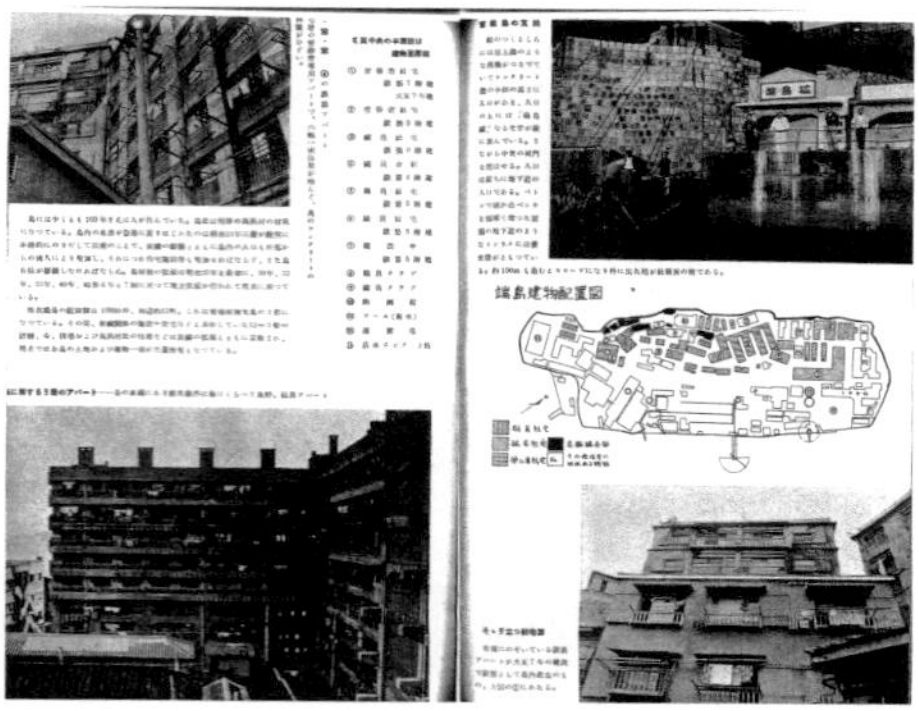

『住宅』1953年7月号（文献4）。住居や生活様式の研究のモデルとして軍艦島は恰好の存在だった。

『都市住宅』1976年5月号（右、文献76）。閉山直後から行われた、東京電機大学阿久井喜孝研究室の実測調査による研究の特集号。この後、さらに4回にわたり連載された。また、それらの基礎データをまとめた『軍艦島実測調査資料集』も1984年に出版された（下は2003年刊行の改訂再版のもの）。

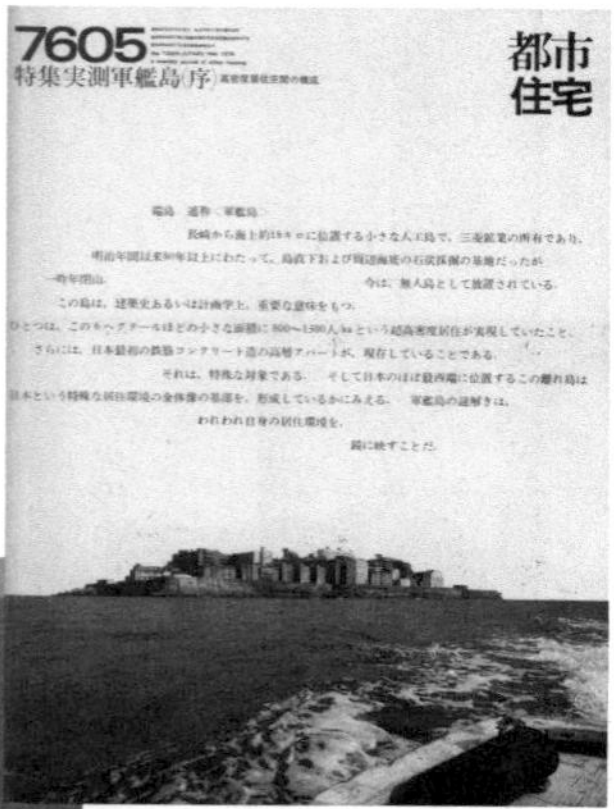

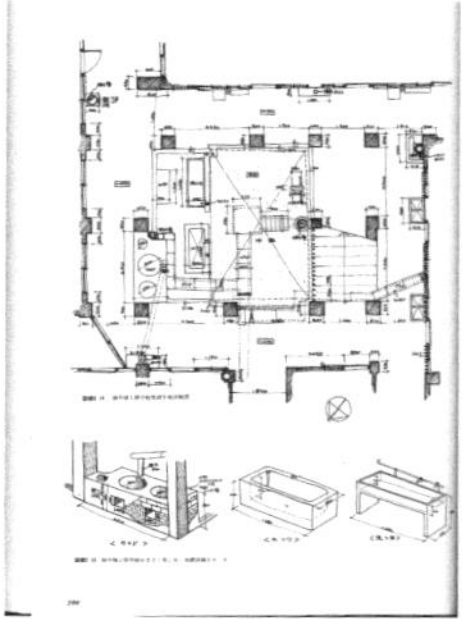

をよく示している。軍艦島に向けられる視線は、その立場の違いに応じて常に複数存在しており、しかもその関係性自体が時代の中で変化してゆく。その全体的なありようをつかまえた上で、その過程において、写真や映像などの芸術が大きな役割を果たしていることを示すのが本章の目的である。

端島炭鉱は一九七四年に閉山されたが、現役時から話題性のあった場所であっただけに、閉山を話題にした記事がかなり出ている。この閉山は、会社側からのかなり一方的な通告によって行われ、そこで働いていた人々にとっては唐突であったこと、石炭自体はまだそれなりに埋蔵されていたはずであることが噂され、採算優先とみなされたことなどから、全体的にはかなり批判的に受けとめられ、いきなり閉山される理不尽、島を去らなければならない人々の悲哀が語られている。興味深いのは、国のエネルギー政策の矛盾や貧困を指摘する論調に加え、月給制の正規雇用職員に対し、工員が日雇いであることを指摘し、今で言えば「ハケン問題」のような構造に言及したり（文献16, 20）、「天国」的なイメージから一転し、「監獄島」、「鬼ヶ島」などと呼ばれた戦前の状況が語られるようになり、中にはそこで虐待された朝鮮人労働者の問題に触れているものもあること（文献15）には注意しておきたい。

炭鉱に関する語りのモードという点で言うなら、ここまでに取り上げてきたような、高集積的な部分に焦点をあわせた語りとともに、戦後の炭鉱言説を支配したもう一つのコンテクストとして、労働問題が挙げられる。上野英信の『追われゆく坑夫たち』（文献105）に代表されるように、炭鉱の劣悪な労働条件、多発する炭鉱事故といった問題が俎上に上げられ、告発されてきた流れがある。

その動きは労働運動の高まりと重なり合いながら、多くの炭坑で大規模な労働争議を生み出し、それが炭坑のもう一つのイメージになっていった。軍艦島の場合も、労働問題がなかったわけではなく、『追われゆく坑夫たち』にも、端島炭鉱に送られて強制労働に従事させられた国東半島出身の労働者の話が出てくるし、労働争議もいろいろあったのだが、雑誌記事でみるかぎり、高集積的側面が前面に出ており、そのようなイメージは背後に退いていた。しかし、閉山を機に、その種の問題が一気にクローズアップされ、炭鉱の暗部ともいうべき側面のイメージが、今度は戦前の朝鮮人労働者問題と結びつく形で焦点を結ぶにいたったというべきだろう。

これ以後、朝鮮人労働者問題に関する言説がひとつの系譜をなしてゆくことになる。雑誌記事としては、『Friday』が一九九二年二月二一日号で取り上げたものがある（文献35）。長いこと闇につつまれていたこの端島での朝鮮人の強制労働問題は、長崎市議会議員でもあった牧師・岡正治（1918–1994）を中心に組織された「長崎在日朝鮮人の人権を守る会」が朝鮮人被爆者問題を調査する中で、いわば副産物として徐々に明らかになってきたものだが、林えいだいがこの年に『死者への手紙　海底炭坑の朝鮮人坑夫たち』としてまとめ、さらに二〇一〇年には『写真記録　筑豊・軍艦島　朝鮮人』を出している。二〇〇九年に出た韓水山（ハン・スサン）の小説『軍艦島』は、朝鮮から端島に連れてこられた主人公が、過酷な労働に従事させられ、決死の覚悟で逃亡を試みたが、今度は逃亡した先の長崎で被爆したというフィクションだが、これほど極端ではないにせよ、部分的に酷似した話は林の著書などにもいろいろ見受けられるから、フィクションであるとはいえ、半ばドキュメンタリーのような感覚で受容され、こうした記憶を人々に刻み込んでゆく上で大きな役割を果たしつつあるとみるべきだろう。二〇一一年二月にも、当時端島炭鉱で強制労働に従事した韓国人が六五年ぶりに来日し、軍艦島を見学したことが新聞で報じられているが（読売新聞、二〇一一年二月一二日付）、こういうことが新聞記事として取り上げられること自体、軍艦島の表象のあり方の一つとして、このような方向性をもつものが確実にその位置を占めているということを示しているというべきであろう(3)。

　閉山して六年が過ぎた一九八〇年頃から、軍艦島をめぐる表象には新たな側面が現れ始める。記事に付けられた「いまはただ潮風が吹くばかり」（文献27）、「むかし「5300人」いま「2匹だけ」の島」（文献29）などのタイトルをみると、かつての繁栄が嘘のように静まりかえり、荒れ果てた島の様子が強いインパクトをもって訪れた人を魅了している様子が窺える。軍艦島が「自然に帰しつつある」というような表現もみられ、「廃墟」として認識されるようになったことをみてとることができよう。ただし、もう少しよくみてみると、これらに見られる軍艦島の表象は、冒頭にあげた廃墟本などのものとはかなり異なっている。一九八〇年のアサヒグラフ

『サンデー毎日』1981年10月11日号（文献29）。閉山から7年たち、「廃墟」的な状況への関心が徐々に前面に出はじめている時期のルポ記事。

の記事（文献27）では、阿久井喜孝への取材にもとづいて、在りし日の軍艦島における居住形態の先進性が議論され、その跡地利用の可能性にも触れられている。一方、八九年の毎日グラフの記事（文献34）では、当時そこに住んでいた人々に取材しつつ、そこでの生活の具体的な様子を描き出し、それが急に消えてしまうにいたった、その特異な変化の有り様の中に日本の未来の姿をみようとしている。

総じて、ここまでの軍艦島の表象が、ポジティブであれネガティブであれ、現役時代の軍艦島表象の延長線上にあることは間違いない。それは前節で挙げたような廃墟趣味的な軍艦島表象のあり方とは著しく食い違っている。雑誌記事の範囲内でみるかぎり、廃墟趣味につながるような視線が最初に感じられるようになるのは、一九九四年に雑誌『SPA!』誌上の「珍日本紀行」と題された連載の第五〇回として掲載された都築響一の記事「軍艦島」（文献38）であると言って良い。「旅の極意はクルクルパアにあり。だから珍日本紀行」と書かれている連載タイトル自体からして、これまでの視線とは著しく異なることが感じられるが、連載全体がその後『ROADSIDE JAPAN 珍日本紀行』というタイトルで単行本化され、ちくま文庫に収録された状態で、常軌を逸した巨大仏やどこかツボを外したテーマパークといったものと並べられている様子を目にするにつけ、その感はますます強まる。ちくま文庫版（西日本編）の裏表紙には次のように書かれている。「ここには「旅」につきものの小洒落たフロ・メシ情報も、ワビサビ空間もない。むしろ醜悪・珍奇、ガイドブックにさえ紹介されない珍スポットばかりが詰め込まれている。怪しい宗教スポット、意味不明のテーマパーク……でも、このスッピンの乱れ顔こそが、いまの日本なのだ。本当の秘境は君のすぐそばにあるってこと！ 北陸から沖縄まで、とっておきの珍名所、西日本編１６５物件」。簡単に言えば「ちょっとヘンな珍スポット」の一つに位置づけられているのである。都築のこの記事においても、軍艦島が廃墟化する歴史的経緯は簡単にまとめられてはいるが中心的な問題ではない。「突然誰もいなくなった現代的都市が、そして突然メンテナンスを放棄された鉄筋コンクリート構造物が、いかに風化し崩壊してゆくのかを現在進行形で観察できる、ほとんど他に例をみない貴重なサンプル」であり、「巨大な風化実験場」なのだと都築は言っている。「朽ちかけたコンクリートやガラス片に足を取られながら迷路のような高層住宅のジャングルを歩き回るのは、恐ろしく魅惑的な体験」であると彼は言う。「島民たちの生活の痕跡をとどめた風景には、美しさと醜さと虚しさと、すべてを抱擁するデッドテック的美学の神髄がある」。

珍スポットによってもたらされる、日常的な価値基準を無効化する、このような「異空間」体験への志向は、その後、二〇〇五年に創刊された『ワンダー JAPAN』という雑誌に典型的な形で引き継がれていくことになる。「日本の《異空間》探検マガジン」と銘打たれたこの雑誌は、最初期の段階で軍艦島を特集しているが（文献90）、ここでも「不思議な神社仏閣」、「ヘンな看板」、「萌える工場」などと並べられた形で登場する。都築のこの記事は、軍艦島がこのようなコンテクストで取り上げられる先駆けとなったのである。

軍艦島に関わる言説の枠組みは、二〇〇〇年前後になると急速に変化をみせるようになる。その一つの柱は、言うまでもなく「廃墟」である。前章で述べたとおり、廃墟趣味の動きが生じて廃墟本や廃墟写真集がいろいろ作られるようになり、軍艦島がその中のエース的な存在として位置づけられるようになる時期はまさにこの時期にあたる。もちろん趣味と言っても、少なくとも『ワンダーJAPAN』創刊の二〇〇五年頃までは、かなりマイナーなものであったから、そのような動きが一般雑誌の記事のあり方にただちに直接的に反映したというわけではないが、それでも雑賀雄二の写真集がいろいろな雑誌で書評されたり（文献30–33, これらについては次節で取り上げる）、小林伸一郎の写真集を出した講談社がその宣伝の意味もあって自社の雑誌『Friday』で再三にわたって取り上げるなどする中で（文献49, 51, 60, 67）、廃墟本的な軍艦島表象は確実に広がっていっていることがみてとれる。

廃墟としての記事の一つのヴァリエーションとして、心霊スポットとして位置づけているものなどもある。同じ『Friday』が「本誌厳選心霊スポット」の一つとして軍艦島を取り上げたりもしているし（文献45）、ホラー系のムック本で、真夜中に「潜入」する様子を撮影した付録ＤＶＤつきで特集されたケースなどもある（文献62）。

この時期の軍艦島言説で、もう一つの柱となっているのが「産業遺産」（あるいは「近代化遺産」）という概念である。軍艦島をめぐる雑誌記事で「産業遺産」という語が最初に明示的に現れるのは、私の知る限り、一九九九年の雑誌『太陽』での「産業遺産の旅」特集においてであるが（文献41）、二〇〇〇年代にはいってからは観光や世界遺産暫定リスト入りの問題と関わる局面で、「廃墟」以上に「産業遺産」という位置づけが前面に出るケースが多くなっているように思える。「産業遺産」という概念は決してこの時代にできたわけではなく、軍艦島を産業遺産というカテゴリーで捉えようとする動きもそれ以前から存在していた。産業遺産の背景になったのは産業考古学という学問で

1994年には都築響一による雑誌『SPA！』の連載企画「珍日本紀行」でも取り上げられた（文献38）。この連載はその後、1996年に単行本化され、さらに2000年にはちくま文庫に収録される（右）が、徐々にキッチュ的、「B級文化」的な位置取りが確立されてくる様子をみてとることができる。

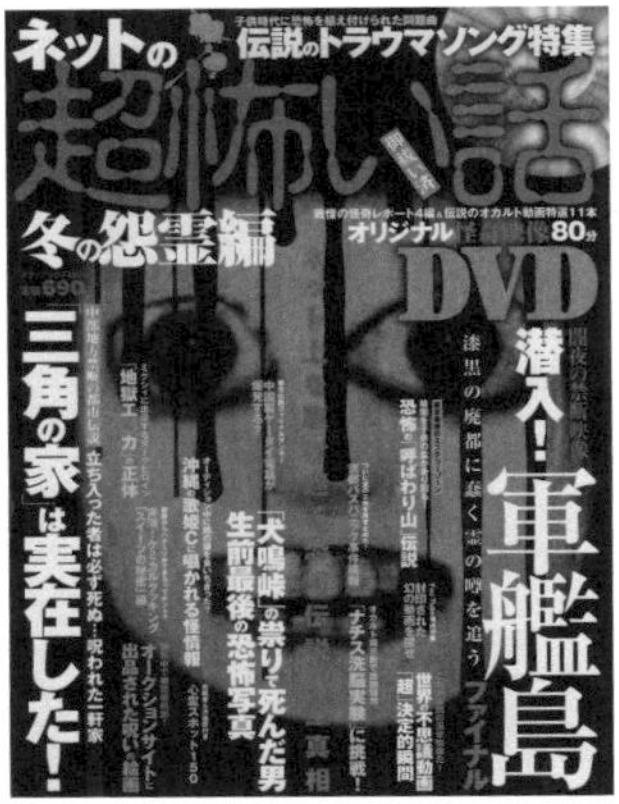

「日本の《異空間》体験マガジン」を名乗る雑誌『ワンダーJAPAN』にも登場（右、文献90）さらには「超怖い話」を集めたムック本にまで登場し、「心霊スポット」と化した軍艦島（左、文献62）。

あり、イギリスではすでに一九五〇年代に産業考古学会（Industrial Archeology Society）という組織が作られ、そのような流れの中で一九七三年には「国際産業遺産保存委員会」がスタートしている。日本でも一九七七年に産業考古学会が作られ、『産業遺跡を歩く　北関東の産業考古学』（中川編1978）、『日本の産業遺産1　産業考古学研究』（山崎、前田編 1986）といった本が出されている。産業考古学会は一九九三年には『日本の産業遺産３００選』（文献 106）を刊行しており、軍艦島はここでは「高島・端島炭鉱跡」として隣の高島炭鉱とセットで取り上げられているが、立坑の洋式設備の古い例としての説明がもっぱらで、廃墟に関わるような記述や写真はほとんど登場しない。考えてみれば、日本の産業近代化黎明期の貴重な遺構として保存する志向の上に立つ「産業遺産」の概念と、時間の流れの中で自然に壊れてゆくのを手を加えることなく見つめるところに本領のある廃墟の概念とは、まったく正反対のベクトルをもっているともいえるから、このように全く違った捉え方になるのは当然である。

しかし、二〇〇〇年代にはいって出た『近代化遺産ろまん紀行』（文献 110）、『九州遺産　近現代遺産編』（文献 113）といった本の中では、端島だけを「軍艦島」として切り離し、廃墟的なあり方を前面に出して紹介するような局面が多くなってくる。近年では、『産業遺産とまちづくり』（矢作2004）、『産業観光１００選』（日本観光協会全国産業観光推進協議会編 2008）、『産業遺産を歩こう』（平井・種田・堤編著 2009）といったタイトルの本が次々出されている状況からもわかるように、産業遺産の観光的価値が注目され、そういう中で、高島のような地味な施設ではなく、廃墟としての異様な景観をもった軍艦島がもっぱら取り上げられ、「産業遺産」という概念自体のありよう自体

今日の「産業遺産」ブームの基礎となった産業考古学会（1977年設立）関連の出版物。『日本の産業遺産300選』（下、文献106）には「高島・端島炭鉱跡」という項目があり、軍艦島も含まれていることになるが、軍艦島という呼び名も出てこなければ、その廃墟的な現状についても全く述べられていない。

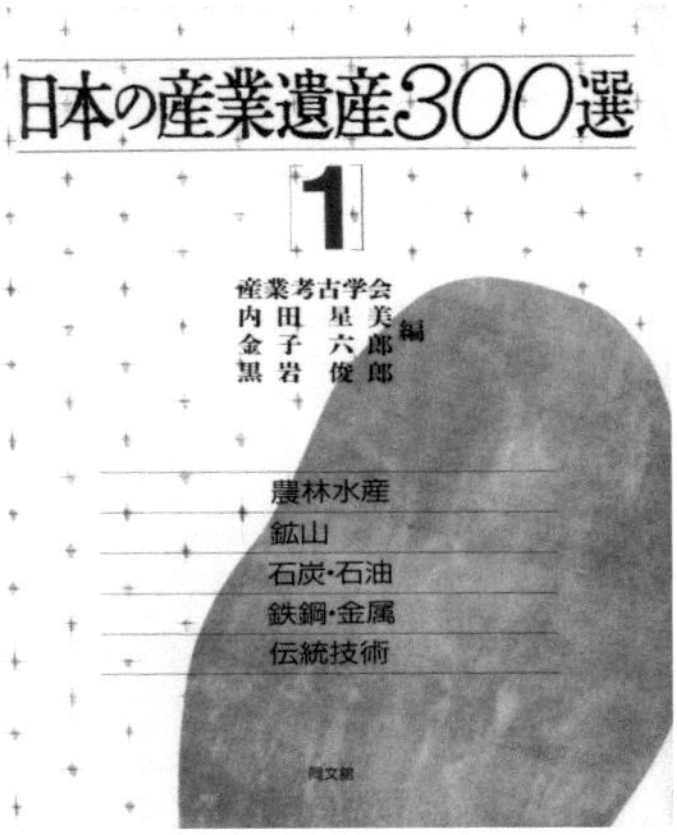

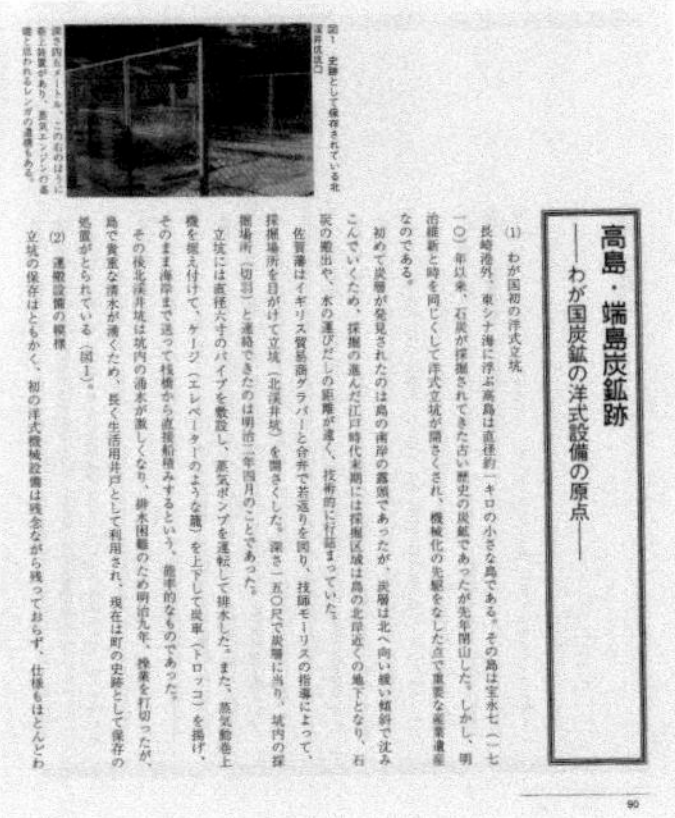

高島・端島炭鉱跡
——わが国炭鉱の洋式設備の原点——

(1) わが国初の洋式立坑

長崎港外、東シナ海に浮ぶ高島は直径約一キロの小さな島である。その島は宝永七（一七一〇）年以来、石炭が採掘されてきた古い歴史の炭鉱であったが先年閉山した。しかし、明治維新と時を同じくして洋式立坑が開さくされ、機械化の先駆をなした点で重要な産業遺産なのである。

初めて炭層が発見されたのは島の南岸の露頭であったが、炭層は北へ向い緩い傾斜で沈みこんでいくため、採掘の進んだ江戸時代末期には採掘区域は島の北岸近くの地下となり、石炭の搬出や、水の運びだしの距離が遠く、技術的に行詰まっていた。

佐賀藩はイギリス貿易商グラバーと合弁で若返りを図り、技師モーリスの指導によって、採掘場所を目がけて立坑（北渓井坑）を開さくした。深さ一五〇尺で炭層に当り、坑内の採掘場所（切羽）と連絡できたのは明治二年四月のことであった。

立坑には直径六寸のパイプを敷設し、蒸気ポンプを運転して排水した。また、蒸気動巻上機を据え付けて、ケージ（エレベーターのような籠）を上下して炭車（トロッコ）を揚げ、そのまま海岸まで送って桟橋から直接船積みするという、能率的なものであった。

その後北渓井坑は坑内の湧水が激しくなり、排水困難のため明治九年、操業を打切ったが、島で貴重な清水が湧くため、長く生活用井戸として利用され、現在は町の史跡として保存の処置がとられている（図1）。

(2) 運搬設備の模様

立坑の保存はともかく、初の洋式機械設備は残念ながら残っておらず、仕様もほとんどわ

図1 史跡として保存されている北渓井坑坑口
深さ四五メートル、この右のほうに巻上装置があり、蒸気エンジンの基礎と思われるレンガの遺構もある。

90

が大きく変化しているとみることもできるであろう。

さらにこの「産業遺産」との関連で、もう一つ話をややこしくしているのは、世界遺産暫定リストへの登録問題である。軍艦島は二〇〇九年一月に「九州・山口の近代化産業遺産群」の一環として、世界遺産の暫定リストに登録されたが、すでにそれに先立つ二〇〇三年に「軍艦島を世界遺産にする会」が結成されている。この会を中心になって運営しているのは高校卒業までを端島で過ごしたという旧島民の坂本道徳という人物である。雑誌記事としては、二〇〇四年九月の『読売ウィークリー』の記事（文献54）で坂本を中心としたこの会の活動が紹介されているが、坂本は会の活動としてこれまでに三冊の写真集（文献83, 85, 91）を刊行したほか、長崎大学の後藤恵之輔との共著で『軍艦島の遺産』（文献86）を出版しており、そこにはこの会の軍艦島にむけるまなざしのありようがよく現れている。この本の終章に坂本は次のように書いている（210）。

いま廃墟の主役として、この軍艦島（端島）が出てくる。廃墟ブームというのがあるのか無いのかわからないが、「廃墟」という言葉には抵抗がある。［…］そこに暮らしていた人間にとって、いくら崩壊寸前であろうとも、やはりそこは紛れもない「故郷」なのである。それを軍艦島イコール「廃墟」では悲しすぎる。

後藤恵之輔・坂本道徳『軍艦島の遺産』（文献86）

坂本はこの本の中ではもっぱら島での暮らしのあり方や思い出を語る部分を担当していることもあり、元島民としての立場が前面に出たその語りのトーンやそこでの軍艦島表象のあり方は軍艦島言説をおりなすさまざまな視点の中でもかなり特異である。とりわけ「廃墟」としての軍艦島という表象のあり方とは相容れない部分があることを示したのがこの引用であるわけだが、それがすべてであるというわけでもない。実際、この『軍艦島の遺産』という本は、とりわけ共著者の後藤が執筆している部分で、その石炭産業の中での位置づけや産業遺産としての価値が論じられており、坂本が軍艦島を世界遺産にして保存する価値があるという論陣を張る際にも、その根拠を、決して島民としての思い出を残したいという理由に求めようとはしない。坂本は、「端島」という語と「軍艦島」という語を使い分けることによって、そのあたりをうまく言い表している。坂本によれば旧島民にとってこの島は「端島」であり、決して軍艦島とは呼ばなかった（212–213）。

私はいま「軍艦島を世界遺産にする会」を主宰しているが、これはあくまでも外側からこの島を見たときの表現である。［…］私は、「軍艦島」はあくまでも外側からの視点、例えば環境工学、建築学、産業経済史など、さまざまな学術的な見方であると思っている。その中に生活の実体としての「端島」というものが存在する。端島の過去の生活やコミュニティ、建物が、総合的に軍艦島として考えられたときに産業遺産としての価値が生まれてくるものと考える。
「軍艦島」が保存に値するだけの価値をもつとすれば、それは産業遺産としてのものであり、自分が懐かしんでいる「端島」自体によるものではない。ただ、その産業遺産としての「軍艦島」の裏側には生活実体を伴う「端島」が不可分の形でくっついており、その意味で生活者としての自分たちの視点も軍艦島の世界遺産としての価値に関わる、坂本の立場を要約すれば、そのようなことになるだろう。

以上、軍艦島をめぐる五〇年以上にわたる言説を雑誌記事を中心に整理してきたが、そこから軍艦島に対する人々の表象について何が言えるだろうか。とりあえず、軍艦島に関しては相当多様な、しばしば相容れなかったり対立したりする部分を含んでいるような複数の表象があるということには異論がなかろう。とりわけ美学などという世界にいると、「廃墟」という面だけが突出して意識されてしまうことが多いのだが、漠然と「廃墟」として認識されていることがらのうちには、実はそうした多様な要素がさまざまな形で結びついているのであり、ロマン主義的に純粋化された「廃墟」へのまなざしは、多様な要素のうちの一つでしかない。別の言い方をするなら、これらの記事は、軍艦島の周辺に存在する多様なコンテクストを照らし出しているということにもなろう。自身が軍艦島に住んだ良い思い出をもち、そういう立場からのまなざしを軍艦島に注いでいる人々もいれば、同じ島に住んだ人でも劣悪な環境や強制労働の日々の唾棄すべき思い出をもって憎々しげに見つめるしかない人もいよう。同じ研究者でも、住居様式の研究者と石炭産業史の研究者では土台になっているコンテクストは当然異なるだろう。軍艦島の表象は、こうした多様な立場やコンテクストに対応してその数だけあると言っても過言ではない。「廃墟」という表象も、それら複数の表象が、時には並存し、時にはせめぎあい、闘争を繰り広げながらその布置を変化させてきた、そういう全体像のうちで語られなければならないであろう。

廃墟としての軍艦島という表象は、一九九〇年代の半ばあたりから現れてきたものである。もちろん、最初から廃墟であったわけではないから、そのような表象がこのあたりになってはじめて出てくるのは当然と言えば当然のことである。一定の時間が経って、直接に関わった人々がだんだん主人公の座から遠ざかってゆき、具体的な思い出や現実的な利害関係が背景に退いてゆく中で、島が生きていた時代を知らないような人々、島と直接関わらないような人々が言説の主たる担い手になっていった、それがたまたま時代全体の「ヘンなもの」志向の追い風を受けるような形で軍艦島言説のメインストリームになっていった、というように、とりあえずはまとめることができるだろう。それはちょうど、ブローの「心的距離」の理論さながらに、廃墟へのまなざしが独特の距離感の上に成り立っていることを示しているようにもみえるが、事は一件落着したわけではない。「廃墟」とはある意味で相容れない「産業遺産」としての軍艦島という表象が今、急速に軍艦島についての語りのメインストリームとなりつつある。坂本にみられるように、元住民が「廃墟」とみられることに反撥を示す動きも根強い。廃墟としての軍艦島という表象は、今なお表象のヘゲモニーをめぐるそのような闘争の内にある……。

しかしここであらためて考えてみる必要がある。ここで列挙されたさまざまな立場、元島民、朝鮮人労働者、住居学者、産業史研究者、廃墟マニア等々の立場やまなざしのありかたといったものが、何かあたかも固定したものとしてあるかのように措定し、その「闘争」を語るような議論の仕方はそもそも正しいのだろうか。たとえば坂本は、たしかに「廃墟」という括りへの嫌悪を表明している。その彼も決して純粋な「元島民」という立場の上にあるわけではなく、「産業遺産」としてのまなざしをベースにその価値を考えているということはすでに述べたが、これなども、こうしたさまざまな言説のやりとりの中での折衝を通じて、「元島民」が「産業遺産」的な価値観を内面化していった結果とみることができるのではないだろうか。そうであるならば、ロマン主義的に純粋化された廃墟観に凝り固まっているようにもみえる「廃墟マニア」のあり方も、一概にそのような形で単純化された構造で捉えるべきではなく、さまざまな言説が離合集散する過程、そこでの折衝の過程において、さまざまなコンテクストとの関わりの中で現れ、自らのあり方を変容させているものだというモデルを前提に考えてみる必要があるのではないだろうか。この問題については本章の最後に考えてみることにしたい。

3　写真集と映像のなかの「軍艦島」

軍艦島の表象を考える上で特徴的なことは、写真や映像などの視覚的なメディアがその形成にあたって非常に大きな役割を果たしたということである。軍艦島と写真という関わりで言うなら、一九五六年に写真家奈良原一高が『人間の土地』と題された展覧会で取り上げて以来、さまざまな形で被写体となっている。(4) とりわけ閉山後、現在までの間に夥しい数の写真集が出版されている。これらはもちろん、それぞれの時点での軍艦島の状況を記録したドキュメントでもあるが、それだけにとどまらない。軍艦島は長いこと三菱が管理しており、その後二〇〇二年に西彼杵郡高島町に移管、さらに市町村合併に伴って今は長崎市の管理になっているが、閉山以後は基本的に許可なしに立ち入ることはできず、また離島であるがゆえにアクセスが容易でなかったから、よほど特別な立場にある人か、確信犯的な猛者でなければ、島の様子を自分の目で見ることはできなかった。したがって、多くの人が今いだいている軍艦島の表象はほとんどすべてこれらの写真集などを通じて形作られたと言っても過言ではないのである。

いうまでもなく、それぞれの写真集は完全にニュートラルな記録であるわけではなく、写真家の意図、本の趣旨や想定される読者等に応じて一定の方向性、偏りをもっている。それらは一方でその時代の価値観や空気、人々の心性を映し出しているが、他方で逆に、人々の軍艦島表象やそれに関わる価値観、心性を作り出す役割を果たしてきたともいえる。

軍艦島写真集の草分けとも言ってもよいのが、一九八六年に出た雑賀雄二の写真集『軍艦島　棄てられた島の風景』（文献73）である。廃墟趣味の広がりよりもはるか以前に作られたこの写真集は、「廃墟の美」を前面に出した最初の写真集として、その後の幾多の写真集の先駆けになったと言っても良い。しかしおもしろいことにこの写真集、よくよく見てみると、その後の廃墟写真集とはだいぶ違った側面をもっていることがわかってくる。雑賀は巻末に長いエッセイを載せ、そこで自分と軍艦島との出会いやそこでのさまざまな体験について述べているのだが、それによると、雑賀と軍艦島との関わりはすでに閉山前に形作られていた。デザインを専攻する学生であった彼は、新聞で閉山の記事を読み、どうしても行ってみたくなって島に渡り、この島の最後の数か月の時間を共有したのである。しばらくいるうちに、外からみていたのではわからないことをいろいろ知るようになったという。寺にある殉職者の芳名録に多くの朝鮮人の名前をみつけ、強制労働の存在を確信したこともあれば、他方で、島の人々が、島に来る報道関係者が色眼鏡でものをみて行き過ぎた報じ方をしている、上野英信も土門拳も、悲惨な面ばかりを追いかけて、また創り出しているが、認識不足も甚だしい、炭鉱はもっとずっと暮らしやすい良いところだ、というようなことを言っているのをきき、これまでのいろいろな写真家による炭鉱を題材にした作品に違和感を覚え始めたりもしている。もちろん彼は島民ではなく、あくまでも外部の人間であったが、このような経験を通して、「元島民」的な視線をも内在化した部分があったともいえる。雑賀の他、やはり最後の一時期、島に住み込んだ大橋弘、隣の高島の出身であった柿田清英など、比較的初期に作られた写真集の作者は、島が賑わっていた時代を直接知っており、そこでの体験が何らかのベースを形作っていた人が多いように思われる。

雑賀の場合には、閉山後一〇年が経過した一九八四年に再訪の機会を得ることになるのだが、この時の体験について彼が書いていることが実に興味深い（文献73:115–6）。最初はひとまわりして記憶をよみがえらせ、感傷に浸ったのだが、カメラを取り出してもう一回り歩き始めると、風景がさっきとまるで違う見え方をするようになっていたという。今まで自分の頭の中に巣くっていた「端島＝炭鉱の島」という図式や、それにまつわるさまざまな個別的な知識や思い出から解き放たれたとき、目の前にある物体もまた、もともとの意味や価値や機能から自由になって、新しい生を生きている「モノ」として自己主張をはじめている、そういう状況について彼は「それまでの自分の観念では捉えることのできないものが目の前にあった」と言う。これはまさに「廃墟」への視線

1

3

2

1〜3は軍艦島をめぐる写真集の草分けともいえる雑賀雄二の写真集『軍艦島　棄てられた島の風景』(文献73)。その後の廃墟写真集の方向性を確立した側面がある一方で、アンビヴァレントな部分も…。4 5は廃墟写真家として知られる小林伸一郎の写真集『NO MAN'S LAND 軍艦島』(文献84)。人工的な建造物に植物が生い茂り、半ば自然に帰しているような状況を見事に描き出すのは小林の十八番であり、その意味ではまさにロマン主義的・正統的な廃墟趣味を体現した存在と言えるかもしれない。

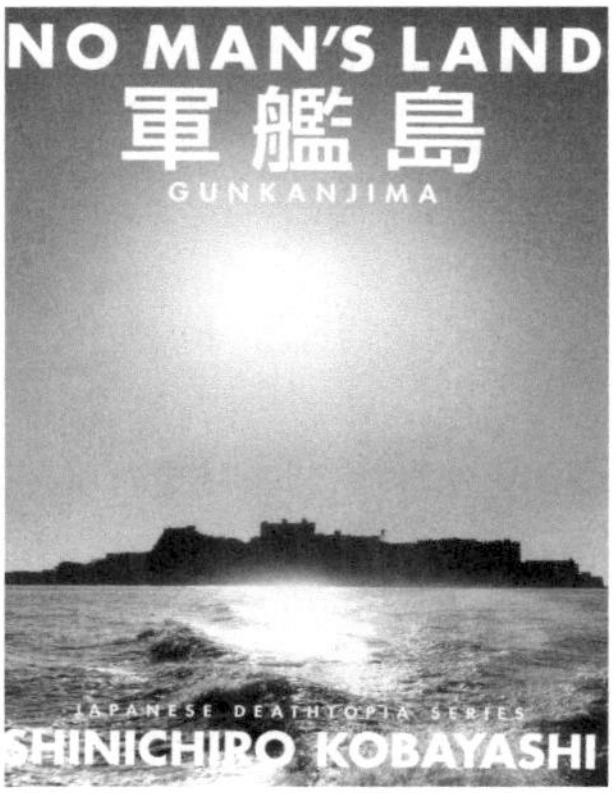

4

5

の目覚めと言うべきだろう。あの雑誌『ワンダーJAPAN』で「異空間探検」と呼ばれているものと確実に共通するものがそこにはある。しかし雑賀の軍艦島の表象は、そういう部分と、現実にここに生きた人々、起こった出来事の延長上にある部分とに引き裂かれつつ、両者は微妙に共存していたように思われる。このあたりのアンビヴァレンツが、その後の「ポスト閉山」世代の写真集では抜け落ちているということは、二〇〇四年に軍艦島の写真集（文献84）を刊行している小林伸一郎の以下の言葉をみればよくわかるだろう。

保存されちゃったらほとんど興味がない。どんどん朽ちていくのがいいわけだから。時間の積み重ねで味が出てくるんだろうし。［…］万田坑は国指定の文化財になりましたが、そのイベントにも参加しました。［…］もちろん壊してなにも無くなってしまうよりはいいけど、その瞬間に興味が無くなっちゃう。［…］途中が面白いってことです。出来ていく途中だから、そのフォルムというか、金属とかコンクリートとか土とかが交じり合ったようなところに、美しいなと思う瞬間があります。（文献117:27）

ここにはもちろん、雑賀のいう「意味や価値や機能から自由になったモノの自己主張」と同じ志向をみることができるが、両者を対比してみることによって同時に、そこで言われている、人間のコントロールがきかないところで偶発的に生じる瞬間的な美しさが、この島に生身の具体的な人間が住み、生身の生活を営んでいたという現実を、いわば切り捨てることによって生まれていることがわかる。そして雑賀が感じたような、両者の間で自らの実存が引き裂かれるような感覚が、この島が現実に生きていた時代を知らない小林にとってはもはや無縁なものになっているということが感じられる。もちろん廃墟の魅力はつねに歴史を捨象したモノ自体や形のおもしろさとして語られてきたわけではない。むしろ、その情景を前にして、今は失われてしまった華やかな過去に思いを馳せるからこそ、廃墟は廃墟たりえてきたというべきだろうし、小林も当然そういうことをふまえてものを考えているに違いない。しかしそこで想定されている過去は、特定の個人の存在、その人の具体的なふるまいをふまえたものというよりは、もっと抽象的、観念的なものである。それは雑賀が知っていた「過去」とは相当に異なるものであるだろう。

この問題はもちろん、世代の差、体験の差といったことに由来する問題であるには違いない。やがてかつて島が賑わっていた時代のことを知っている人が消えてしまえば、軍艦島も古代ギリシャや古代ローマの廃墟同様、抽象的な遠い歴史に思いを馳せる対象になってしまうのかもしれない。しかし、軍艦島をめぐって作られているさまざまな写真集をみてみるならば、この問題は、単に島の過去を体験しているかしていないかといった二元論的な議論や、時代の経過という問題に還元できない複雑な様相をみせはじめる。

綾井健という人の『記憶の「軍艦島」』という写真集（文献89）がある。ここで彼は軍艦島についてのどのような「記憶」を語ろうというのか。その一端は、日本最古の鉄筋コンクリート製集合住宅として知られる三〇号棟についての記述から窺うことができる。中心部分の吹き抜け状の空間を取り囲む形で廊下と階段が設けられており、上階から地底を見下ろすような構図で撮られた写真が提示されている。綾井はこの空間について、「井戸の底のような、この水場や階段が設けられた生活臭の濃厚な空間は、ロシアの底辺社会を描いたゴーリキーの『どん底』の舞台でも見る思いだ」と書いている。綾井はいかにしてこのような認識にいたったのであろうか。彼が書いているところによれば、建築雑誌の編集にたずさわっていた一九六〇年代に、鉱山事故や筑豊などでの炭鉱争議のことが頻繁に報道される中で、さきに触れた、上野英信の『追われゆく坑夫たち』(文献105)などを読み、「監獄島」さながらの戦前の端島炭鉱の状況を知り、それを少しでも記憶にとどめ、後世に伝えるために、いまや廃墟と化しつつある軍艦島をカメラにおさめたといと感じるようになったということであり、それが彼の言う軍艦島の「記憶」である。

それに対し、同じこの三〇号棟特有の階段に全く別の記憶をまとわせている人々もある。これは写真ではないが、かつて島の住人であったむらかみゆきこ制作の絵本『軍艦島グラフィティ』(文献82)には、この階段を題材にしたとおぼしき《まいご》と題された詩があり、次のように書いてある。

「ウチの家においでよ　四角くって、まん中に穴のあいてるアパートの四階よ」[…]「あっ、このアパートだ」　階段をのぼる　ぐるりとまわる　また階段をのぼる　ぐるりとまわる　ぐるぐる　ぐるぐる　ここは何階？　おりる階段がみつからない

(文献82:10)

5

2

1

〈奈落への道？　それとも遊び場？〉

30号棟中央の吹き抜け状になった空間をぐるぐる回りながら上り下りする階段。綾井健の写真集（1 2、文献89）では「ゴーリキーの“どん底”の舞台をみるよう」であり、「奈落へと吸い込まれそうな恐怖を覚える」と述べられているが、むらかみゆきこの絵本『軍艦島グラフィティ』（3 4、文献82）ではこの同じ階段が、子どもの楽しい遊び場であるかのように楽しげに描かれている。小林伸一郎の写真集に掲載されている写真（5、右下）も下から見上げるアングルのためか、綾井のものとはかなり印象が違う。

3

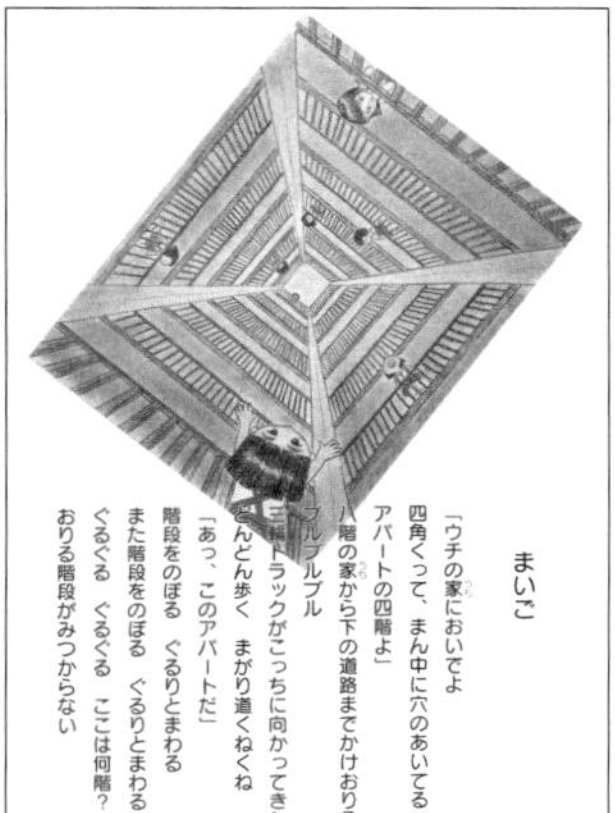

4

そして、そこにつけられた絵には、この階段のいたるところから子供が首をだしている情景がユーモラスに描かれている。同じく、島の過去を知り、「記憶」をまとわせているといっても、その内実は正反対といってもよいようなものなのである。ちなみに、小林伸一郎の写真集では、下から上を見上げるアングルで、上から光がはいってくる部分を捉えているので、同じ階段ではあっても、奈落の底に落ちてゆく綾井のようなものとはだいぶ違う雰囲気の仕上がりになっている。どちらかといえば幾何学的なおもしろさを強調している感じになっているのも、具体的な過去の出来事や体験との関係を欠いたままフォルムのおもしろさを語る小林ならではというべきかもしれない。

綾井は、坂本道徳らの「軍艦島を世界遺産にする会」の活動を厳しく批判している。端島炭鉱の「監獄島」的な過去を直視することなく、「ナイーブな感性とプリミティブな思い」に彩られた、「あまりにも個人的で短絡的なプラス志向」の中で「世界遺産」につなげてゆこうとする「元島民坂本氏は『軍艦島』というものごとを知らなすぎる」と彼は言い、軍艦島を世界遺産にするというのであれば、アウシュヴィッツのような「人類の負の遺産」としてしかありえない、と語るのである（文献 89:4–5）。このようにみてみると、一口に島の具体的な過去について語るといっても、それぞれの立脚点に応じた複数の過去、複数の記憶が存在している。それが写真のありようや捉え方とも相関しているのであり、島の過去を知っているか否かというような二元論には到底収まりきらない問題を孕んでいるのである。

このようなケースからみえてくるのは、これらの写真集がそれぞれに、自らのよってたつ立場やコンテクストを色濃く反映しており、前節でみたような軍艦島言説に見られる複数の表象の布置関係に対応しているということであるが、写真のような視覚メディアは、単にそれを反映しているだけではなく、そのような表象を作り出してゆく作用ももつように思われる。そのことをよく示しているのが、写真につけられたキャプションである。

ここでは島の船着き場と島内の住居地域とを結ぶ同じトンネルの入口を写した二枚の写真をみてみよう。柿田清英の写真集には以下のようなキャプションがつけられている。「ここはかつて船着き場だった。娯楽の少ないこの島では町まで出掛けることは島民にとって大きな楽しみの一つだった。休日ともなると長崎の町まで繰り出す家族連れで賑わった。中央入口を左に進むとトンネルがあり、住宅街に通じていた」（文献 78:78）。柿田は、端島の隣にある高島の生まれで端島炭鉱の姉妹鉱である高島炭鉱で働いていたから、端島の住人とはいえないが、隣の島に住む人間として、当時の島の住人の生活をよく知っていた。その彼には、この門は、島の人々を都会の楽しい生活へとひらかれた接点となる場、そんなイメージで捉えられていたのである。

ところがこの同じ場所の写真が、綾井の『記憶の「軍艦島」』では、「コンクリートのテラス状の船着場によじ登ると護岸がさらに立ち上がり、そこにポコンと小さく空いた出入口がある。戦時中、強制連行された朝鮮の人たちから〝地獄門〟といわれたものだ。［…］いったん入れば二度と出られないと恐れられたことが実感として沸いてくる」（文献 89:12）となっている。写真自体は両義的であり、ある意味、キャプションでコンテクストを提示することによって一定の解釈に誘導することが可能なのである。

ここはかつて船着き場だった。娯楽の少ないこの島では町まで出掛けることは島民にとって大きな楽しみの一つだった。休日ともなると長崎の町まで繰り出す家族連れで賑わった。中央入口を左に進むとトンネルがあり、住宅街に通じていた

1

1は柿田清英の写真集(文献78)、2は綾井健の写真集(文献89)より。同じ場所の写真とは思われないようなキャプションがつけられているが、それらがさまざまな形で人々の記憶を形づくってゆくことにもなる。

2

コンクリートのテラス状の船着場によじ登ると護岸がさらに立ち上がり、そこにポコンと小さく空いた出入口がある。戦時中、強制連行された朝鮮の人たちから“地獄門”といわれたものだ。[…]いったん入れば二度と出られないと恐れられたことが実感として沸いてくる

コンテクストづくりを担うのは、このような具体的なキャプションだけではない。特に動画などの場合には、ナレーションや音楽の付け方によって全体のありようは大きく左右される。一九七五年に無援舎という独立プロによって作られた《軍艦島 1975 模型の国》というドキュメンタリー・フィルムがある（今村秀夫演出、文献137）。閉山一年後の一九七五年に撮影されたもので、ナレーションはついておらず音楽だけの伴奏だが、そのおどろおどろしいトーンは、国のエネルギー政策の犠牲になり、無人の廃墟と化しつつあるこの島に哀悼をささげつつ、そのような状況を生み出した体制への告発をこめているかのように感じられる。このようなトーンは、軍艦島をロケ地として撮影された劇映画《純》（横山博人監督、工藝社作品、文献138）とも共通している。都市社会の病理、都会人の根無し草性を描いた作品で、軍艦島出身の青年（映画には島の名前自体は出てこない）が都会で荒れた生活に陥り、心のよりどころを求めてふるさとに戻るが、そこはもはや廃墟と化し、墓参りしようと思った親の墓も見つからなかったというシーンで軍艦島の荒廃した風景が描

《軍艦島1975 模型の国》DVDのジャケット

映画《純》DVDのジャケット

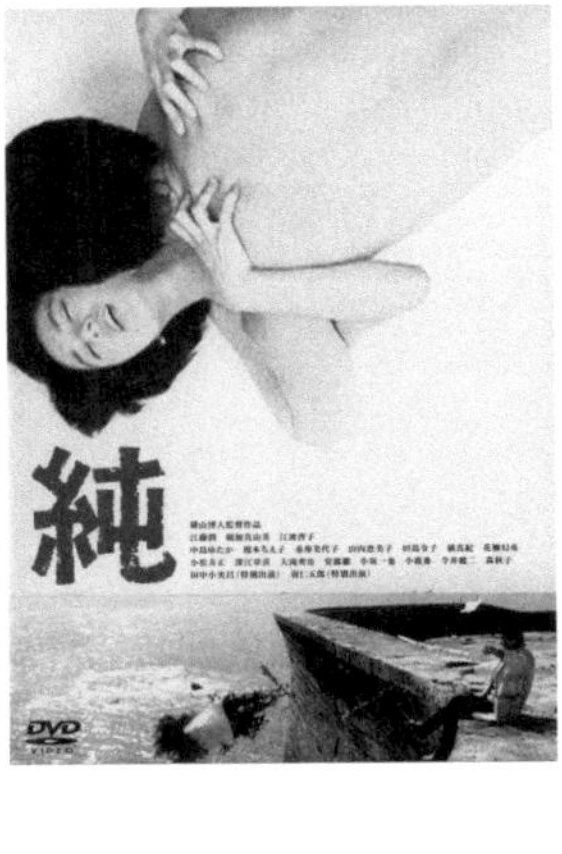

かれる。[5] その情景もさることながら、一柳慧のつけている音楽が《模型の国》と共通する雰囲気を醸し出しているのが印象的である。閉山後まだ間もなく、雑誌誌上などでも、労働者問題などをからめて、炭鉱の暗部を抉り出すような記事が多く出ていた時期であり、廃墟と化しつつある島の風景をそのようなコンテクストに結びつける上で、この音楽はそのような雰囲気を醸し出す大きな役割を果たしている。

しかし、今廃墟に心引かれる人々にとっては、このような音楽はいささかミスマッチに思われるようだ。たとえばこれは、ネット上の通販サイトにある《模型の国》をおさめたDVDへのレビュー投稿であるが、以下のように書かれている。

閉山後わずか一年後ということで、既刊の写真集にはない、木造建築物も、映画館も、体育館も、そして各建造物のガラス窓もテレビアンテナまでも、まだまだ往年の頃を偲ぶものばかりで、端島の記録映像としては貴重なように思う。ただし、音楽といい、古いフィルム映像の雰囲気といい、全体に漂う救いようのないほどの暗いイメージは、まるでかっての公害病や原

映画《純》より。主人公は生まれ育った島に戻り、その変わり果てた姿を目のあたりにする。

爆などの記録映画を想起させる。これがコンセプトならまさに秀逸なのだけれども……かつての住人であったら、複雑な思いがあるだろう。ともかく……暗い。

（amazon.co.jp《軍艦島 1975　模型の国》ページ）

ちなみに綾井は《模型の国》には触れていないが、《純》に関しては、「閉山・放棄によっていかに「軍艦島」が荒廃したか、崩れゆく「軍艦島」が感傷的でなく淡々と映し出されている」（文献89:5）と、かなり好意的な捉え方をしている。

軍艦島を題材にした今日のＤＶＤでは、多くの場合、非常に軽いヒーリング音楽系のバックグラウンドミュージックがつけられているケースが多い。そのようなものに慣れてしまった人からみてみると、《模型の国》のようなものは「救いようのないほど暗い」ものにみえるのだろう。他方、軍艦島関係の作品を積極的に作っているオープロジェクトというプロダクションの制作による最近のＤＶＤでは、音声として旧島民の坂本などを呼んで、その思い出話を入れ、また映像にも当時の映像を挟む一方で、副音声には、それぞれの建物の建築時期や歴史的意義などを解説したナレーションがいれられるなど、一方で元島民の視線を前面に出しつつも、他方で産業遺産としてみる視線が微妙に同居しているようなつくりになっている。それは言い換えれば「軍艦島を世界遺産にする会」的な方向性でもあり、元島民的なまなざしに産業遺産としての評価を無理矢理結びつけたかにみえる「世界遺産にする会」のあり方を、うまくひとつにくるみ込む作用を果たすものとしてこの映像が機能しているとみることもできるだろう。

このように、これらの映像のあるものには綾井流の告発的な方向性が、またあるものには「世界遺産にする会」的な方向性が見えかくれするなど、多様な方向をみてとることができ、それらが観客に対して具体的なコンテクストを与えることによって一定の方向付けをするものとなっていることがわかるだろう。しかしよく考えてみると、このような映像をみるのは、炭鉱の労働問題を告発する社会運動家でもなければ、軍艦島の世界遺産入りを目指す人でもない。おそらくは、これらのＤＶＤを買うターゲットとして想定されているのは、「廃墟マニア」である。言ってみればこれらは、映し出される視覚映像にさまざまなコンテクストを付加しつつ提供する役割を果たしているのであり、その意味で、「廃墟マニア」のあり方は時代がたって軍艦島という対象との距離ができ、島の具体的な人物や事象との関わりを失ってゆくようにみえる一方で、つねにこのような形で新たに具体的なコンテクストと対決させられ、時としてそれを受け入れ、内面化してゆくべく方向付けられているともいえるのである。

考えてみれば、最初の写真集を出版した雑賀雄二は、生身の人物が具体的な生活を営んだ島の記憶と、そこから解き放たれたモノ自体の示す圧倒的な存在感とに引き裂かれていたわけであるが、逆にもはやそれらから自由になったところから出発したはずの現代の「廃墟マニア」もまた、つねに別のコンテクストとの遭遇にさらされ、それらの視点を内面化させてゆきながらその廃墟体験のありようを変えていっているのではないだろうか。

逆に、坂本らの「世界遺産にする会」が発行している写真集は三冊あるが、これまた巻が進むにつれてその性格を変えているように思える。当初のものは、元島民の「思い出写真集」という性格が強く、現況写真は単に近況として付随的に扱われているに過ぎないが（文献83）、三冊目は建物別の構成になっており、廃墟になった現況の写真と簡単な建築データが添えられており、廃墟や産業遺産に関心を持つ人を引き込むようなつくりになっているように思える（文献91）。すでに述べたように、近年、観光化が進む中、産業遺産に関わる本の中で廃墟的なものが前面に出てくるようになってきており、軍艦島が本の表紙やポスターなどに使われることも出てきているが、元来はかなり相容れない側面をもっていたこれらが曖昧に重なり合ってきている状況は、写真や動画のあり方にもはっきり現れている、というより、これらの一般向けメディアのこのようなあり方が人々の表象や概念の枠組みを規定しているというべきであるのかもしれない。

このような動きは、観光目当てに、元来全く違う目的をもっていた人々が「野合」したとみえるような面もないわけではなく、なかなか評価の難しいところだが、何度も述べているように、立場の違いと言っても、互いの立場を理解して相互に調整すれば接続可能であることが大部分であろうし、また今までになかった見方や情報を知ることによって、新たな認識の局面がひらけることもあるだろう。そしてそういう中で、それぞれのスタンスが微妙に変化してゆくことは、決して否定すべきことでもなかろう。というより、ここで元来の目的とか立場とか言っているもの自体、やはり同時代の周囲のさまざまな要因との関わりの中で形成されたものにほかならない、という考えに立ってみれば、実際にものが動いている現場にあって、一つの原理を純粋に押し通し貫徹しているなどということは、現実離れしたありえない空想であると言うべきなのではないだろうか。

そこで最後に、軍艦島を舞台にした《深く潜れ》というＮＨＫのドラマの事例を取り上げて、ネット上の掲示板への視聴者の投稿分析から、彼らの軍艦島表象がどのように形成され、また変容していったか、そのプロセスを明らかにしてみたい。このプロセスにはドラマの内容もまた深く関与しており、ドラマ理解の深化と軍艦島理解の深化とが並行しながら進んでゆく中から、異なったさまざまな立場の間の関係性の微妙な変化が生じている状況をみてとることができるだろう。

4 NHKドラマ《深く潜れ〜八犬伝２００１》の視聴者たち

《深く潜れ〜八犬伝２００１》というテレビドラマは、ＮＨＫ衛星放送の「ドラマＤモード」という若者をターゲットとした放送枠の中で二〇〇〇年一〇月から一二月にかけて一〇回シリーズで放映された。この作品は、現代社会の人間関係に不安や悩みをもち、自らの前世を知り、そこでつながっている魂の友（ソウルメイト）を求めようとする若者たちが集まり、そこでさまざまな葛藤を経て成長してゆく物語である。キーになるのが、テリー伊藤の演じる怪しいセラピストで、彼がそういう若者たちを集めて前世発見のツアーに連れて行き、彼らが、それぞれに違った背景や来歴ゆえに、さまざまな行き違いやトラブルを引き起こすのだが、その行き先が軍艦島なのである（ただし軍艦島という呼び名は使われていない）。

全一〇回という、かなり大規模なドラマであるため、軍艦島でのロケ部分は相当量に及んでおり、その荒涼とした風景が、人の前世というこのドラマのテーマとも重なり合って、ドラマ全体に独特の雰囲気を醸し出しているのだが、現実の軍艦島の表象との関係を考える上で特に重要となるのは、

テレビドラマ《深く潜れ〜八犬伝2001》DVDのジャケット

船で軍艦島に向かう一向

古代遺跡さながらの貯炭場のベルトコンベア跡に沿って歩くツアーの参加者たち

かつて南雲喜一(テリー伊藤)の自宅があったという設定で使われた31号棟

南雲が、今は廃墟となったかつての自宅跡で発見した、少年時代に使った「野球盤」

テリー伊藤演じる南雲喜一（途中まで小田という偽名）という登場人物である。この人物は、要するに詐欺師で、前世の発見などという嘘を吹き込んでインチキなツアーを行い、自分のアイデンティティに不安をもつ若者たちを食い物にしたわけなのだが、最後には、彼自身がやはり自分の過去やアイデンティティに傷を負っている人間であることが明らかになる。彼の勤務していた炭鉱が閉山になり、そのためにそれまでうまくいっていた仕事も家庭も、すべてがうまくいかなくなり、失われてしまった、そんな過去が明かされる。そして、かつて彼が勤務し、順風満帆な生活を送っていた場所こそ、まさに軍艦島であった。ドラマ中では、彼がかつて一家で暮らしていた部屋に行き、そこに残された子供の落書きや玩具などを目にし、一瞬はしゃいだような表情を示す場面がある。

このようにして、若者たちが自分探しのために離島に行くという抽象的なストーリーには、軍艦島という具体的な場が与えられたわけだが、それだけでなく、軍艦島というこの具体的な場所を通して、われわれの生きているこの現実の時空が、南雲という架空の登場人物やその人生と結び合わせられ、リアリティを与えられてゆく。この、物語の中の世界と現実の軍艦島との境界を曖昧にし、両者を重ね合わせてゆくためにはさまざまな仕掛けが用いられている。南雲が軍艦島での生活を回想するところで何枚かの写真がフラッシュバックのように出てくるシーンがある。たとえば、地獄段と呼ばれる階段や端島銀座と呼ばれた商店街の賑わいを写した写真は島が賑わっていた時代の実写だが、それに対し、ヘルメットをかぶり石炭鉱夫の格好をしたテリー伊藤の写真はもちろんフィクションだ。それらが同じような風合いのモノクロームの写真に仕上げられ、等価な形で並べられて登場することによって、虚構の物語にリアリティが与えられると同時に、この物語のイメージが、われわれの現実の軍艦島の表象の中に刷り込まれてゆくのである。

このフラッシュバックシーンに出てくる一連の写真は、伊藤千行という人の写真を集めた『軍艦島 海上産業都市に住む』という写真集（文献81）に収録されていたものである。伊藤は端島炭鉱で働いており、そのかたわら撮った写真を集めて出版したものだが、とりわけこの中の、地獄段と呼ばれる階段をバックに行き交う人々を写した写真は、この地獄段という場所が、多くの廃墟写真集などを通じて、廃墟としての軍艦島を象徴するような存在となっている分だけ、その場所が賑わっていた姿を目にしたときのインパクトは大きい(6)。このような写真が引用されることにより、当初は軍艦島という固有名詞と結びつけることすらされていなかったこのドラマの世界と実在の軍艦島との重ね合わせは不動のものとなり、その相互作用によってドラマをみる者をさまざまな想像へと駆り立ててゆくことになるのである。それでは、現実にドラマを見る過程の中で、その重ね合わせはどのように行われていったのであろうか。そして、廃墟マニア、かつての住人等、この島に対してさまざまに異なった立場に立つ人々はこのドラマをどのように受けとめ、どのように関わろうとしたのであろうか。

その一端を示すドキュメントとして、ＮＨＫがこの番組の放映に合わせて番組ウェブサイトに開設したメッセージコーナーに寄せられた視聴者の投稿をみてみることにしよう（ＮＨＫ深く潜れウェブサイト）。二〇〇〇年一〇月三日の放送開始に先だつ九月二〇日に開設されてから、地上波での放送が終了した後の同年一二月二三日に閉鎖するまでの間に、全部で三二〇五件の投稿が寄せられた。もちろん、ドラマ全体に関わる掲示板であるから、すべてが軍艦島に関わる内容であるわけ

コンクリート…
中には
坑夫から子供から
ひしめきあってる
住宅・病院
学校からプールまで
そろってる 高層の島さ
すごいのね…!

2

4
4　端島では、建物の隙間や床下、内部の階段やテラスが網の目の通路を構成していた。正面の「地獄段」は、山の上と下を結ぶ主要通路のひとつで、マラソンコースにもなった。この石段は山神さまを祀る端島神社に通じる。右のアパートが「日給社宅」、石段の左が「頁の下社宅」である。

1

3

5

4

6

《深く潜れ〜八犬伝2001》の劇中では、軍艦島が活気に満ちていた時代に写された写真がフラッシュバックのように流される。伊藤千行の写真集（文献81）に掲載されている元写真（1）を見ると、「地獄段」を背景に、人々が賑やかに往き来しており、そのざわめきが聞こえてきそうである。この同じ写真がさらに石塚夢見のコミック（文献131）にも転用され、さまざまなイメージがさらに重ね合わされてゆく（2）。3は《深く潜れ》中のシーンより。地獄段を上る一行が耳をすませると、かすかなざわめきが聞こえてくるような音響効果が使われている。

石塚夢見のコミックには、日給社宅と51号棟とにはさまれた、かつて多くの人々が行き交っていた商店街の変わり果てた姿が描かれているシーンもある（4）。下敷きになった写真は、軍艦島を世界遺産にする会が制作した写真集『軍艦島〜失われた時を求めて』（文献83）に掲載された写真と思われるが（5）、この場所もまた、閉山前にほとんど同じアングルで撮られたありし日の写真が伊藤千行の写真集におさめられている（6）。このような形で同じ場所の写真が繰り返しあらわれることで、この場所に行ったことのない人にも明確なイメージが形作られてくることになる。むしろ実際に行ったことがなく、他のイメージが存在していない分だけ、そのような人にこそ強烈な記憶となって残るという面もあるのかもしれない。

ではないし、それ以前に、このような掲示板に投稿してくる人々の反応が視聴者全体の反応を代表しているとは限らないから、これだけをもって軍艦島表象の全体的なあり方の動向を語ることなどできない。また、このドラマはBS放送と地上波とで同時に放送が開始され、BSでは集中放送、地上波では週一回という異なった形態での放送が同時に進行するという変則的な経過をたどったため、BSの視聴者と地上波の視聴者が混在しており、「ネタバレ」的な事態を避ける配慮がなされるといったこともあって、やりとりの中で何らかの合意が形成されてゆくというような単線的な流れを語ることもきわめてむずかしい。以下に取り上げる状況は、あくまでもそういう多様な状況の中からいくつかの断面を切り出したものにすぎない（以下、それぞれの投稿には、投稿番号のほか、属性として年齢・性別、都道府県を記載する）。

軍艦島自体をテーマにした番組というわけではない以上、この島の存在がいまほどポピュラーでなかったこの時期において、多くの視聴者が軍艦島の存在を知らなかったことは不思議ではないが、そういう視聴者の多くが、ドラマの内容をこえて、映し出された島の異様な光景に魅了され、この島自体に強い関心をもつようになった。

それより、あの島は何？　どこにあるの？　行ってみたいです。廃墟は本物？　私の中で疑問がいっぱい生まれました。

（114／一七歳女性／東京都）

あの廃墟だらけの無人島はＣＧですか？　それとも実在する島ですか？

（575／一七歳男性／東京都）

あの何とも異様な島のことを知りたくてＨＰにきました。軍艦島…みなさんのカキコを見て知りました。あんなところがあるんですね。

（198／二一歳女性／神奈川県）

他方で逆に、軍艦島に関心をもっていた人がたまたまこの番組を知って見るようになったケースも散見される。

端島、通称「軍艦島」に興味を持ってネット内で資料をあさっていた時にテレビで予告ＣＭをたまたま見て「これはっ!!」と思ってさっそくやってきました。

（72／二二歳男性／兵庫県）

自ら「廃墟マニア」を名乗る人（682／二八歳男性／大阪府）、「近代建築マニア」を名乗る人（1084／二二歳男性／山梨県）もいれば、「軍艦島は今や長崎の人間の間では結構みんな知ってる心霊スポットなんですよ」などと答える人もいる（697／二三歳男性／長崎県）。

そういう人々が参入してくることによって、掲示板上では、はじめてこの島を知った人々の素朴な疑問にこたえる形での情報交換がはじまる。Ｔ・Ｔ（二三歳男性／岡山県）は、小学校のときに図書館で写真集を偶然見つけて以来、軍艦島に関心をもっていた経緯を語った投稿（988）に続いて、八人が上陸したシーンの背後にある七階建ての建物は小学校であるとか、広い空地に橋脚みたいな柱が一列に並んでいるものは、かつて石炭を運んでいたベルトコンベアーの跡である、といった情報を提供している（1005)。

そういう中から、軍艦島に是非行ってみたい、と言い出す人も多くなってくる。

軍艦島って名前だけしってました。でも映像で見たのははじめて。…一回でイイから行ってみたいですね。ＮＨＫさんでツアー企画してみてはどうでしょうか。

（398／二五歳男性／大阪府）

ロケ地かっちょいいですね。最初ＣＧかな?って思っていたんですが…長崎県の軍艦島と聞いて、一度行きたくなってしまいました。でも、調べたら、今は無人島で立ち入り禁止になっているとか。非常に残念です。どうにかして入る方法はないものでしょうか?

（507／二三歳男性／東京都）

他方、端島や隣の高島に住んだ体験のある人からもいくつかの投稿がきている。これらの人々は、一方で、自分が幼時を過ごした場所が登場したことになつかしさを感じつつも、自らの思い出がつまった場所がこのような形で取り扱われることについてある種の戸惑いをおぼえたようである。

軍艦島に興味を持たれた皆さんへ。このドラマを見て端島（軍艦島）に興味を持ってくれたことを、元住民の私としては、とてもうれしく思います。私の住んでいたアパートや、通っていた小学校なども映っており、涙が出るほど感激しました。ただ一点いわせてもらえるなら、できれば、ドラマのロケ地というだけで、島に上陸しないでほしく思います。基本的に上陸禁止のしまですし、また、危険でもあります。そして過去、よからぬ人々によって、島の施設が、破壊されたこともあります。過去の、色々な人の生活の匂いと、思い出の残る島です。このままなるべく静かに置いといてほしいのです。お願いします。（1039／三五歳男性／広島県）

この男性は、別の投稿では、この島での幼時の思い出を語った後、次のように述べる。

皆さんにも同じような、思い出の場所が有ると思うのです。その場所が空想と現実の区別の無い方たちによって、好奇の目にさらされているとしたら、皆さんは、どう思いますか？……島に興味を持っていただくことはとてもうれしく思いますが、アイドルタレントが、ロケをしたから、廃墟がかっこいいからなどという動機で島に立ち入らないでほしいのです。私にとって、島全体が、幼少の頃を過ごしたただ一つの〝家〟なのです。（1173）

また、端島で二五年過ごしたという女性は「島はまだ生きています」と題して次のように書いた。

小さい頃に遊んだ山道、学校の校庭などが次々と映し出され、当時活気があったころがよみがえり、懐かしさのあまり涙が止まりませんでした。それと同時に、私と同じように歳をとっていった島を、見たいけれども見たくない……とても複雑な気持になりました。皆さんの中で、TVではじめて端島を見て、あの独特な雰囲気に興味を持たれた方がたくさんいらっしゃるように思います。島に行ってみたいと思うかもしれません。でも、二五年間もの間、私と一緒に過ごしたあの島を、もうこれ以上荒らさないで欲しいのです。ドラマの制作者の方々には大変申し訳ないのですが、ドラマの制作者の方であっても端島に立ち入っていただきたくない……これが元住民の本心です。元住人にとっては、それほど気持のこもった大切な場所だということを理解して頂きたいのです。なぜなら、私たちでさえ、現在端島に入ることは許されないのですから。ドラマの中で「(島が) 死んでる……」というセリフがありましたが、端島は決して死んではいません。私たちと同じく、年齢を重ねているだけなのです。

(1280／五八歳女性／埼玉県)

このような元島民の思いをうけて、いろいろな議論がたたかわされるようになる。

私は長崎に住んでいて軍艦島の近くの高島によく行くのですがドラマを見て「行きたい!!めっちゃ!!軍艦島!!」と思いました。しかし、今日ここにきて「軍艦島をあのままにしてあげて!!」というかたの書き込みを見て「ああ、そうだなあ」と思いを改めました。

（1819／一五歳女性／長崎県）

ロケになっている軍艦島、先日、長崎から観光船で軍艦島の周遊に行ったのですがもと住人の方とご一緒でした。きっと南雲さんと同じような気持ちで島を見ておられたのでしょう。今回のドラマのロケ地に限らず日本には炭坑が閉山になったためなくなってしまった町が他にもあります。そこには人間の営みがあったわけで町がなくなってもそこを故郷と思って懐かしんでいる人がいる。みなさんも自分たちの街やエネルギー資源のことについてこれを機会に一度考えてみてはいかがでしょうか？

（1862／二七歳男性／大阪府）

話は変わるが、僕自身軍艦島に行って見たい気持ちが、すごくありますでも、昔ここにいた人たちに迷惑なのは、わかっていますが、やっぱりいってみたいです。もしいけたなら、今までにない、何かが僕の中で変わるような気がする。

（1994／一七歳男性／北海道）

元島民の思いを受け入れ、行きたいという思いを断ち切った人から、それでも行きたいという人まで幅はあるが、島に出かけてゆくことについて、かつてそこに住んでいた人の心情を思いやり、その立場からもみてみるという、これまでにはない視点を獲得しているさまをみてとることができる。

逆の動きもある。問題提起した当の元島民がそのような状況をどう受け止めたかということは残念ながらわからないが、長崎出身で軍艦島への上陸体験をもつ二〇歳の女性は、最初は自分の「宝物をばらされた感じで悲しかった」が、ドラマをみているうちに「とても軍艦島を効果的に映し出しているのではまってしまいました」と述べている（1787）。また、当初、「アイドル主演ドラマごときのロケに軍艦島を使われたくない」と思ったという沖縄県の三一歳の男性は、「終わった今は、軍艦島をあえて使ったスタッフのセンスを心から賞賛している」と書いている（2848）。ロケで安易に使われることへの反感がうすれ、許容してゆく方向になってゆく動きがあったとするならば、元島民に関しても、そのような心境の変化が生じた可能性はあるだろう。

重要なことは、このような変化が、ドラマの内容と直接に関わっているということである。すでに述べたように、このドラマでは、最後の二回で南雲喜一という男のたどってきた人生が明かされ、それが軍艦島の歴史と重ね合わされることによって、自分探しをする登場人物たちをも束ねてゆく原動力となっていた。フラッシュバックのような形で提示される、伊藤千行の撮影した在りし日の軍艦島の写真は、そのための切り札として位置づけられていると言って良い。しかし、ドラマを見る観客達にとってそれが十全に機能したのだろうか。

掲示板に寄せられた投稿をみてみると、この部分で観客の示した反応がさまざまな形でみてとれる。小学校の時に図書館でみた写真集に見せられてずっと軍艦島に関心をもってきた前出の男性（T・T／二三歳男性／岡山県）は「小田の回想シーンはすごく良かった。賑っている時の端島の写真は「海上産業都市に住む」という本で見たことがあったけど、若い時の小田の写真は合成なのかな。笑顔のヘルメット姿は、何故かぐっと来るものがあった」と書いているが（1765）、この写真を既知のものとしてみた彼だけでなく、多くの視聴者によって、この写真は大きなインパクトをもって受けとめられたようである。

そして胸を締めつけられる光景。軍艦島がほんとに存在しているなんて思いませんでした。第八話に出てきた人が大勢いる写真をみたときなんともいえない不思議な感覚に襲われました。昔栄えた町が荒廃した様子を目の当たりにして鳥肌が立ちました。

（1773／一八歳女性／東京都）

軍艦島のことでいろいろ書き込みがありますね。昔、住んでいた事のある人とかも書き込んでくれています。軍艦島の事が知れて、嬉しいです。すごく興味があるから…。第九話で軍艦島に人が住んでいた時の映像を見たときにはなんか感動しました。あんなに沢山の人がいたのですね。あの島には…。

（1949／一八歳女性／静岡県）

ところで私は諫早出身で、軍艦島には子供の頃から非常に興味があり二回ほど上陸したことがあります。小田のかつての鉱夫姿の白黒写真には嵐のような郷愁を感じました。小田が軍艦島にこだわった必然性が生まれ、ドラマの世界観が大きく引き立った瞬間でした。

（1102／三一歳男性／沖縄県）

軍艦島への関わりの度合いには個人差があるにせよ、軍艦島という現実の場所とその歴史、とりわけ今は廃墟と化してしまったこの場所がかつて賑わっていた頃の様子が提示されることにより、物語世界が一気に奥行きと広がりを増す、その瞬間が確実に捉えられていると言って良い。廃墟の異様な景観とそこが繁栄していた時代の写真のドラスティックな対比が示され、それが確実に物語全体を支える根幹の問題につなげられてゆくという、ドラマづくりの巧みさもさることながら、このように受けとめられることを可能にしているもう一つの要素として、この掲示板でのやりとりの積み重ねがあるのではないかと思う。

とりわけ、軍艦島の存在も知らず、ただその異様な景観に惹かれて上陸したいと思っていた若者たちは、この掲示板で出会った人々からその歴史について様々なことを学び、島を荒らされて欲しくないという元島民の思いに触れ、それを知るようになっていった。このような蓄積を通じてはじめて、このストーリーを受けとめることができたと言っても良いだろう。

以上みてきたように、この掲示板は、さまざまな立場から軍艦島に関わっている人々のコミュニケーションのためのメディアとして、そのようなさまざまな立場からの見方が相互にぶつかり合い、また混じり合い、再編成されてゆく場となった。それはもっぱら廃墟趣味との関わりでみられていた軍艦島が多様な視線にさらされ、その表象を変えてゆくような動きを作り出す上で大きな役割を果たしたと言えるだろう。もちろん、そのような変化がすべてこのドラマを通じて起こったわけではないことは当然だが、それにしてもこのドラマの放映が二〇〇〇年とかなり早い時期のものであったことについては特筆しておくべきであろう。この時期はまだ、軍艦島がもっぱらごく狭い廃墟趣味の対象としてほとんど秘教的な場所として表象され、一般的な広がりをもっていなかった時期である。文献リストに上がっている雑誌記事のタイトルなどをみてみただけでも、軍艦島が急速に注目を集めてゆく「前夜」ともいうべき時期にあったこの島をめぐる人々の眼差しが現在われわれが考えるのとは全く違ったものであったことは想像できよう。掲示板におけるやりとりをみても、この島の存在そのものが必ずしも十分に認知されていないような状況であったことが窺い知れるが、そのような背景のなかにおいてみるとき、この番組やそれをめぐるここでのやりとりが、人々の軍艦島表象を形作る上で果たした役割の大きさをあらためて認識させられるのである。

付記　「世界遺産」入りした軍艦島

本書に収録した論考は、そのほとんどが当初執筆してから一〇年近く経過しており、その間に変化が生じた部分もかなりあるので、各章に「付記」の項を設けてそのあたりのことについて述べているわけだが、それらの中でもこの軍艦島が、群を抜いて大きな変化を経験した場所であるということは間違いない。というより、比較的最近の軍艦島イメージから出発している人の中には、本章の出発点として前提される軍艦島のイメージが、かなりマニアックな廃墟趣味の対象として提示されていることに、むしろ違和感を感じられるという向きもあるかもしれない。

実際、本章のほとんどの部分は二〇〇八年前後に書かれたものであるとはいえ、著者が軍艦島に関心をもって講義ネタとしてとりあげはじめた時期はそれよりさらに遡る。手元にある講義メモをみると、二〇〇二年頃にはすでに「芸術学概論」という科目の講義ネタとして廃墟趣味の問題を取り上げ、その際に軍艦島を主たる材料に据えているから、当初前提されていたのはその頃の状況だったことは間違いない。二〇〇二年というと、軍艦島が廃墟趣味の人々にとっての「聖地」的な位置を占めるようになってはいたものの、廃墟趣味自体がまだマイナーなものにすぎず、『ワンダーJAPAN』のような雑誌もまだ出ていなかったような時期である。軍艦島に関しても、観光船で上陸するなどということは想像もできず、上陸するとなれば、自分で釣り船を手配して非合法組織さながらの「違法上陸」をするほかなかったような状況であった。

今あらためて見直してみると、この島をずっと所有していた三菱マテリアルが高島町に無償で譲渡したのが二〇〇一年、その高島町が長崎市に併合され、長崎の観光資源の一環として位置づけられて、その方向の取り組みが少しずつ始まったのが二〇〇五年のことである。そしてさまざまな整備が進み、一部に限って一般の観光客の立ち入りが許されるようになって観光船が着岸するようになったのは二〇〇九年になってのことであった。さらに、一部で進んでいた世界遺産への登録運動が、二〇〇六年以降、国が支援に乗り出すことで本格化し、最終的には二〇一五年に「明治日本の産業革命遺産 製鉄・製鋼、造船、石炭産業」の一部として世界文化遺産に正式に登録されるにいたった。こうした過程の中で軍艦島はあっという間に定番の観光地として知らぬ者とてないようにな存在となってしまったから、一〇年も前に書いた原稿が違和感を生じさせるのは無理もないことかもしれない。

軍艦島に対する眼差しが、必ずしもそこに廃墟としての価値を見出そうとするものだけでなく、元住民として、また産業遺産として等々、さまざまな眼差しがありうること、そして実際にそうした多様な眼差しがせめぎ合い、状況に応じて離合集散しつつ流動している状況が生じているという本章での筆者の主張は、今の目からみるとごく常識的なものに見えてしまうかもしれないのだが、もっぱら「廃墟」としての存在感だけが突出していた当時の状況からすれば、その後の状況を予見するような、筆者には珍しい卓見であったと、自画自賛したいくらいである。もっとも、その時に論文として公刊しないまま、今になって「後出しジャンケン」のようなことを言っても詮なきことではあるが……。

そのようなわけで、本章の提示している方向性自体は、今となっては、新奇な地平をひらくようなものとは言い難いところもあり、この時期の議論としてはそう外れてはいなかったというくらいに受け止めていただければ十分であろう。むしろ今になってみると、その時代を生きた人間が同時代的に進行している現象を描き出しているドキュメントとして読んでいただく方がおもしろいかもしれない。とりわけ最近では、軍艦島を取り上げた本が次々出ているにもかかわらず、本章後半で論じた、この多様な価値観の衝突の中で映画・テレビドラマや写真集などの果たした役割について正面から扱った他の論考を筆者は寡聞にして知らない。芸術作品に描かれた表象との関わりの中で人々の場所の記憶が形成・変容されるプロセスやメカニズムを論じることを主眼とした本書の基本的な意図に照らせば、その部分だけでも十分に存在価値があり、それだけの先見の明をもった議論であったことを、筆者としては自負している。

そのようなわけで軍艦島は今やメジャーな観光地と化してしまった。観光船に乗って島におりると、人々は完全に朽ち果てた三〇号棟などをはじめとするまさに廃墟の風景を目にすることになるのだが、その一方で立ち入れるところはほんの一部であって、とりわけ写真集などで廃墟感満載のイメージを醸し出していた住居地域や学校、病院、商業施設などのあった場所には全く立ち入ることはできないから、かつてのディープな廃墟マニアの軍艦島体験とは、おそらく似ても似つかないものであろう。また、どこの船会社の便で行っても、上陸後にはガイドがついてその案内を受けながら決められた「コース」を歩くことになるわけだが（ガイドがつくことには、客が立ち入り可能な「コース」をはみ出て勝手な行動をするのを防ぐ意味もあるのだろう）、いくつかの船会社ではその案内に、かつての軍艦島の島民がマイクを握っており、自分たちが子供だった頃の体験談をまじえながら、この場所が当時はどんなであったかということを「住民目線」で語ったりする一方で、それが世界文化遺産として評価されたことを誇らしげに語ったりもする。まさに本章で指摘したような、廃墟マニア的な価値と産業遺産的な価値、それに「住民目線」でみた生活の記憶に関わる価値が微妙に交錯し、混ざり合ったようなイメージが今や定着しはじめているのである。軍艦島がからんだようなテレビドラマなどは今も作られており（というよりロードムービー的な「ご当地もの」二時間ドラマなどでは絶好の舞台装置としてますます愛用されているが）、そういう中に現れる軍艦島のイメージは、ちょうど小樽を舞台にした二時間ドラマにお約束のように出てくる、倉庫が立ち並ぶ小樽運河の風景と同じように、いかにも「軍艦島らしい」風景が、いわばアクセントとしてドラマを彩っているようで、新たな視線によって新たな価値がもたらされるようなスリリングな体験とは程遠いものになってしまった感がある。

そういう状況を前にして、私などにとってむしろ関心事であるのは、かつて摩耶観光ホテルとならぶ廃墟の「聖地」であった軍艦島が、今やそういう状況になっている中で、かつてのディープな廃墟マニアたちはどのような振る舞いをみせているのかということである。軍艦島がポピュラーになってゆくのと並行的に次々と「廃墟本」が刊行されるようになった状況は、一方では、一部のかなり特殊なオタク的マニアだけに開かれたものとして位置づけられていた廃墟趣味自体がかなりメジャーな存在になり、いわば公的に認知されるようになるという変化をもたらしたことはたしかである。しかし他方、かつての「聖地」が完全に「世俗化」してしまう中でディープな廃墟マニアは、また違った対象を追い求めるようになっている面もある。

たとえば、軍艦島のすぐ近くにある同じ炭鉱の島であった池島。池島の場合には二〇〇一年と、軍艦島よりもかなり後まで採掘を行なっていた上に、島には今でも人が住んでいるので、軍艦島のように一気に完全な廃墟と化したというわけではないのだが、それでも閉山によって全盛時七〇〇〇人いた人口が今では二〇〇人あまりとなったため、無人になった団地の多くが廃墟姿をさらしている。インターネットのブログなどを検索すると、『軍艦島』よりも楽しめる巨大廃墟島、『池島』がアツい！」、「軍艦島よりも面白い！ 廃墟化しつつある池島の炭鉱見学ツアーに行きました」といった見出しが並んでおり、廃墟の「通」は、もはや軍艦島などを相手にしないと言わんばかりである。もちろんそうは言っても、軍艦島の方も、人が立ち入れるようになったのはほんの一部分にすぎず、息を飲むような巨大廃墟の大半は手つかずのまま残っているわけであるから、決して廃墟の王座の位置を失ったというわけではないが、池島は軍艦島と違って島への立ち入り自体が禁止されておらず、自由に歩き回れるという事情などもあり、「ポスト軍艦島」としての名声を急速に高めている。

池島の場合、比較的最近まで操業しており、採炭施設などもかなり残っているため、坑道の一部がエコミュージアムのような形で公開されていたりもする。そのため、朽ち果てた廃墟の姿を純粋に楽しむという、かつての廃墟マニアのあり方とはかなり異なり、やはり産業遺産の側にかなり寄った形になっているようにみえる。もちろんこのあり方は多分に池島というところの特性によっている部分があり、廃墟マニアの求める体験がすべてそのようなものになってしまったというわけではないが、考えてみるとこのような両面性は廃墟には常につきまとうもので、べつに池島だけの話ではない。

「廃墟本」でもしばしば取り上げられる秋田県の尾去沢《おさりざわ》鉱山（一九七八年閉山）は、精錬所や選鉱場の跡が巨大な廃墟になっていることで知られるが、その背中合わせのような場所には「テーマパーク史跡尾去沢鉱山」と名付けられたエコミュージアムがあり、昔の坑道の一部を使って採掘の様子が再現されたりしている。また、金沢の湯涌温泉にあった白雲楼ホテルは一九九九年に営業を休止してから七年間にわたって放置され、二〇〇六年に解体されるまで廃墟マニアにもお馴染みの存在だったが、実はこの建物は近代建築としてもその価値を評価されていた建物で、『近代建築ガイドブック（東海・北陸篇）』（鹿島出版会 1985）などの建築ガイド本でもしばしば紹介されていた。余談だが、この白雲楼ホテルは、アニメ《花咲くいろは》（二〇一一年制作）の主たる舞台として描かれている喜翠荘という旅館のモデルになった建物でもあり、このアニメのヒットとともに一躍クローズアップされ、「聖地巡礼」の名所にもなった。また、このアニメのヒットに合わせ、作品中で描かれている「ぼんぼり祭り」という架空の祭りが、湯涌温泉観光協会の主催で実際に行われるようになってしまった。まさに作品世界の出来事が現実世界を変えてしまった典型的な事例でもあるが、廃墟の価値というものが純粋に廃墟の価値として存在するというわけではなく、さまざまな価値基準による別々の評価が何重にも重なり合う形で体験されるということの典型的な例とみることもできよう。

とはいえ、このように並存する形で生じてくる複数の価値は、しばしば二律背反的な関係に陥ること

展示施設「史跡尾去沢鉱山」（右）にすぐ隣接した場所には広大な廃墟が広がる（下）。

白雲楼
石川県金沢市
フランク・ロイド・ライト設計の素晴らしい洋館、伝統と規模では秀逸の廃墟
保存状態……★★★★★
危険度……★★☆☆
廃墟年齢……約四年
ジャンル……ホテル

1

〈廃墟？　保存建物？　アニメの聖地?〉

代表的な廃墟本のひとつである『廃墟の歩き方　探索篇』（文献108）には、廃業したホテルである「白雲楼」が掲載されている（1）。建築物としても評価が高い建物であったため、廃墟本にもかかわらず、「廃墟でなくなるのが残念ではあるが、この素晴らしい建造物をこのまま朽ち果てさせずに、補修し、保存してほしいと切に思う」などと書かれているのがおもしろい。その願い（？）も空しく結局取り壊されてしまったのだが、これが大ヒットしたアニメ作品《花咲くいろは》の舞台である喜翠荘という旅館のモデルとして使われたことで事態はますます複雑なことになった。かつて白雲楼を望むことのできた玉泉湖畔には、アニメの喜翠荘を描いた巨大なパネルが立てられている（2）。3は白雲楼営業当時のパンフレット。

3

2

になる。壊れることによってその価値が生み出されている廃墟に対し、逆に近代建築や産業遺産は「保存」状態が良好であればあるほど価値が上がるのだから、これだけでも矛盾に満ちている。軍艦島だって、九州の他の炭鉱施設などとともに「明治日本の産業革命遺産」として世界遺産認定されてしまっているのだから、これからの「保存」はいったいどういうことになるのか、いささか訝らずにはいられない。

第 4 章

継承される東ドイツの記憶

東西ドイツ統合期に映画の果たした役割

ベルリン

イントロダクション

都市の記憶の再編成と映画

前半三つの章が日本国内の場所を対象としているのに対し、この第4章と最後の第5章は、ベルリン、ウィーンという海外の都市がテーマである。といっても、別に国内と海外とを両方扱ってバランスをとろうとしたというわけではない。海外の都市で、私自身が論じるに足るだけのデータや経験の蓄積をもっているところは、このベルリンとウィーンくらいしかないのだが、この両都市はいずれも、取り上げる対象としては超A級のもので、しかも性格的に全く対照的である。

東西ドイツの統合後に大きく姿を変え、そのほとんど想像を絶するような急激な変貌ぶりに世界が目を見張ったベルリンと、世界を代表する「歴史都市」、とりわけ「音楽の都」などと呼ばれ、ほとんど時間が止まったかのような形でその伝統を「保存」しているかのようにみえるウィーンは、いずれも世界に数ある都市の中でも際だった存在である。それらのあり方が形作られ、変貌してゆく過程の中で、また、これらの都市に対するわれわれの記憶や表象が形作られる上で、映画や音楽などの芸術作品がどのような役割を果たしているのかをみてゆくことは、都市の記憶との関わりをテーマとしている本書にとっては、欠くことのできないことであることは間違いない。

この章ではまず、一九八九年の東西統合後のベルリンを取り上げ、この時期に作られたベルリンを舞台にした映画作品と、この都市ベルリンの大変貌との関係の一端を明らかにしてみたいと思っている。ベルリンを舞台にした映画作品は、すでに戦前から数多く見出されるが、統合後のこの時期には突出して多くの作品が作られている。これらの映画には、この時代のベルリンの状況がさまざまな形で映し込まれており、刻々変化するこの都市の未曾有の状況を記録したドキュメントにもなっているが、見逃すことのできないのは、街並みがほとんど日毎に変化し、人々の共有する都市の記憶が断絶し、断片化してゆくような状況の中で、映画というメディアがそれをつなぎとめ、また作り出してゆく役割を果たしていたということである。第２章で取り上げた小樽の事例でも、映画作品によって作り出された都市像が現実の都市の表象や記憶と絡み合い、街づくりにまで関わっていった面があることを明らかにしたが、ベルリンという都市がすさまじい速度で変貌を遂げる一方で、この都市を舞台にした映画作品が次々と作られていた状況の中では、映画作品の提示するベルリン像と現実の都市ベルリンのイメージとがほとんど不可分の形で同時代的に絡み合い、両者がほとんどないまぜになるような形で都市の表象や記憶が形作られていった。都市の状況が映画に反映するというようなことをこえて、そもそも映画を抜きにしては都市を語ることができない状況がそこでは生じていたと言っても過言ではないかもしれない。

それゆえ本章ではこの時代のベルリンを論じるにあたり、《グッバイ、レーニン！》などのいくつかの映画作品を取り上げて具体的に論じることを旨とするが、その一方で、論全体のあり方は、映画論というよりは、限りなく都市論への傾きが強いものになっている。東西の分裂から統合へという特殊な条件下で、ベルリンという都市の表象と記憶が、オスタルギーと呼ばれる、解体しつつある旧東ドイツ時代へのノスタルジーなどを孕みつつ、いかに再編成されていったかということが本章の中心テーマであるが、コラムで取り上げている《ベルリン天使の詩》、《ラン・ローラ・ラン》という他の二つの映画も含め、ベルリンをめぐる「記憶」の問題は、到底オスタルギーという概念だけでは括りきれないような多様な広がりを含んでいる。それらも合わせて、ベルリンという都市の「記憶」に関わるさまざまな力学とそこにおける映画の関わりを考察してゆきたい。

ここでは、カール・マルクス通り、ポツダム広場、オーバーバウム橋といった場所が取り上げられているが、これらのいずれにおいてもその表象は、東西分裂の時代やさらに遡った戦前の記憶を呼び起こすことで成り立つ過去志向的な側面を濃厚にもっていると同時に、それらが今度は現代の新たなコンテクストにさらされることにより、確実に新たな記憶が生み出され、積み重ねられてゆくことで、今なお変貌を続けている。最近ではさらに、ドイツ映画のみならずアメリカ映画などにも飛び火することで、新たな展開をみせるようになってきている。こうした動きをみることで、映画作品が現実の場所に及ぼす作用の中に潜在的にいかに大きな力が含まれているかをあらためて認識することができるだろう。

1——一九八九年のベルリン

一九八九年に「ベルリンの壁」が崩壊してから三〇年になろうとしている。この三〇年の間に、その時代を直接には知らない若い世代の人も増えているから、今やもう「歴史」の一コマとしておさまってしまった感もないわけではない。しかしながら、東西冷戦体制の解体という、世界史上の大きな画期をなす出来事であったことは間違いないし、それ以上に、とりわけベルリンという都市に関してみると、世界のどの都市も体験したことのないような大改造の嵐にさらされた、その未曾有の状況に、そこに住んでいた当人たちだけでなく世界中が興奮したのである。その衝撃は今なおおさまったとは言い難く、さまざまに形を変えつつ、都市の記憶として継承されていると言ったほうが良い。

東ドイツと西ドイツという、四〇年間全く違った体制でやってきた国がひとつになるということだけでも大変なことだが、西ベルリンが東ドイツの中に孤島のように、しかも壁に囲まれて存在しているという、きわめて特殊な状況におかれていたベルリンという都市にとって、それが一つになるというのは、ほとんど天地がひっくり返るような出来事であったと言ってもよい。もちろん、両大戦間には首都として、また世界の文化を牽引する都市の一つとして機能してきたベルリンである。敗戦によって分断されても、やがてまた一つになり、かつての栄華を取り戻すことが想定されていたには違いなかろうが、そうは言っても四〇年にわたって分断されている間にそれぞれが独自の形を作り上げ、それなりにできあがってしまっていたから、いまさらそれを統一することが大変な事業になることは当然のことである。鉄道網ひとつとっても、東西に分断され、それぞれに形を変えてしまっていた環状線がようやく元の形でひとつにつながったのは統合後十年以上がたった二〇〇二年のことであったし、ひとつのローカル駅になりさがっていた中央駅が再整備されて本来の機能を取り戻し、再開業にこぎつけたのは、何と二〇〇六年になってのことだった。すべてのことがこういう具合であり、この間、ベルリンの市内は「ベルリンのバス路線は毎日変わる」などと揶揄されるほどの大工事の嵐が続くことになったのである。

そのような情況の象徴となったのがポツダム広場(Potsdamer Platz)である。ポツダム広場は戦前にはベルリンの中心的な繁華街の一つだったが、ちょうど東西の境界線がこの付近にかかってしまったために、周辺一帯は「壁」にはさまれた荒涼とした空き地と化してしまっていたのである。東西合同を契機にこの地を再開発し、かつてのベルリンの栄華をとりもどす拠点にしようとしたという意味では、新造というよりは再興とみるべきかもしれないが、いずれにせよその結果、ついこの間まで荒涼たる無人の地だったポツダム広場に超高層ビルが立ち並び、世界屈指のシネマ・コンプレックスまで作られるにいたったのである。筆者が最初にベルリンを訪れた一九九八年は、このポツダム広場の再開発事業がまさに佳境に入っていた時期であり、こういう大規模工事が行われている現場を一目見ようという人々がドイツ全土から集まり、「工事場観光(Baustelletourismus)」などの名で呼ばれる動きが活発化していた。ドイツの地方都市はアメリカや日本などよりははるかに高層ビルが少ないので、そういうところから来た「おのぼりさん」にとってみれば、まさにできあがりつつあるポツダム広場の光景は、目をまわすようなものだったに違いない。このポツダム広場の隣にある今のライプツィヒ広場(これこそ文字通りの「復元」である)にはベルリンの都市改造計画についての展示を行う「インフォボックス」という仮設の展示施設が一九九五年に設けられていたが、そこにはポツダム広場の建築現場を一望する有料の展望台まで作られていたのであった。

ポツダム広場付近の空撮写真(Reuter 2001所収)。上が1994年、下が2000年の撮影。1994年の段階では壁自体は撤去されているものの、広大な荒れ地が広がり、建物はほとんどない。左下にみえるホテル・エスプラナーデ、右下のワインハウス・フートが取り残されたように建っており、「壁」の時代の写真を彷彿とさせる(これらについては、章末のコラム「《ベルリン天使の詩》とポツダム広場」を参照のこと)。

1

この時期のベルリンは、街中のいたるところに大型のクレーンが立ち並んでいたが、中でもポツダム広場のクレーンの行列は圧倒的で、多くの観光客が見物に押し寄せたことも納得される(1)。こうした状況はアーティストたちにとっても大きな刺激になったとみえ、1996年から97年にかけて、造形芸術家のゲルハルト・メルツやサウンドアーティストのハンス・ペーター・クーンらが、これらのクレーンを使った「光の彫刻」(2)、「光と音のインスタレーション」等々のイヴェントを次々と行っている。1996年10月28日には、19台のクレーンが指揮者ダニエル・バレンボイムのタクトで、ベートーヴェンの《第九》に合わせて踊る《クレーンのバレエ》なるイヴェントまで行われた(写真はWefing 1998より)。コラム「《ベルリン天使の詩》とポツダム広場」でも取り上げるホテル・エスプラナーデの曳き家に数多くの観客が集まったというのも、このような流れの一環という認識があったからであろう。

2

3

4

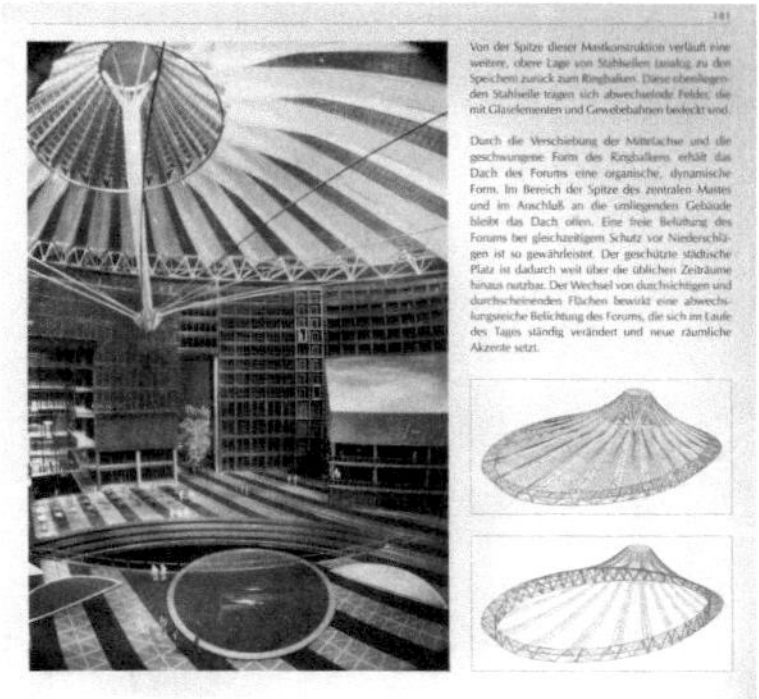

Von der Spitze dieser Mastkonstruktion verläuft eine weitere, obere Lage von Stahlseilen (analog zu den Speichen) zurück zum Ringbalken. Diese obenliegenden Stahlseile tragen sich abwechselnde Felder, die mit Glaselementen und Gewebebahnen bedeckt sind.

Durch die Verschiebung der Mittelachse und die geschwungene Form des Ringbalkens erhält das Dach des Forums eine organische, dynamische Form. Im Bereich der Spitze des zentralen Mastes und im Anschluß an die umliegenden Gebäude bleibt das Dach offen. Eine freie Belüftung des Forums bei gleichzeitigem Schutz vor Niederschlägen ist so gewährleistet. Der geschützte städtische Platz ist dadurch weit über die üblichen Zeiträume hinaus nutzbar. Der Wechsel von durchsichtigen und durchscheinenden Flächen bewirkt eine abwechslungsreiche Belichtung des Forums, die sich im Laufe des Tages ständig verändert und neue räumliche Akzente setzt.

ポツダム広場の建築現場を一望できる場所（現在のライプツィヒ広場の一角）に作られた「インフォボックス」（3）。中央にみられるのは屋上の展望台への階段で、上り口に入場料金を払うためのゲートがあった。インフォボックスの内部ではポツダム広場をはじめ、統合後の新生ベルリンの未来像に関する展示が行われていた。ポツダム広場に建築予定の「ソニーセンター」の富士山型のドームはその中でもとりわけ目を引いたが（4はインフォボックスで販売されていた図録[Info Box 1997]より）、ほとんどSFか何かの未来都市としか思われなかったような光景がその数年後には本当に現出したことで、人々はまた驚かされたのである（5）。

5

このような状況はほとんど、通常ではありえないような壮大な「実験」に等しいものであった。インフォボックスには、ポツダム広場だけでなく、ベルリン全域にわたる今後の改造計画に関わる地図や図面、模型などがいろいろ展示されていたが（Info Box 1997）、大改造がすでに佳境にはいり、かなり進んでいた九八年の時点においてすら、ほとんどが夢物語にみえてしまうほど、それまでの現実とかけ離れていた。そして、その三年後の二〇〇一年に訪れた時には、その多くが着々と現実のものになっていることに、また驚いたものである。

もちろん似たようなことはどんな都市にもあるだろうが、普通はある一角の再開発くらいがせいぜいであるのに対し、ベルリンの場合には、普通だったら一〇〇年かかって行われるようなことがごく短期間に集中して起こってしまい、ほとんど早回しの映画を見るような感覚で物事が進んでいった。加えてそこに、東と西との関係の問題がからんでいる。まだ第二次大戦時の空襲の際の弾痕まで残っていたような旧「東」地域の古い街並みの中に「西」資本の大規模なショッピングモールが突然姿を現したりするといった、日常的な想像力をこえるような出来事がほとんど毎日のように起こる、そんな状況が続いたのであるから、ほとんど「事実は小説よりも奇なり」を地でいってしまったようなものだったと言って良いかもしれない。

こうなってくると、都市計画や街並みだけの話にはとどまらなくなってくる。慣れ親しんだ街の風景があれよあれよという間に変わってゆき、ほとんど「何でもあり」的にいろいろなことが起こるという状態になってきたとき、そこに暮らしている人々がそれをどのように受けとめ、そういう中で都市に対する人々の表象や記憶がどのように推移してゆくのかということが問題になってくるのである。通常であれば、都市に対する表象や記憶は少しずつ書き換えられてゆくのが普通である。新旧さまざまな建物や事物によって織りなされる都市の景観には、そこに暮らす人々の過去の記憶が重層的に堆積している。時代の変化の中で古いものが消え、新しいものが作られてゆくにつれて、人々の記憶もまた、自分では気づかないうちに少しずつ書き換えられてゆく。しかしベルリンの場合、本来は長い時間をかけて進んでゆくはずのそんな変化の過程を、短時間に凝縮して実現してしまった。昨日まで、皆が何となく共有していた街の表象が、ある日一夜にして、しかも全く予想もつかなかったような形で変貌を遂げてしまうような状況になったとき、人々の生活感覚や環境認識、共同体意識といったものはどのようになってゆくのだろうか、そういう中で文化というものはどのように保存され、変貌し、また新たに形作られてゆくのだろうか。この時期のベルリンは、言ってみれば、そういうことを目の当たりにできる巨大な実験場のようなものであった。ベルリンに生活しているわけではない人も含め、多くの人がこの時期のベルリンに関心をもち、目が離せない

ベルリンの書店にはベルリンや東ドイツをテーマにした出版物が溢れており、フリードリヒ通りのドゥスマンという大型書店には「ベルリン本」だけを並べたコーナーが別室に設けられていた。写真は東独時代をテーマとした本。当時の絵葉書や写真を集めたもの、当時の日常生活を振りかえるものなどいろいろ。

ような感覚になっていたのは、まさに社会における文化の形成や変容の根源に関わるそのような問題を解明するための巨大な実験に立ち会っているような感覚をもっていたがゆえのことだったとすら思われてくる。

　この時期のベルリンで都市の表象や記憶に関わるこのような問題意識がいかに尖鋭化したかということは、一九九〇年代後半から二〇〇〇年代初頭にかけて、ベルリンに関する写真集やＤＶＤなどが大量に作られている状況にあらわれている。その点数の多さ自体にも驚かされるが、特徴的なのは、現在の写真を集めたというだけでない、歴史的な次元が加わったものが大半であるということだ。それもほとんどが、戦後の東西冷戦体制の時代のベルリン（とりわけ東ベルリン）に関わるものである。東独時代の旧東ベルリンの街角の写真や映像を集めたり、東で発行された絵葉書を集めたりしたものが多いが、その中でもかなり目立つのは同じ場所の新旧の写真を比較対照した「昔と今」的な写真集である（Bellman, May & Philipps 1997, Hübner-Kosney 1998）。一番典型的なのは「壁」をテーマにしたもので、「壁」があった時代の写真とそ

ベルリンのガイド本も、歴史的な時期に合わせた形で作られたものが多種あり、とりわけ目立ったのが、東独時代の建物などがまだ残っている場所を案内する本である（右）。また、ベルリンの「壁」に関するものも多かった（左）。同じ場所の「壁」時代と「壁」撤去後の状況を定点観測的に比較した本などもあるが、とても同じ場所とは思えず、ほとんどアイデンティファイできないようなところも少なくない。どこに壁があったのかを示した「壁地図」のようなものも何種か作られていたが、こういうものが出版されるということは、人々のベルリン表象の中から「壁」の時代の記憶が急速に消え失せていることの証とみることもできるだろう。

れが撤去されてからのものとを並べたものを集めたような写真集がいくつも出ている（Hampel 1996, Schulte 2011）。たしかにポツダム広場に限らず、「壁」が撤去されることでドラスティックに風景が変わってしまい、今ではここに「壁」があったということすら感じられなくなっている場所もたくさんあり、こういうものをみて「昔はこんなだったのか」と驚く人も多いのかもしれない。

しかし考えてみると、これらの「昔と今」の写真の多くは、せいぜい二〇年くらいのスパンでの比較であり、通常であれば、どこだかわからないほどに変わってしまうことはまずないような時間の幅である。こういうものが写真集として成り立つということは、もはや壁がどこを通っていたかということも、人々の日常的な記憶の中からは抜け落ちつつあるということでもある（たしかに、壁の通っていた場所を書き込んだ「壁地図」的な市街図も何種類か売られていた）。ベルリンのような状況になった場合、人々の記憶の時間的スパンがいかに短くなってしまうかということを示していると言えるだろう。このような写真集やＤＶＤなどが次々と出されることで、そ

写真左下の「壁地図」を広げたもの

れらは歴史的な記憶として呼び出され、継承されてゆく。さらに言うと、この種の写真集の中には、東西統合後にポツダム広場の工事がはじまってから、そこに次々と高層ビルが建てられてゆく時期に焦点を合わせた定点観測的な写真集などもある（Reuter 2001）。時間的にみれば、さらに短い期間を対象とした「歴史」が描かれているわけであるが、この時期のベルリンでは、ほとんど同時代的な現象ですら、このように次々と「歴史化」されてゆくような状況になっていたのである。

ベルリンの歴史への関心がこのような形で顕在化したことは（といっても東西冷戦体制以降の歴史に限っての話だが）、それがベルリンの人以外、場合によっては外国人も含めた多くの人によって共有されるものになったということでもあった。ベルリンをテーマにした本が増えるにつれ、書店には「ベルリン本コーナー」が設けられるようになり、これらの写真集やＤＶＤもそういうところに置かれていたが、やがて観光客をターゲットにした土産店などにも置かれるようになり、ベルリンに関心をいだいてやってきた観光客は、こういうものを通してベルリンに関する歴史的知識を蓄積させてゆくことができた。また、日曜日ごとに市内各地で開かれている蚤の市（Frohmarkt）ではこの時期、特に旧「東」の地域を中心に、「東」時代に作られた本や地図などが大量に二束三文で売られていた。私などもそういうところを回って、分断時代の東ドイツで出された、西ベルリン部分が空白になっている地図や、「東」当局オススメの観光地を網羅した当時の観光案内などをいろいろ手に入れたが、このような形で「東」時代の同時代資料にあたって、当時の「東」の人々のベルリンの都市表象を再構成するというような歴史学者まがいのことも、ちょっとやる気になれば簡単にできる状況であった。実際、九〇年代後半から二〇〇〇年代初頭にかけて作られた写真集や

DVDの中には、「東」の人ではなく、東西統合後に関心をもった「西」出身の人が作っているものも少なくないのである。統合後のこの時期に、とりわけ旧「東」時代を懐かしむような空気が強まり、それが「オスタルギー」という名で呼ばれるような大きなうねりを作り出してゆくこと、そしてその盛り上がりを支えていたのが、実は必ずしも「東」時代を経験した人のノスタルジーではなく、むしろそうではない人々が外から関心を共有するような形で盛り上がっていった部分が大きいということが、次節以降での中心的な論点となるが、その背景にあったのは、ベルリンを取り巻く上記のような状況だったのである。

ベルリンをめぐるこのような動きは、歴史意識や歴史表象のあり方といった観点からみると非常に興味深い。歴史学研究やその周辺で表象や記憶という問題系がクローズアップされ、「記憶の場」というような概念がひとつの切り口になっていることは、本書序章での歴史映画をめぐる議論でもすでに述べたが、『東ドイツの記憶の場』(Sabrow 2009)、『ベルリンの記憶の場』(Casper 2008)など、東ドイツやベルリンに

旧東ベルリン地区の蚤の市に行くと、東独時代の地図やガイド本がほとんど二束三文のようにして売られていた。

関連して「記憶の場」という語をタイトルに冠した本が何冊も出されているのである。まるで本家本元のフランスのお株を奪っているような風情であるが、東ドイツやその時代のベルリンが、こういう視点でものを考えようとする際の絵に描いたような見本になっていたということを裏書きしていると言えるだろう。この種の本の中には、東ベルリンの懐かしい場所めぐり的な、一般向けのガイドブックに類するものも少なくないが、こういう傾向のガイドブックが出されること自体、「記憶」というテーマに関わるような視点が、歴史研究者という狭いサークルをはるかにこえる形で広く共有されていたということを証しているといえるだろう。ベルリンを舞台にした映画もまた、そういう中で大きな役割を果たしたものとして位置づけることができるのではないだろうか。

当時のドキュメンタリー映像などをおさめたＤＶＤが数多く出されて多くの関心を呼んだことはすでに述べた通りだが、このようなノンフィクション系のものだけでなく、東ドイツやベルリンのからむフィクション映画も、この時期、実にたくさん作られている。フィクション映画は作り物であり、歴

その名も《東ドイツの記憶の場》というタイトルの一書(Sabrow 2009)。ザントマン人形やトラバントなど、「オスタルギー」の定番アイテムが表紙にも散りばめられている。

史的ドキュメントではないので、歴史認識には関係がないと思われてしまいがちだが、序章でも述べたように、「表象」や「記憶」という問題系を介在させることで両者は重なり合ってくるのであり、そういう視点に立って映画と都市や場所との関係を捉え返してみようということこそが本書の立場でもある。そういう意味では、ベルリンはまた、映画が都市に関わってゆく関わり方を模索するという点でも恰好の実験場であったと言って良い。何しろ、「事実は小説よりも奇なり」を地でいったような、人々の想像力をこえることが次々と起こるのである。現実の世界を背景にしつつ、そこに想像力を働かせることでさまざまなフィクション世界の可能性を切り開こうとしてきた映画製作者にとって、ベルリンは願ったり叶ったりの場所になったことは想像に難くない。それがベルリンという街に関わる人々の表象や記憶をどのように動かしていったのかということこそが、まさに問われなければならない。以下本章では、ベルリンの表象や記憶に関わるこの時期の問題系の中で最も中心的な位置を占めていたテーマの一つである「オスタルギー」を切り口に、そこにおいて映画の果たした役割、さらにはその中における場所の表象や記憶のあり方といった問題について論じてゆくことにしたい。

2　懐かしの東ドイツ？「オスタルギー」の構造

「壁」崩壊以後のベルリンで起こっている動きの中で、特に興味深いのが、「オスタルギー」と呼ばれる、東独時代へのノスタルジーの高まりである。「ノスタルジー」という英語のドイツ語形である「ノスタルギー」に、「東」を意味する「オスト」という語を重ね合わせて作った造語だが、一般的には、旧「東」に住んでいた人々が、消えかかっている、自分たちの生まれ育った「東」時代の文化をあらためて懐かしがる動きと解される。

「壁」崩壊の原動力となったのは、「西」の豊かな経済や自由な文化にあこがれる人々の思いであったわけだが、統合から時間が経過してみると、「西」もそんなにパラダイスであったというわけではないことがわかってくる。「西」にしても、経済格差のあった「東」の人々を大量に抱え込むことは大きな負担であり、失業問題が深刻化するなど、さまざまな「副作用」が生じた面などもあり、バラ色の未来を夢見ていた「東」の人々も、こんなはずではなかった、ということになってきて、「東」の生活も結構よかったのかもしれない、という思いが生まれてくることにもなる。

そうでなくとも、いくら同じ国だったとはいえ、四〇年も違う体制でやってくれば、文化の違いも相当大きくなっているから、一緒になればいろいろな摩擦が生じるのは自然なことである。自分が慣れ親しんできた文化には誰しも思い入れがあるのは当たり前のことであろう。その「東」の文化が事実上「西」に併合されることによって消えてゆくとなれば、それを惜しみ、愛着をもって残したいというような動きが出てくるのは、イデオロギー云々以前のごく自然な反応ともいえるだろう。自分たちが子どもの頃から親しんできた音楽、テレビ番組から、様々な商品、さらにはトラバントという純「東」産の車まで、消えかかっていた東独の物たちが再度脚光を浴びることになったのであり、それが「オスタルギー」という特別な名前を与えられるほどに目立った大きな現象となっていったのである。東西冷戦体制の象徴であるドイツ、しかもそれが尖鋭化する東西ベルリンという場所であるからこそ起こりえた、きわめてドラスティックな現象であったことは間違いない。

だが問題はそれだけにとどまるのであろうか。もしこれが、旧「東」の住民の中だけでの動きにとどまっていたとするならば、果たしてこれだけ大きなムーブメントになりえたのかという疑問が残る。後にみるように、この動きが旧「東」に限らないどころか、ドイツですらない世界各地で注目を集めるようになった事実を考えるとき、単に「東」という特殊な場所でそれを体験した人の話だけにとどまらない何らかの要素が加わることによって、あのムーブメントになっていったとみるべきではないだろうか。そうなってくるとこのオスタルギーというテーマは、東独ローカルな問題であることをこえて、「ノスタルジー」に関わるさまざまな現象全体につながる要素を含んでいるのではないかとも思われてくる。このテーマは、人間と過去の記憶との関係に関わるかなり普遍的な問題をより先鋭的な形で提示したものであったがゆえに、多くの人々の関心を引いたのではないだろうか。この東西合同以後の時期に東ベルリンをテーマにした映画があれだけたくさん作られたという事実は、「オスタルギー」の問題が、ドイツのローカルな問題であることをこえて、映画作品と人々の都市の記憶の関係についての様々な可能性を追求しようとしていた多くの映画製作者の目を引き、それがまた観客にも受けとめられたということを意味しているのではないだろうか。

そこでここではまず、映画の話にはいるまえに、オスタルギーのこのようなあり方を典型的に示しているひとつの事例を紹介することからはじめよう。「アンペルマン」と呼ばれるキャラクターの例である。「アンペルマン（Ampelmann ないしは Ampelmänchen）」は「信号機おじさん」というくらいの意味だが、簡単に言うと、東ドイツの歩行者用交通信号機で、青の「進め」と赤の「止まれ」に使われていた絵柄である。歩行者用信号機で使われている絵柄は、よくみれば各国ごとにデザインが多少は違うのだが、あまり特色のない似たり寄ったりの感じで、一般的にはさほど印象に残るようなものではない。ところが東独で使われていたのはかなりユニークなもので、山高帽をかぶった小太りの紳士と思しき人が青信号では手を前後に振ってさっそうと歩いており、赤信号ではこちらに向かって両手を広げて制止するジェスチャーをみせているのである。東西統合にともなって、信号機の規格も「西」に合わせられることになったため、この愛嬌のあるキャラクターが姿を消し、次々と「西」の無味乾燥な図柄に置き換わってゆくという事態が「東」の人々のノスタルジーを刺激し、それが保存運動としてブレイクしたのである。だが、そのあたりの経緯をよくみてみると、これが純粋に「東」の人々の中での動きであったというわけではないことがわかる。

『アンペルマンの本（Das Buch vom Ampelmänchen）』（Heckhausen 1997）と題された一冊の本が、一九九七年に刊行されている。消えようとしている東独の「アンペルマン」の価値に対する再認識を求める方向性の本なのだが、各国の信号機の図柄を比較した図版を掲載し、東独のデザインのユニークさを際立たせている一方で、このデザインの産みの親であるカール・ペグラウ（Karl Peglau, 1927–2009）や映像作家のフリートリヒ・ロホフ（Friedrich Rochow, 1938–）が執筆しており、東独でこのアンペルマンが編み出され、親しまれてきた経緯を明らかにしている。それによれば、ペグラウは交通心理学者で、ベルリンの交通整備計画の委員会から委嘱されて、心理学的見地から歩行者を安全へと導くにふさわしい信号機のデザインとしてこれを考案したのだが、やがてこれは単なる信号機のサイン以上のものになっていった。子どものための交通マナーの教育の場で、赤、青ふ

カール・マルクス通りでみかけた信号機。手前は東独仕様の「アンペルマン」のものだが、奥の方は西独仕様の「普通の」信号機になっていた（2001年）。その後、かなり置き換えが進み、「アンペルマン」が各所で復活したようである。

たりのアンペルマンがペアになって、危険なことや推奨すべきことを子どもに体得させるなどの働きをするようになった。東独の子ども向けアニメ番組《ザントマン》にも、《交通羅針盤(Verkehrskompass)》という五分間のコーナーが設けられたが、その制作を担当したのがロホフであった。二人のアンペルマンはその主人公としても活躍した。《ザントマン》自体も子どもに大人気の番組であり、オスタルギーのコンテクストでよく言及されるが、そのことが示すように、東独で育った人々の記憶の中では、アンペルマンの存在は欠くことのできない大きな位置を占めていたのである。

だが、おもしろいのは、この『アンペルマンの本』の編者になっているマルクス・ヘックハウゼンという人物が、「西」で活躍していたデザイナーだったということだ。失われゆく「東」の信号機のデザインに関心をいだいた彼は、使われなくなった信号機を使って照明器具を作ろうと考え、それを集めている過程でペグラウらと知り合い、それが「アンペルマン救出運動」へと発展していったというのである。そういう経緯もあり、アンペルマンをあしらったTシャツ、マグカップ、ステッカー等々のグッズがいろいろ作られ、それが「東」の市民のみならず、観光客などにも大人気になっていった（かくいう筆者も、一九九八年にベルリンに滞在した折にこの話を知り、Tシャツなどを買って帰った一人である）。その甲斐あってか、消えかかっていたアンペルマンのデザインがベルリン市内の信号機で次々と復活することになったばかりか、旧「西」地域にあるいくつかの都市でもこのデザインが採用されるようになったり、「アンペルフラウ」と名付けられた女性など、変形ヴァージョンがいろいろ出てきたりと、狭義の「オスタルギー」の枠をはるかにこえた多様な展開を

1

2

am 13. Oktober 1961 als Fußgänger-Ampelsymbole in Berlin, Hauptstadt der DDR, ins offizielle Leben gerufen und feiern somit in diesem Jahr ihren 36. Geburtstag.

Wenn die Ampelmännchen heute auch mehr als Symbole gegen unvernünftige Nach-Wende-Abwicklungsmentalität zu brauchbaren Kultfiguren stilisiert werden, so waren sie ursprünglich – und bleiben hoffentlich weiterhin – Figuren der Straße, nämlich psychologisch bedachte Symbole zur Verhaltensregelung der Fußgänger im Straßenverkehr.

Es gibt meines Erachtens keine Gründe, die Symbole aus ihren angestammten Plätzen in den neuen Bundesländern zu vertreiben. Aber es gibt viele gute Gründe, sie auch in den alten Bundesländern einzuführen und, da gerade die Diskussion um einheitliche Symbole für Europa läuft, diese Ampelmännchen europaweit zu empfehlen.

Bei ihrer Entstehung waren die Ampelmännchen verpackt und integriert in ein ganzes Paket von neuen Ampelvorschlägen, die ich im Interesse der Verkehrssicherheit und Verkehrsflüssigkeit machte.

Es waren zunächst auch gar nicht die Ampelmännchen, sondern die neue Ampel für den Kraftverkehr, die das öffentliche Interesse besonders bewegte. Die alte, seit den 30er Jahren im Berliner Stadtbild übliche Ampel mit ihren übereinan

『アンペルマンの本』(Heckhausen 1997)より
1表紙
2アンペルマンのデザインを考案したペグラウの回顧談も
3各国で使われている信号機デザインの比較より。意外に微細な差があっておもしろいが、やはり東独のもの（左端）は群を抜いてユニークである。

3
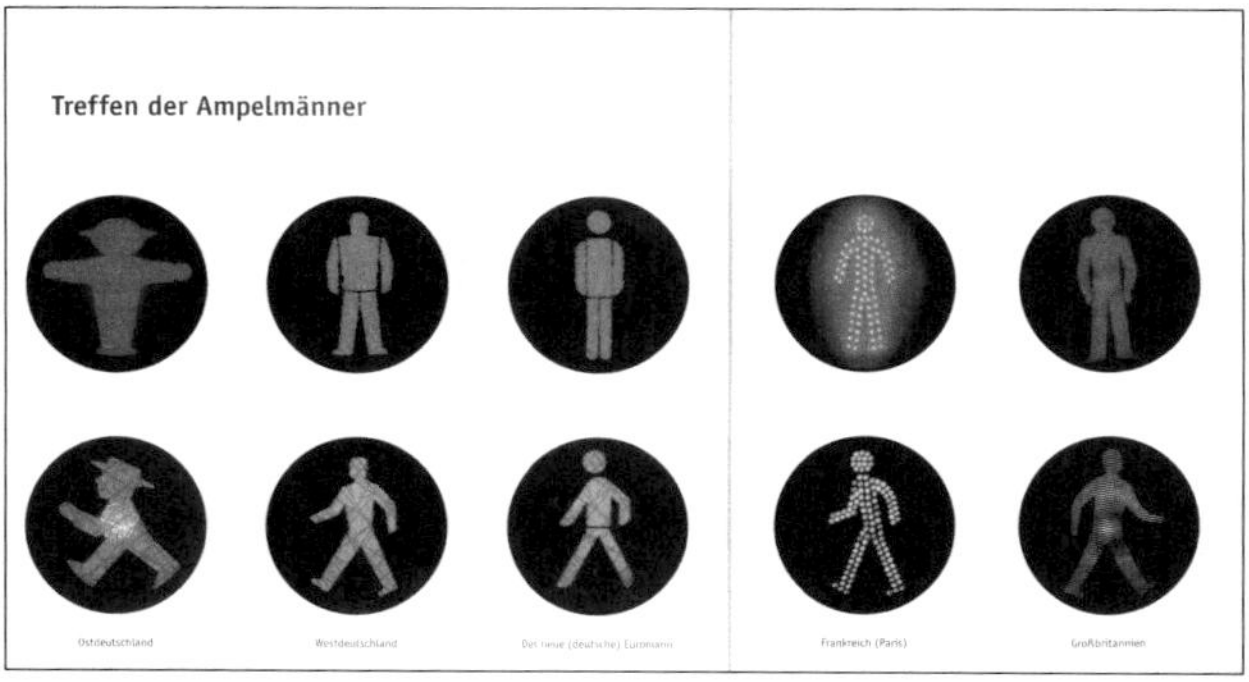

示すようになっている。

この間にヘックハウゼンは、その名も「アンペルマン」という会社を立ち上げ、アンペルマン・グッズを世界的に広めていった。このデザインの産みの親だったペグラウも、二〇〇九年に亡くなるまで、デザイナーとしてここで仕事をしていたという（Ampelmann GmbH 2015）。現在は閉店してしまったが、日本にも「アンペルマン日本」という関連会社が作られ、それらのグッズが売られていたから、今もときどき、アンペルマンをあしらったカバンやバッグをもっている学生などにお目にかかることがある。もはやその歴史的由来も知らずに、単に「可愛らしいキャラクター」として使われていることも多いようだ。「救出運動」のさなかのベルリンでこれを知った筆者などからすると、もはや「東」の人々の記憶とは無縁の世界になってしまったと感じられたりもするのだが、そんなことを言い出せば、「東」時代のドイツなど全く行ったこともなかった筆者だって、「東」の人から見れば同じようにみえるわけで、要するに程度の差という話だろう。ただ、絶滅の淵にあったアンペルマンが陽の目を浴びるようになるに際して、ペグラウなどの純粋な「東」の人々だけでなく、ヘックハウゼンをはじめとする「西」の人の視点やアイデアが関わったりしたことが大きなポイントになったことは間違いない。そのことは、ノスタルジーという現象がそれなりに大きな力を発揮するということは、過去にそれを体験し、記憶している人だけにとどまらず、その外側からおもしろがって参与してくるような人々の関与が不可欠だということを示しているのではないだろうか。もちろん、元のコンテクストから離れて、あらぬ方向へと展開してしまうような部分もあるかもしれないのだが、元のものが孕んでいた別の可能性が見出されたり、他の展開の方向性がみえ

ベルリンのウンター・デン・リンデンに開店したアンペルマン・グッズ専門店

ベルリン市内にはアンペルマンのリアル（？）像まで出現

てきたりと、外からの別の想像力が関わり、いろいろな広がりがもたらさせることがノスタルジーの大きな力の源となっている、「アンペルマン」のケースは、そういうことを感じさせてくれるのである。

3　オスタルギー映画としての《グッバイ、レーニン！》

ベルリンと映画というテーマで語るべきことは多い。というより、あまりにも多すぎて本の一章におさまるようなものではないと言うべきであろう。

映画というメディアとベルリンとの関わりの歴史は深く、また長い。「モダン文化」の嵐が世界的に吹き荒れた両大戦間、一九二〇年代の時期に、それを牽引する役割を果たしたのがベルリンであったことは、今さら言うまでもないだろう。言い換えればこの時期は、歴史の荒波にさらされてさまざまな運命をたどってきたこの都市がその力を最も端的に発揮した「黄金期」だったのだが、この時期はまた、映画がひとつのジャンルとして確立されてきた時期でもあった。商業化への道を歩み出し、それなりの蓄積が作られつつあった一方で、文化の型としてはまだ十分に確立しておらず、そういう型にとらわれないような破天荒な実験的試みが行われたりもしていた、ある意味で一番おもしろい時期であった。

《ベルリン大都会交響楽（Berlin: Die Sinfonie der Großstadt）》（ワルター・ルットマン監督 1927）は、アンハルト駅（ベルリン空襲で破壊され、今は廃墟状態で保存されている、あの駅である）に列車が到着し、通勤の人々が大量に吐き出されてくるシーンからはじまる。世界の最先端をいっていた、この時期のベルリンという都市の状況を伝えるドキュメンタリー的な存在として位置づけられることが多いが、実験映画のパイオニアとしてのルットマンの来歴を考えれば、いちはやく都市という存在に着目し、ドキュメンタリー的な手法でこの得体の知れないものに分け入ってその深部をえぐりだそうとしたこの映画のあり方自体が、映画というジャンルの最先端的な性格を示すものでもあったともいえる。それは映画の可能性の発見であると同時に、都市の可能性の発見でもあり、ベルリンという場がまさにそれに相応しい場として選ばれたのである。

都市小説のはしりとも言われるアルフレート・デーブリーンの原作を映画化し、アレクサンダー広場周辺の下層社会の状況を描き出した《ベルリン・アレクサンダー広場》（フィル・ユッツィ監督1931）にせよ、エーリッヒ・ケストナーの原作をもとに、子供たちがベルリンの街中を縦横無尽に走り回る光景を現出させた《エミールと探偵たち》（1931）にせよ、[1] それぞれ性格や手法は違うが、都市と映画の関係の孕んでいる多様な可能性を開拓してきた歴史とみることができるだろう。

それ以来、一〇〇年近くにわたり、ベルリンという都市の展開は、つねに映画というメディアに寄り添う形で行われてきたから、そこに作られてきた映画の伝統には実に大きなものがある。作られた映画の数の多さもさることながら、ベルリンと映画を題材にした研究やエッセイも半端な量ではなく、近頃はやりの「ロケ地巡り」的な本だけ取り上げても、あっという間に片手が一杯になってしまうくらいは出ている（Aggio 2007, Münch 2007, Schubert & Bernschein 2007, Ingram 2012, Wildt 2016）。この本の一章にとてもおさまるような話ではないという所以である。ここではとりあえず、本格的なベルリン映画論は棚上げとし、本章のテーマである、東西統合後のベルリンという都市の記憶のあり方に直接関わる部分、中でも「オスタルギー」に関わる映画に限定して話を進めてゆくことにしたい。

この時期の映画には東ドイツがらみで作られたものが相当数あるが、その中で、明確にオスタルギー的な方向性を孕んでいる典型的な作品として必ず名前があがるものといえば、《太陽通り(Sonnenallee)》(レアンダー・ハウスマン監督 1999)、《室内用噴水(Zimmerspringbrunnen)》(ペーター・ティム監督 2001)、《グッバイ、レーニン！(Good Bye Lenin!)》(ウォルフガング・ベッカー監督 2003)といったあたりであろうか。

《太陽通り》は、実在する通りの名前なのだが、この通りはもともとひとつの通りだったものが、「壁」で東と西に分断されてしまい、東の端のごく一部分だけが東ベルリンの所管となった。(2)《太陽通り》では、この通りに住み、複雑な思いを胸に抱きながら、しかしそれなりに若者文化を満喫していた「東」の若者たちの姿が描かれている。「西」からのステレオタイプ的な「東」の捉え方ではなかなかうかがい知れなかったような「東」の生きた日常生活への回顧のまなざしは、まさにオスタルギーそのものであろう。

《室内用噴水》は、室内に置く観賞用の噴水のことであるが、この映画では、失業してしまった旧「東」出身の男がこの室内用噴水のセールスマンになり、「東」の象徴だったテレビ塔をあしらった新しいモデルの商品を考案したところ、それが「東」出身者に大受けしたという話である。こちらの場合には、東出身者の中に生じているオスタルギー的な状況自体をテーマにした作品という

1989年以降のベルリンを舞台にした映画リスト（1）

制作年	タイトル （日本語訳題）	監督
1991	Ostkreuz	Michael Klier
1993	In weiter Ferne, so Nah! （時の翼にのって）	Wim Wenders
1994	Das Versprechen （ベルリン それぞれの季節）	Margarethe von Trotta
1996	Das Leben ist eine Baustelle	Wolfgang Becker
1996	Nur aus Liebe	Denis Satin
1998	Solo für Klarinette （噛み切りアンナ）	Nico Hofmann
1998	Nachtgestalten	Andreas Dresen
1998	Lola rennt （ラン・ローラ・ラン）	Tom Tykwer
1998	Sonnenallee	Leander Haussmann
1999	Die Unberührbare （壁のあと）	Oskar Roehler
2000	Berlin is in Germany	Hannes Stöhr
2001	Was tun, wenn's brennt? （レボリューション6）	Gregor Schnitzler
2001	Der Zimmerspringbrunnen	Peter Timm
2001	Emil und die Detektive （エーミールと探偵たち）	Franziska Buch
2001	Der Tunnel （トンネル）	Roland Suso Richter
2002	Der Alte Affe Angst	Oskar Roehler

1989年以降のベルリンを舞台にした映画リスト(2)

制作年	タイトル (日本語訳題)	監督
2003	Good Bye, Lenin! (グッバイ、レーニン!)	Wolfgang Becker
2003	Rosenstraße (ローゼンシュトラッセ)	Margarethe von Trotta
2003	Herr Lehmann	Leander Haussmann
2004	The Bourne Supremacy (ボーン・スプレマシー)	Paul Greengrass
2004	Die fetten Jahre sind vorbei (ベルリン、僕らの革命)	Hans Weingartner
2004	Alles auf Zucker!	Dani Levy
2006	Das Leben der Anderen (善き人のためのソナタ)	Florian Henckel von Donnersmarck
2007	Das Inferno – Flammen über Berlin (タワーリング・インフェルノ '08)	Rainer Matsutani
2008	Berlin Calling	Hannes Stöhr
2010	Wir sind die Nacht	Dennis Gansel
2010	Drei	Tom Tykwer
2011	Unknown (アンノウン)	Jaume Collet-Serra
2011	Wer ist Hanna? (ハンナ)	Joe Wright
2012	Oh Boy (コーヒーをめぐる冒険)	Jan Ole Gerster
2012	Barbara (東ベルリンから来た女)	Christian Petzold
2015	Victoria (ヴィクトリア)	Sebastian Shipper

ことになろうか。

これらの作品がどちらかというと旧「東」時代の文化をよく知った者の中での内輪受け的な性格が強く、国際的な広がりなどもさほどなかったのに対し、《グッバイ、レーニン！》の方は、もう少し射程の広い作品で、その人気も世界的な広がりをもつにいたった。日本でも公開されて『キネマ旬報』でも特集記事として取り上げるくらい話題になり、日本版のＤＶＤも発売された。その広がりをみると、このオスタルギーという現象が、決して「東」の人の間だけにとどまるのではなく、それをこえた広がりをもっており、むしろその過程で新たな性格を付与されることで成り立っている部分が大きいということが実感されるのである。以下具体的にみてみることにしよう（本作の脚本は、Toteberg 2003 に掲載されている）。

いまさら説明の必要もないかもしれないのだが、《グッバイ、レーニン！》は、「東」に忠誠を尽くしていた母親が「壁」の解放直前に病気で倒れ、意識を失っている間に東西統合で事実上国自体が消えてしまうという状況になったため、この母親にショックを与えないために、まだ「東」が存続しているかのようにみせようと努力する親孝行な息子アレックスを主人公とする物語である。街中がどんどん「西」の色に染まってゆく中で、母親が暮らす病室の周辺だけは「東」の時代のままに保っておこうと涙ぐましい努力を続けることになるのだが、時がたてばたつほどほころびが大きくなってきて、それを繕おうとすればするほど、どんどん嘘が大がかりになってゆく。最後には「東」が西からの亡命者たちを受け入れて併合したという嘘のテレビ・ニュース番組まで作ってみせるようになるのだが（これこそまさに文字通りの「フェイク・ニュース」である）、そうした様子を半ばコミカルに描き出している。

たしかにこの映画からは、「オスタルギー」の強烈な香りが漂ってくる。ストーリーもさることながら、時代考証などのディテールが実に凝っている。シュプレーヴァルト・グルケンというピクルスやモカフィックス・ゴールドというインスタント・コーヒーなど、「東」の人々が日常親しんでいながら、「壁」の崩壊とともに消えてしまっていた商品などが次々と投入される。「そういえば、そんなのがあったね」という感じで、「東」の人々が昔を懐かしみ、盛り上がっている様子が目に浮かぶようである。

商品だけではない。母親の誕生日を祝う場面では、ピオニール団(3)という東独時代の少年団組織のメンバーを装った子供たち（実際は、ピオニールには縁もゆかりもない「西」の子どもにアレックスが小遣いを渡して演じてもらっていたのだが）が呼ばれて《わが故郷（Unsre Heimat）》という曲を歌うが、これはまさに、東ドイツのピオニール団で歌われた代表的なレパートリーであった。ふるさとの自然をたたえ、人民のものであるこの自然を守ってゆくことの大切さを訴えるこの歌は、日本で言えば、あの「兎追いしかの山」という歌詞で始まる《故郷》にあたるような愛唱歌であったから、これまた

ドイツで発売された映画《グッバイ、レーニン！》のDVDパッケージの見開き部分のデザイン。映画中のシーンに加え、アレクサンダー広場の「世界時計」やカール・マルクス通りをあしらった東独時代の絵葉書などが混ぜ込まれている。

「東」の人々の琴線に触れる仕掛けとして実に有効であった。

さらに念が入っているのは、教師であったこの母親が子どもに合唱の指導をしていたという設定になっていることで、この映画のはじめの方では、母親がこの歌を子供たちに歌わせている回想シーンが、いわばその伏線をなすような形で出てきているのだが、この場面が撮影されたロケ地の選択が実に凝っている。独特の形をした噴水の前で歌っているのだが、その背景に「ピオニール宮殿(Pionierpalast)」の建物がみえる。ヴールハイデ（Wuhlheide）というところにあったものだが、この一帯は「東」時代には、「エルンスト・テールマン記念ピオニール公園」という大きな公園になっており（テールマンはワイマール共和国時代のドイツ共産党の政治家）、子どものための施設が集められて、子供の「聖地」となっていた。「ピオニール宮殿」は、さしずめ、「共和国宮殿（Palast der Republik）」のジュニア版のようなもので、子ども用とは思われないような豪華な仕様で作られていた。さらにもうひとつ付け加えておくと、この噴水のところでの合唱シーンの直前には、やはり回想シーンのような形で、子ども時代のアレックスが母と一緒に列車に乗っている場面が置かれているのだが、この鉄道がまた、このピオニール公園の中に作られていた「ピオニール鉄道(Pioniereisenbahn)」なるもので、列車の運転から駅の運営まで子供たちが行っているという、いわくつきのものだった[4]。

もちろんここに出てくるものは、それぞれが「東」の人にとって懐かしいものであることはたしかなのだが、単にそういうものが次々と並べられたということをこえて、それらが絡み合うことで「東」の時代の空気感のようなものが見事に再現されてゆくことが感じられる。非常に興味深いの

1

2

3

《グッバイ、レーニン！》でピオニール団の合唱シーンが撮影された場所は、東独の子供たちにとっていわば「聖地」であったヴールハイデであった。1は本編シーン、2はメイキング・ビデオ、また3は東独時代の宣伝フィルムからのワンシーンである。この東独時代の映像の方も、ドイツで発売されたDVDに特典映像として収録されており、「西」出身のベッカー監督は、これらの映像をみてこのヴールハイデという場所が東独の人々の生活感情に密接に結びついていることを理解し、この場所をロケ地に選んだようである。

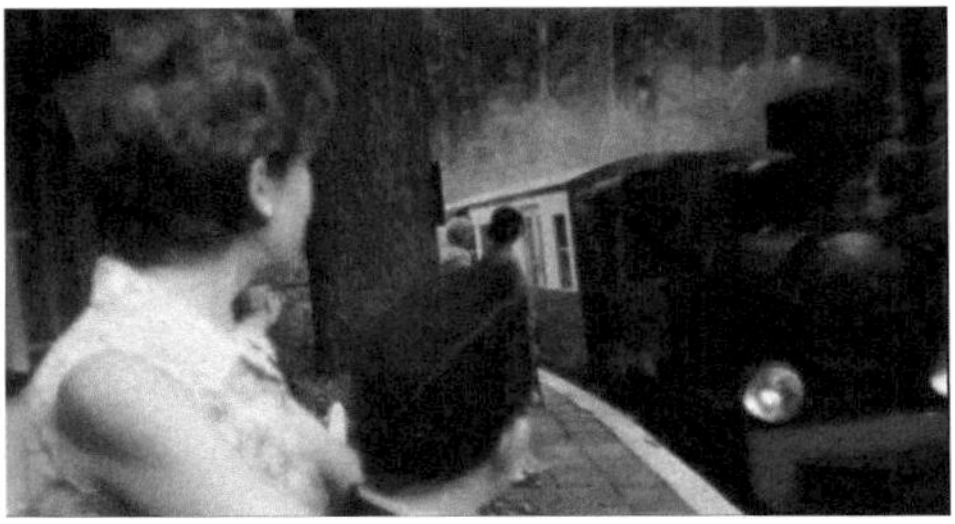

アレックスの幼時の回想シーンで出てくる「ピオニール鉄道」もまた、東ベルリンの子供たちの記憶にとって欠かせないアイテムであった。上は映画のシーンより、右は東独時代に作られたガイド写真集（Weise 1977）に掲載されているもの。

アレックスが母親にみせた「フェイクニュース」のワンシーン。「壁」の解放とともに東から西へと押し寄せる人々の様子を映した実写映像に、西側の資本主義体制の歪みに耐えられなくなった人々が理想的な暮らしを求めて「東」へと殺到してくる様子であるという旨のナレーションをつけている。

は、監督のウォルフガング・ベッカーは「東」ではなく「西」の出身であるということだ。ドイツ版ＤＶＤには、この映画の制作関係者が完成にいたるまでのことをいろいろ語っている特典映像が収録されているが、《あのときはまさしくこんなだった（Genau so war's）》というタイトルが示すように、その時代の空気をどう再現するかということにどれだけ腐心したかという話が中心的なテーマになっている。この映画のためのアーカイブの責任者であったミヒャエル・コンスタベルがそこで語っているところによると、「西」出身であったベッカー監督は、東ドイツについて知るために、脚本に全く関係ないものも含め、当時の写真や映像などを手当たり次第に集めて研究したようである。人々の服装はどんなであったのか、この国で学校にいくというのはどういうことであったかなど等々、つまりは、この「東」で暮らすということに関わる生活感覚（Lebensgefühl）を知るということこそが重要だったと、コンスタベルは言っている。たしかにこの特典映像の中にも、映画本編には出てこないような素材がいろいろ散りばめられており、そういうものを数多く見ているうちに、「東」に暮らしたことのない筆者でも、少しずつその空気感や感覚がわかってくるような気がするのである。その意味で、このような形で空気感を再構成することは、単に「東」の人の懐かしさを誘うことをこえて、そうでない人がこの「異文化」を体で習得してゆくことを通して、いわばそのようなあり方を外からおもしろがる、というような新たな方向の展開につながってゆくように思われる。そしてこのことが、前節でも述べたような、オスタルギー的な方向性が、実際に「東」で生活していた人々が昔を懐かしむということをこえた広がりをもっていたという話ともつながってくるのである。

オスタルギーのそのような広がりということに関して、もうひとつ重要なポイントになっているのが、主人公アレックスが延々と母を騙し続ける中で、彼にとってのその壮大な嘘の位置付けが変わってくることである。嘘がだんだん壮大になり、アレックスは職場の友人デニスに協力してもらって、母に見せるための「フェイク・ニュース」を手がけるようになる。(5) 映画の中盤、「東」から出てゆく人々の群れを捉えた映像を、「西」から「東」に入ってくる人々と偽り、矛盾や問題点に満ちている資本主義に背を向けた人々が、労働者と農民の国である東ドイツで新たなスタートを切ろうとしていると説明している「フェイク・ニュース」を母に見せているくだりがある。ここでアレックスのナレーションがはいり、「僕が母のために作っていた東ドイツがどんどん、おそらく僕自身が欲していたような東ドイツになってきてしまったのだ」と述べる。言い換えれば、自分たちの作っていた「フェイク・ニュース」が実は、自分自身が求めていた東ドイツの理想像であるということがわかってきたということである。もちろん、実際にはこの理想的な東ドイツ表象は、現実の東ドイツとは全く違うものであることは当然わかっているわけだが、それが単なる嘘であることをやめ、もしかしたらありえたかもしれないもう一つの東ドイツの可能性として、アレックスの記憶の一端を占めるものとして位置づけられるようになる。そしてそれが映画というメディアにのせられ、ひとつの具体的な姿として提示されることによって、人々の集合的な記憶として定着することに一役買うことになるのである。

こうなってくるとおそらく、このような東ドイツ像に反応するのは、実は「東」で暮らし、その欠点や問題点をいろいろ知り尽くしている現地の人々であるよりは、むしろ東ドイツとは縁のない西の人であったり、場合によっては日本人など、ドイツとすら縁のない人であったりするということにもなってくるのではないだろうか。この東ドイツの理想像は、さまざまな環境の人々が、自分自身が暮らす社会に対してもっている不満や渇望を吸収し、引きつけてゆく力になってゆく。もちろん、ここで提示されている東ドイツ像は、問題点には目をつぶり、良いところばかりをつなぎ合わせたような、言ってみればきわめてご都合主義的、一面的な東ドイツ像であるわけだが、それがある一面を言い当てていることもまたたしかであり、そういう外の人々は、なまじ現実の東ドイツを知らない分だけ、そこに現れ出てくる理想化されたあり方に対する想像力を思う存分働かせて、そこにある種の思い入れをもつようになることも容易であるように思われるのである。これはもちろん、映画に固有の話というわけではない。前節で取り上げた「アンペルマン」の例などにも似たようなところがあるわけだが、人々がそのような形で想像力を飛翔させる上で、映画のようなメディアは格好の媒体となるのである。

こうなってくると、ことは東ドイツやオスタルギーに固有の問題というよりは、ノスタルジー現象一般の問題にもつながってくるように思われる。筆者が《グッバイ、レーニン！》をみて真っ先に感じたのが、やはり同時期に日本で大ヒットした《ALWAYS 三丁目の夕日》（山崎貴監督 2005）のケースとかなり良く似ているということであった。この映画もまた、「昭和ノスタルジー」の動きを体現するものだったが、昭和三〇年前後の商品にこだわっていろいろ集めて使ったり、当時の写真を集めて、それをもとに街の様子をＣＧで忠実に再現したりと、徹底した考証を行う山崎監督の姿勢は、《グッバイ、レーニン！》のベッカー監督とかなり通じるところがある。ベッカー監督が「東」の出身ではなかったのと同じように、一九六四年生まれの山崎監督にとって、この昭和三〇年代は自らが体験していない、いわば「歴史上」の時代であった。たしかに、その時代を知らない監督によるこの徹底した考証の力は、一方では、筆者のようにこの時代を自身で体験している人間を引きつけ、懐かしがらせる面はあっただろうが、その人々はまた、そこに描かれていない「負」の側面（睡眠中にいかに多くの蚊に悩まされたか、汲み取り式のトイレがいかに臭かったか等々、挙げればいくらでも思いつきそうである）も知っている。この映画に両手をあげて反応し、「昭和ノスタルジー」ブームを盛り上げたのはむしろ、この時代を自分では体験していない若者であった。よく言われるのは、バブル崩壊以降の、明るい未来像を描けなくなった若者たち、いろいろな意味でバランスが崩れ、閉塞した今の世の中に希望をもてないそういう若者たちが、「あの時代はよかった」という感じで、今は失われてしまったものに思い入れを託する、そんな状況になっているのではないか、というようなことである。《グッバイ、レーニン！》の理想的な東ドイツ像同様、《ALWAYS 三丁目の夕日》に描かれている昭和三〇年代像もまた、ありえないほど理想化された一面的なものだが、そうであるからこそむしろ、同時代者以上に、その時代を知らない人々を引きつける力を発揮できたのではないか。そのようにも思われるのである。

ことの良し悪しは別として、《グッバイ、レーニン！》という映画は、「オスタルギー」が単なる「東」の生活を経験した人たちの中での動きであることをこえて、東ドイツや東ベルリンに関わる集合的記憶が世界的な広がりの中で作り出されてゆくことに貢献することになった。次節では、それがベルリンという都市の具体的な場所との関わりでどのように展開していったのかということについて、カール・マルクス通りという場所に焦点をあてて考えてみることにしよう。

4　カール・マルクス通りという「記憶の場」

東ドイツの時代に関わる「記憶の場」として、まず挙げられる場所のひとつに、カール・マルクス通り（Karl-Marx-Allee）という名の通りがある（後述するように、当初は「スターリン通り」という名称であったが、後にスターリンの名誉剥奪とともにカール・マルクス通りと改名された）。旧東ベルリンを象徴する通りだったと言っても良い。旧「東」市街の中心のひとつであったアレクサンダー広場から東に向かって延びる幅九〇メーターの大通りで、東端のワルシャワ通りとの交差点まで二・二キロメーターにわたって続いている。その両側には、新古典主義的なスターリン様式のアパートメントが立ち並び、豪壮な外観を形作った。とりわけ、計画の第一期の段階で作られた、シュトラウスベルク広場からワルシャワ通りとの交差点（フランクフルト門）までの部分に建てられた建物は細部にいたるまで凝った装飾が施されており、外壁を飾る陶板などにも金に糸目をつけずに高価なものを使っている。東西統合後、文化財として保存するための修復作業に際して、厖大な金額がかかってしまうので大問題になっているという話があるほどである(6)。

新たに一つの国家を形作ることになった東ドイツ政府がその威信をかけて作り上げたものだったから、その意味では「外向け」の象徴であり、庶民の生活の場という意味での「東らしい」場所というわけではなかった。しかし、軍事パレードをはじめ、国家的な行事では何かとこの場所が使われることが多く、「東」時代のニュース映像などをみるとしばしば登場する、市民にとっても馴染み深い場所であったことはたしかである。

景観を形作る象徴性にも事欠かない。通りの東端にあたるワルシャワ通りとの交差点に位置する両側の建物には、大きなドームのついた高い塔が設置され、「フランクフルト門」と呼ばれたが、このデザインは、ジャンダルメンマルクト広場の両側に双子のようにならびたっていた「ドイツドーム」「フランスドーム」のデザインを明らかに意識していた。かつて「ヨーロッパで最も美しい広場」と呼ばれたこの広場が戦災で破壊されたことを受け、これに代わる新たなベルリンの象徴としての意味合いが込められていたことは間違いない（ジャンダルメンマルクトの修復がはじまるのは一九七〇年代後半になってからのことであり、それまで長いこと廃墟のような状態のまま放置されていたのである）。一方、第一期区間の西端に位置するシュトラウスベルク広場では、ただでさえ広い道路の中央に大きなロータリーが設けられ、それを迂回するために道路はさらに大きな弧を描いていた。広場を取り囲む四隅の建物は、ひときわ高い塔屋風の部分を伴う形で設計され、そのひとつである「ハウス・ベルリン」の上階には、眺望の良いワインレストランや、バー、ダンスホールなどが設置されていた。一九六〇年代後半にはいり、アレクサンダー広場との間の第二期区間の整備が進むと、シュトラウスベルク広場のロータリー部分には大きな噴水が設置され、夜には七色の照明によるライトアップが行わるようになった。また、この時期になると、これまた東ベルリンの象徴的な存在として建設されたテレビ塔が、ちょうどこの通りから西に向かってアレクサンダー広場方面を望むと、ほぼ正面に位置する形になった。このような仕掛けを通してこの通りの風景は、「東」

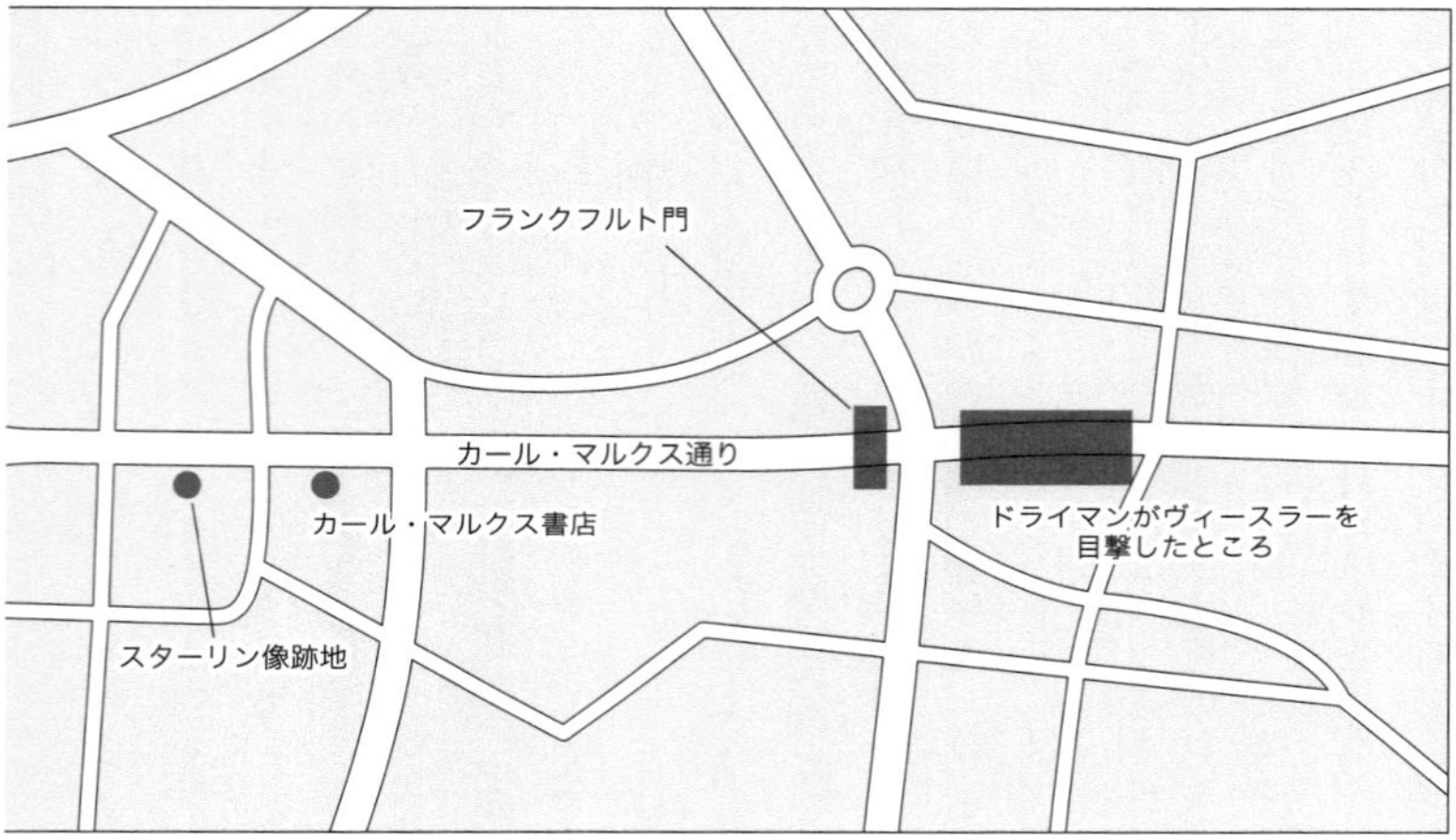

落成まもない頃のスターリン通り（現在のカール・マルクス通り）。道の両側にそびえる塔がフランクフルト門。1994年に行われた展覧会《スターリン通り：建築と日常生活》の絵葉書のパッケージより。

カール・マルクス通りの景観（第一期完成部分）

カール・マルクス通りと「記憶の場」

シュトラウスベルク広場

カール・マルクス通り（スターリン通り）をめぐる最近の出版物など。建築書が多いが、一般向けのガイドブックなども出ている。

で暮らした人々には、特別な意味合いを帯びたものとして記憶されることになったのである。

外見だけではなかった。当時のニュース映像や写真集をみると、この通りの両側に新たに建築されたアパートメントの室内の様子が大々的に紹介されており、その設備の斬新さが誇らしげに示されている。集中暖房や室内電話、オートロック、さらには部屋からゴミを捨てると地下にある焼却炉につながっていて自動的に処理される設備等々、当時の住宅では考えられなかったような最先端技術が投入されていたようである。一九五二年刊行の《スターリン通り（Die Stalinallee）》（Buhlmann 1953）という大判の写真集には、これらの設備の紹介ページに「夢が現実になる（Traum wird Wirklichkeit）」というキャッチコピーがつけられており、屋内の写真に加え、通り沿いにオープンした新たなカフェやレストランで家族がくつろぐ写真なども入れて、新たなライフスタイルの誕生を告げるかのようなイメージを提供している。

もちろんこれが社会主義のプロパガンダであったことは間違いない。最初のページには「この一九五二ベルリン建設国家プログラムに向けた人民の運動とともに、わが国の解放のたたかいの歴

スターリン通り完成記念に作られた大判の写真集（Buhlman 1953）より。入居したフェンスキさん一家がここで営みはじめた「新しい、また幸福な人生の一時期」を紹介している。7人の子どもがいるフェンスキさんの一家は、以前は家が狭かったため二つのグループに分けて食事をしていたが、今は一緒に食べられるのでさらに美味しくなった、などと書かれている。

この通りの名前の由来でもあるスターリンの巨大な像は象徴的な存在であったが（上の写真はNicolaus & Obeth 1997より）、スターリンの名誉剥奪とともに撤去された。下の写真のように現在も空きスペースとなっているが、往時と比べて人影が少なくなった分だけ、歩道の広さが実感されるであろう。

スターリン通りの建設にあたって「ドイツ首都の国家的建設プログラム」への協力を呼びかけるポスター

史における新たな一章がはじまる。ドイツ人民はすべからく、自らがそこに参加できることを誇りをもって語るべし」という標語がページ一杯に掲げられており、ページをめくってもめくっても、戦災復興のための瓦礫の撤去や建設のための資材の運搬などに汗を流す「人民」の写真が次々と出てきて、これが社会主義体制の成果にほかならないということをこれでもかというほど強調している様子がわかる。その次のページには、通り沿いに建てられ、通り名の由来にもなったスターリン像の写真が、これまたページ一杯に掲載されているが、間もなくスターリンの名誉剥奪を受けて、この記念像は撤去され、通りの名も「カール・マルクス通り」へと変えられてしまうことになったのは皮肉であった。

いずれにせよ、「東」側陣営にとって、東ドイツという国、中でも東ベルリンという場所に足場をもつことの意義がとてつもなく大きかったことは間違いない。東西冷戦体制下の東西ベルリンが、両陣営の一種のショウウィンドウとして機能し、双方とも全力を投入してみずからの力をこれみよがしに誇示するための場となったことはよく知られているが、カール・マルクス通りは、まさに最先端でそのような機能を担う場となったのである。

冷戦体制が崩壊することで、そのあり方や位置づけが大きく変わったことは言うまでもなく、現在のこの通りを歩いても、人通りの少ない、むしろ寂しい通りという印象をもってしまうかもしれないのだが、その象徴的な意味合いは決して薄れているわけではない。むしろオスタルギーの流れの中で、その存在感を示し続けているばかりか、新たな広がりさえみせているように思えるくらいである。

この通りの町並みや建築物をテーマにした本が最近になってかなりたくさん出ていることについてはすでに述べたが、単に町並みや景観といったことにとどまらず、「東」の時代にこの通りがもっていた独特のステータスやそれに由来する空気感のようなものがあらためて関心を呼んでいる節もある。興味深いのが、その名もズバリ《スターリン通り》と題されたボードゲームの存在である。サイコロを振って、いろいろな指示に従いながら、この通りに沿って進んでゆくゲームで、シュトラウスベルク広場から出発し、東端のフランクフルト塔まで往復して一番はやく戻ることで、通り沿いの豪華アパートメントに入居するという「夢のような権利」が得られるという設定だが、このゲームのミソは、途中でさまざまなカードを引くようになっており、東独に関わるさまざまなクイズに答えられると自分のコマを進めることができるとか、シュタージ（国家保安省）からの命令に従うことで対戦相手にダメージを与えることができる等々、東独の生活環境を彷彿とさせるような仕掛けがいたるところに施されているところにあろう。もちろん、オスタルギーの空気の中で、この通りのかつての栄光の時代を懐かしむというコンセプトのものには違いないが、これらもまた、東の時代を知らなかった若者たちを面白がらせ、引き込んでゆくような装置として機能しているように思われる。(7)

このような状況からは、このカール・マルクス通りという場所が、単に過去の記憶を保存しているだけでなく、東西合同後の新たな状況の中で、必ずしも「東」の時代のこの場所に関わっていたわけではない人も含めた多様な人間関係の中に置かれることによって、さらに新たな記憶を積み重ね、その表象を刻々と変化させている様子をみてとることができる。そして、そのような動きにと

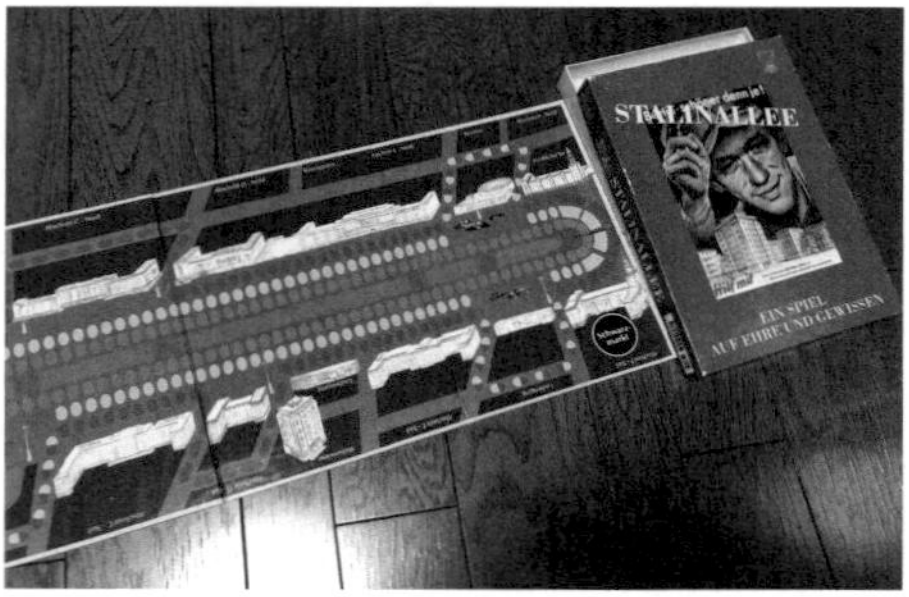

ボードゲーム《スターリン通り》

《モノポリー・ベルリン》

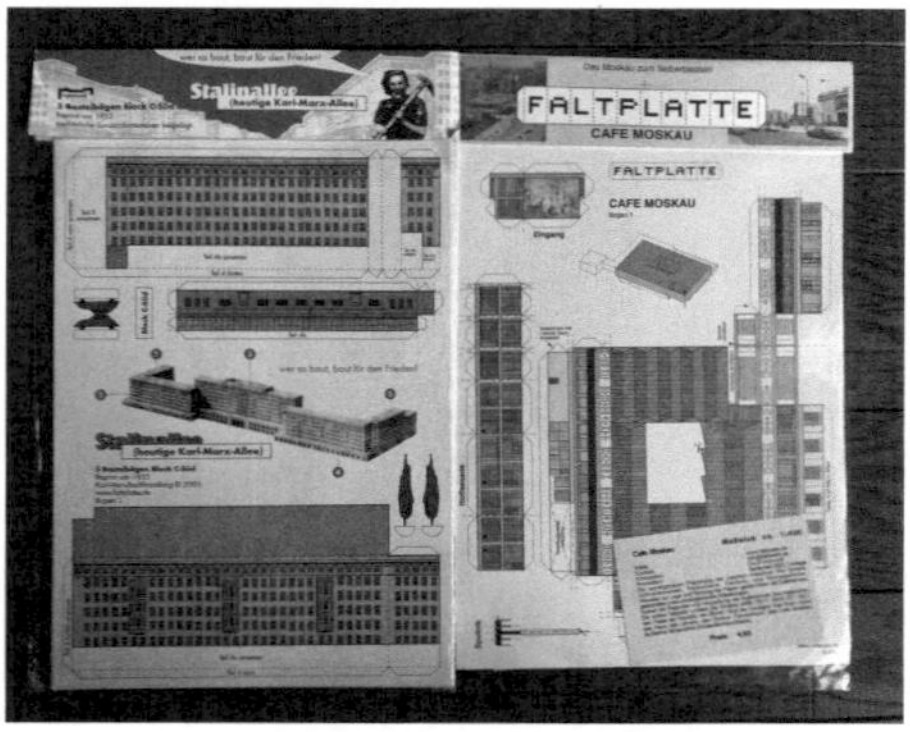

スターリン通りの紙の立体模型キットも登場(写真左)。右側にあるのはカフェ・モスクワ。

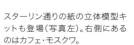

って、映画もまた、単なるフィクションであることをこえた大きな力を発揮しているのである。むしろそれらが現実を先導する形で人々の新たな記憶を作り出すようになってきているということこそ、ここで明らかにしたいことである。

すでに触れた《グッバイ、レーニン！》においても、このカール・マルクス通りは、ほとんど映画の主役に匹敵するような重要な位置を占めていると言って良い。主人公の住んでいるアパートメントとして設定されているのは、ベロリーナ通り二一番地というところで、これ自体はカール・マルクス通りに沿っているわけではなく、その一本裏の道だが、カール・マルクス通りの一番西のアレクサンダー広場寄りの部分の裏にあたるので、少し出るとテレビ塔がすぐ正面に見えるような実にすばらしいロケーションである。そして実際、作品の中ではこのロケーションの利点が存分に生かされることになるのである。

まず、ベッドに臥せっていた母が、アレックスが寝ているうちに目を覚まして部屋を抜け出し、大通りに出たところで空飛ぶレーニン像に遭遇する場面は、この映画のハイライト・シーンと呼んで間違いないが、この大通りこそまさにカール・マルクス通りである。東ドイツ時代の体制を象徴するようなこの通りが、病人が家を抜け出してちょっとふらふら歩いたくらいのところでちょうど現れるばかりでなく、このシーンの切り札として現れるレーニン像が、シュトラウスベルガー広場を背景にやってきて、テレビ塔の方に向かって飛び去って行くという、実に絵になるシーンが、まさにこのロケーションによって可能になっているのである。

この通りに関わるもう一つの重要なシーンが、軍事パレードのシーンである。東ドイツが崩壊にいたった一九八九年は、同国建国四〇周年の年でもあり、民主化を求めるデモが広がる一方で、四〇周年を祝う大パレードが企図され、ソビエト連邦改革の立役者でもあったゴルバチョフを招待して盛大に行われた。この映画の中ではその時のドキュメント映像が使われており、まさにこの通りで行われたパレードに、ゴルバチョフと当時の東独の最高責任者であったホーネッカーが並んで立ち会っているシーンが、あたかも映画の一シーンであるかのように（あるいは映画の他のシーンが現実のシーンであるかのように）現れてくるのである。この映画のドイツ版ＤＶＤの特典映像には、東ドイツのアーカイブに残っていたこのニュース映像の画質をこの映画のために撮られた他のシーンにうまく溶け込ませるためにどのようなデジタル処理をほどこしたかが解説されているが、この処理によって、この映画のために撮られた映像と当時実写されたドキュメント映像とがシームレスに接続され、このフィクションのストーリーと現実の歴史的出来事とが見事に重ね合わされている。この、ドキュメント映像を混入させるやり方はこの作品ではほかにも存分に活用されているから、もちろんカール・マルクス通りだけの話ではないのだが、少なくともこの通りが、現実のベルリンとフィクションの中のベルリンとを出会わせる装置の中で切り札的な役割を果たしていることは間違いない。

そういうつもりでみてみると、この映画の中では、カール・マルクス通りがさりげなく言及されるシーンがほかにもいろいろ設定されている。冒頭のタイトルバックからして、「東」時代の絵葉書などの写真がスライドショーのようにフラッシュバック的に現れてくるつくりなのだが、アレクサンダー広場からカール・マルクス通りへと進んでゆく動きをベースとした構成になっている（後

《グッバイ、レーニン！》より、レーニン像がシュトラウスベルク広場の方から飛んできてアレクサンダー広場の方へ飛び去って行く、この映画のハイライトともいうべき場面（上）。メーキング映像には、カール・マルクス通りで行った大規模なロケの様子が記録されている。ただし、レーニン像自体はCGで合成されたもの。この巨大な像は、元々シュトラウスベルク広場から少し北に入ったところにある、かつてレーニン広場と呼ばれていた場所に立っていた（下、写真はLindner 2007より）が、すでに1992年に撤去されていた。

《グッバイ、レーニン！》より、映画内に挿入されている当時のドキュメンタリー映像。上はカール・マルクス通りで行われた東独建国40周年を祝う軍事パレード、下は軍事パレードに立ち会うホーネッカー議長とゲストのゴルバチョフ書記長。

デニスの作ったフェイク・ニュースの画面でも、ベルリンからのニュースをそれらしくするために、背景にシュトラウスベルク広場を背景にしたカール・マルクス通りの写真が貼られている。

で触れるカフェ・モスクワの写真などもさりげなく入れてある）。他方、東西合同以後、冷遇されて荒れた生活を送っていた元校長を無理やり説得してバイクにのせて連れてくるシーンは、シュトラウスベルク広場の噴水のところでロケされている。すでに述べたように、シュトラウスベルク広場の景観は東独的な「ベルリン感」を醸し出す上では「鉄板」的な存在であり、アレックスの職場の友人デニスがアレックスの母親向けに捏造した「フェイク・ニュース」映像でも、ベルリン発のニュースが報じられる際には、背後にここの風景の画像が掲出されている。この映画は再三にわたってそのような風景に訴えることで、人々のさまざまな記憶を引き出してくることに成功しているのである。

もうひとつ付け加えておくと、母親の病床に友人たちが集まって誕生日を祝う場面でアレックスの言う、今年はカフェ・モスクワには行けなかったという台詞がある。映像としては出てこないが、このカフェ・モスクワ（レストラン・モスクワ）もカール・マルクス通り沿いの店で、これまた常に写真などで取り上げられる代表的な場所である。カフェ・モスクワという店名自体、「東」の時代の空気感を思い切り漂わせている。「東」時代のカール・マルクス通りには、「モスクワ」だけでなく、「ブダペスト」、「ワルシャワ」などの名を冠した、「東」イメージのレストランやカフェがいろいろあった。カール・マルクス通りの第二期の造成部分に属するカフェ・モスクワは一九六〇年代の開店で、当初からある「ブダペスト」、「ワルシャワ」よりは後発だったが、このカフェ・モスクワと、その向かいにある映画館キノ・インターナショナル、それにその奥にあったホテル・ベロリーナなどがおりなす景観は、第一期の区間にはないモダンなたたずまいになっており、当時作られた写真集や絵葉書には、これらを写したシーンがよく出てくる。その一枚は《グッバイ、レーニン！》冒頭のタイトルバックにも使われている。カフェ・モスクワ自体はロケ地として使われているわけではないが、「東」の時代を知る人にとっては、その名前が出てくるだけでもこのような記憶を引き出し、連想を働かせるための仕掛けとしては十分なものであったに違いない。

さらに、これは本編の映像にはないのだが、ＤＶＤの特典映像にある、この映画の制作過程で集められた東独時代のドキュメント映像の中には、アレックスが少年のころからあこがれていたという設定の、東独発の宇宙飛行士イェーンが無事帰還し、凱旋パレードで人々の歓呼にこたえるシーンがあり、これもまたカール・マルクス通りの風景が背景になっている。本編にはこの映像自体は出てこないが、アレックスの世代の少年にとっては、イェーンの名が出ればすぐに思い出されるような情景であったことだろう。イェーンはこの映画の中で鍵を握る人物の一人となってゆくわけであるが、カール・マルクス通りという媒介項が設定されていることで、多くの人の記憶の中からそのような連想までもが紡ぎ出されてくることになるのである。

カフェ・モスクワで最も話題性が大きかったのが、入り口の空間に設置されている《ソヴィエト連邦の人民たちの生活から》と題された大壁画で、当時このカフェを知る人であれば、誰もが記憶にとどめていたことであろう。

1

116 *Sehenswürdigkeiten*

Karl-Marx-Allee: Restaurant „Moskau“, Filmtheater „International“, Hotel „Berolina“

120 **„Berolina“ (120)** empor, das seinen in- und ausländischen Gästen 375 Zimmer, Gesellschafts-, Fest- und Konferenzräume bietet. Der 13geschossige Bau mit seiner blauen Keramikverkleidung entstand 1961/63 nach Plänen der Architekten Josef Kaiser und Günter Kuh-

Aus der Geschichte der Karl-Marx-Allee

Die Karl-Marx-Allee wurde auf den Trümmern der ehemaligen Großen Frankfurter Straße und der Frankfurter Allee als erste Straße Berlins in zwei Etappen neu aufgebaut. Im ersten Jahr nach der Gründung der DDR hat der III. Parteitag der SED eine Richtlinie für die künftige städtebauliche Entwicklung Berlins verabschiedet. Mit dem am 25. November 1951 vom Zentralkomitee der SED beschlossenen **Aufruf zum Nationalen Aufbauprogramm** begann eine neue Phase im Baugeschehen der Hauptstadt, das seinen Anfang an der heutigen Karl-Marx-Allee nahm. Über 45 000 Berliner folgten dem Aufruf, den Straßenzug zu enttrümmern. Der Aufbau des ersten Teils der Karl-Marx-Allee vom Strausberger Platz bis zum Frankfurter Tor begann gezielt in einer Gegend, wo sich einst Mietskaserne an Mietskaserne reihte. Die Straße erhielt eine Breite von 80 m (die „Linden“ sind nur 60 m breit). Sie ist von langgestreckten, 8- bis 10geschossigen Wohnblocks gesäumt, die als geschlossener Straßenzug wirken, aber Durchblicke in die Wohngebiete rechts und links bieten. Bekannte Architekten (Hermann Henselmann, Hanns Hopp, Richard Paulick) mit ihren Kollektiven beteiligten sich an den Entwürfen. Im Zeitraum von nur zwei Jahren wurden mit damals unzureichenden technischen Hilfsmitteln aus den in den Trümmerbergen geborgenen Ziegeln zwischen Strausberger Platz und Bersarinstraße 2 115 Wohnungen, 105 Geschäfte und soziale Einrichtungen geschaffen.

2

3

カフェ・モスクワとその向かいに立つ映画館キノ・インターナショナル、その背後にそびえるホテル・ベロリーナの「三点セット」の画像は、東独時代、カール・マルクス通りの第二期工事部分のハイライト写真として、しばしば使われた。1は筆者が入手した絵葉書だが、全く同じ写真が、《グッバイ、レーニン！》でも冒頭のタイトルバック部分でフラッシュバック的に登場するところをみると、相当に多用されたものと思われる。1979年刊行の地図付きの市内ガイド（Weise 1979）にも、全く同じアングルの手書きスケッチが掲載されている（2）。2001年に筆者が訪れた際には、カフェ・モスクワはすでに閉店し、看板も取り外されていたが、景観そのものは基本的に変わっていない（3）。ただし、かつてのホテル・ベロリーナのところにあるミッテ区の区役所の建物は、ホテル・ベロリーナの外観を模して、その後に再建されたものである。

《グッバイ、レーニン!》が「オスタルギー映画」と呼ばれる所以は、単に「東」の時代のことがテーマになっているということをこえて、この時代に東ベルリンで暮らしていた人々がもっていた空気感や生活感覚のようなものをみごとに再現していることにあると言って良い。もちろん映画自体は、そこに出てくる架空の人物たちが繰り広げる架空の出来事によって構成されているのだが、鑑賞する側の体験というレベルで考えるなら、それらが単なる絵空事にとどまることなく、そこにまとわりつくような形で引き出されてくるさまざまな記憶によって豊かな広がりをもった世界が背後に形作られ、それを登場人物たちと共有しているかのような感覚を味わうことこそが重要なのである。そして《グッバイ、レーニン!》の場合には、そのような広がりをもった世界がつくられてゆくための拠点とも言うべき重要な役割を果たしているのが、カール・マルクス通りなのである。まさにこのカール・マルクス通りという場を起点とすることで、この映画のなかに描かれている世界と、現実のベルリンがたどった歴史とが重層的に重ね合わされることになるのである。

ここまでは《グッバイ、レーニン!》という映画だけについて書いてきたが、カール・マルクス通りが登場する映画はこれだけではない。

宇宙飛行士のイェーンが無事帰還した際に行われたカール・マルクス通りでの凱旋パレードの様子(《グッバイ、レーニン!》DVD特典映像より)。アレックスの世代の若者にとってイェーンが英雄的な存在であり、ここでもまたカール・マルクス通りがその強烈な思い出をつなぐ結び目になっていることをベッカー監督はこれらの映像などを徹底的に調べ上げる中から察知したのであろう。

われわれはつい「作品中心主義」的な発想にとらわれてしまい、それぞれの作品を単体でとりあげ、作品単位で論じるような癖がついてしまっているのだが、「場所の記憶」という点で考えると、同じ場所がいろいろな作品で繰り返し使われるということの方に着目してみることが重要である。作品の全体性というようなことを一旦背後に退かせ、複数の映画で共通に取り上げられている場所のほうに焦点を合わせ、いろいろな映画作品を通してみてみることでわかってくることも多いのである。

カール・マルクス通りに関わる例ではないが、《グッバイ、レーニン!》に出てくる場所で、その点に関してておもしろいのは、アレックスとデニスがでっち上げた「フェイク・ニュース」の中に出てくるコカ・コーラのドイツ支社前からの中継映像である。コカ・コーラの宣伝垂れ幕を見つけて不審に思った母親を納得させるために、コカ・コーラはもともとは「東」で発明したものだったという話を捏造し、ニュース映像に

《グッバイ、レーニン!》より、コカコーラ社屋前からのデニスの「フェイクニュース」映像(上)と、下敷きになっている《ワン・ツー・スリー》の映像(下)。

仕立て上げたわけなのだが、この中継映像の中でコカ・コーラのドイツ支社として使われている建物(ヒルドブルクハウザー通り二二四)は、一九六一年のアメリカ映画《ワン・ツー・スリー》でやはり、コカ・コーラの西ドイツ支社として使われたものであった。こちらはビリー・ワイルダー監督の作品で、「西側」体制の権化ともいうべきアメリカから赴任してきた支社長を主人公に、東ドイツの体制や東西対立への諷刺をきかせた作品だったが、ロケに使われた建物は、一九九二年までは実際にコカ・コーラの社屋だった。《グッバイ、レーニン!》の撮影時にはすでに別の用途に転用されていたが、これを再度コカ・コーラの社屋に仕立て上げて撮影に使ったのである。《ワン・ツー・スリー》でこの建物に見覚えのある観客に対して、それを思い出させ、両者の連続性を認識させるだけでなく、元の作品にあった「東」の体制への諷刺に対するある種の意趣返し的な意味合いをも込めたとみることができるだろう。

このように複数の作品のインターテクスチュアルな関係に着目することによって、作品を単体としてみていただけでは視野に入ってこない表現が視野に入ってくることになるが、他方でこのような関係が一つの共通の場所を介した形で成り立つことによって、この流れは、この場所に対する記憶自体をも書き換えてゆくことになる。《ワン・ツー・スリー》も《グッバイ、レーニン!》も、どちらもフィクションなのだから、現実のこの建物自体は「東」への諷刺ともオスタルギーとも直接関わっているわけではないのだが、このような形で同じ場所が繰り返し使われることにより、作品内の表現がその場所自体の記憶として蓄積してゆくようなことが起こってくることになるのである。

それでは、カール・マルクス通りの場合、《グッバイ、レーニン！》以外の映画では、どのように使われてきたのであろうか。以下に、この通りが登場する映画をいくつか取り上げ、その系譜をたどってみることにしよう。

すでに述べたように、当初からこの通りは国の肝いりで作られ、その後も国家的な行事などでしばしば用いられたので、「東」に暮らした人々がこの通りを記憶に刻み込むのにもっとも力を発揮したのは、おそらくニュース映像やドキュメンタリー・フィルムであっただろうと思われるが、東ドイツ時代に作られたフィクション映画にも、この通りが使われているものがあるので、ちょっとみておくことにしよう。一九六八年に作られた《暑い夏（Heisser Sommer）》というミュージカル映画である。東独時代に作られた映画のなかで最も観客動員数の多かった映画のひとつだったようで、今でも人気があるという。夏休みにヒッチハイクの旅に出た若い女性たちのグループと若い男性たちのグループが出会うことで巻き起こされるいろいろな騒動をコメディ的に描いた作品だが、ミュージカル映画の常で、ストーリー自体は添え物で、ある意味どうでもよい。ベルリンは話の舞台でもないので、出てくる必然性はほとんどないにもかかわらず、カフェ・モスクワの屋上とシュトラウスベルク広場の噴水のところがあえて使われており、一組の若い男女がそれを背景に歌い踊る。(8)

「壁」の崩壊後に作られた映画でもカール・マルクス通りはしばしば登場するようになる。もちろん、そのすべてがこの通りの歴史が孕む象徴的な性格を利用しているというわけでは必ずしもない。《Nur aus Liebe》（1996）で展開されるカーチェイスまがいのシーンや、《Der Alte Affe Angst》（2003）で女を追いかけて車にしがみついた男がそこから振り落とされるシーンなどは、この通り

東独制作のミュージカル映画《暑い夏》より。上からカフェ・モスクワの屋上、シュトラウスベルク広場の噴水前、ユングフェルン橋。

東独時代のガイドブックに掲載されているユングフェルン橋での「やらせ」写真(Weise 1977)

がそういうシーンにうってつけの広い通りだったというような、ある種実務的な理由で使われたような部分も大きいように思われる。それでも、《Nur aus Liebe》のカーチェイス・シーンは、タクシー運転手の主人公が、ロシアから来た怪しい男を乗せたことからややこしい話に巻き込まれてしまった結果という設定になっており、「東」を象徴するこの通りの景色は、ロシアにつながる怪しさのような雰囲気を醸し出すことに貢献しているような面はあるかもしれず、その意味では後に述べる《ボーン・スプレマシー》などの流れにつながってゆくとみることもできるかもしれない。

オスタルギーという点で特筆すべきなのは、《善き人のためのソナタ》（原題《Das Leben der Anderen（他人の生活）》2006）である。これは「東」時代のシュタージ（国家保安省）での検閲、盗聴などの制度をテーマにした、きわめて重い内容の作品である。「西」に連絡をとって亡命を画策したり、情報を横流ししたりしているという容疑をかけられた劇作家ドライマンの監視を命じられた国家保安省の役人ヴィースラーが、彼らの日常を盗聴するうちに、彼らの人間性や彼らの関わる芸術作品の素晴らしさに目覚め、彼らの側にたってその行動を見逃し、擁護するようになってゆく（そしてその結果、発覚して左遷されることになるのだが）過程を描いたこの作品はもちろん全くのフィクションにほかならない。しかしこの映画は、一見暗黒時代一色に塗りつぶされていたようにも思えるこの時代のステレオタイプ的なイメージに一石を投じ、「東」の時代も悪いことばかりではなかったのかもしれないという見直しを迫るもので、まさにそれ自体が「オスタルギー」的な志向の典型的な産物であるといえるだろう。

この映画でも終盤の場面でカール・マルクス通りが登場し、重要な役割を果たしている。ひとつは、「東」の体制が崩れた後に、自分がなぜ追及を逃れることになったかに疑問を感じ、シュタージの資料を調べてヴィースラーのことを知ったドライマンが、車の中から、チラシ配りの仕事をしているヴィースラーの姿をみつけ、車をとめて遠くからその様子を眺めているシーンである。車の中から見える、チラシを積んだカートを引きずり、アパートメントにはいっては郵便受けにビラを入れる仕事を延々と繰り返している様子が印象的だが、ヴィースラーが歩いているこの通りが、まさにカール・マルクス通りなのである。

実を言うと、ヴィースラーがチラシを入れながら歩いている場所自体は、フランクフルト塔のすぐ東側のブロックなので、厳密にはカール・マルクス通りからは少し外れており、住所の上ではフランクフルト通りということになる。ただ、カール・マルクス通りの第一期の整備では、フランクフルト塔のもう一区画先までが一体整備されており、今でもそこまでは同じ道幅が保たれるような形になっているから、ここまでは事実上カール・マルクス通りの一部とみてよい。一方で、ここまでくるとカール・マルクス通りの中心からは相当外れた感じの場所になるため、一九九〇年代に急速に進んだ文化財保護のための建築物の修復事業の手がまだ及んでおらず、外壁の剥落や落書きが目立つ、かなり荒れ果てた雰囲気が漂っている。かつて華麗なたたずまいで一世を風靡したこの通りがその威容を失っている状態と、左遷されて陽の目を浴びる場から姿を消したヴィースラーの状況とが響き合うことが大きな効果を生んでいるように思われるのである。

このシーンに続く最後のシーンもカール・マルクス通りが舞台となる。ドライマンがヴィースラーのことを知った二年後、ヴィースラーは《善き人のためのソナタ》と題された著書を出版するが

（この映画の日本語の訳題はここからとられている）、ドライマンはその巻頭の謝辞に、ヴィースラーのコード名であるHGW XX/7の名を挙げ、「感謝をこめて本書をHGW XX/7に捧げる」と記した。書店のショウケースにこの本が置かれているのを見つけて店内で本を手に取り、この献辞を見つけたヴィースラーが、レジで「贈り物用に包みますか」ときかれ、「いや、これは私のためのものです」と答えるところで映画は終わるのだが、これらの舞台になっているのが、カール・マルクス通りにあった、その名も「カール・マルクス書店（Karl Marx Buchhandlung）」である。カール・マルクス通りの中央付近に位置した、「東」を代表するような書店であり、二〇〇八年に閉店するまで営業を続けていたから、この映画の撮影時にはまだ「現役」であったわけだが、遠くからでも目立つ大きな電飾看板がこの映画でも大きく映し出され、実名で登場している。

「東」の体制の申し子のような存在であったこの場所が使われていることは、「東」時代がテーマになっている映画にはふさわしいともいえるが、注意しておきたいのは、ドライマンが事の真相を知り、本の出版が可能になったのも、その「東」の体制が崩壊したがゆえのことであり、その意味で、ここでカール・マルクス書店が登場しているといっても、それは「東」時代ではなく、東西統合後のカール・マルクス書店の情景だということである。オスタルギーがらみというと、ついこの書店の昔のたたずまいを懐かしむという過去志向の方向でみてしまいがちになるのだが、必ずしもそういう位置づけではない。

筆者自身、二〇〇一年にベルリンを訪れたときにこの書店に行っている。行く前には何となく、「東」の残党の最後の拠点のような場所かと思っていたのだが、実際に行ってみると、ショウウィ

《善き人のためのソナタ》より。カートを引き、カール・マルクス通りに沿って歩きながらビラ配りをするヴィースラーは、カール・マルクス書店のショウウィンドウでドライマンの本を見つけ、店内に入って購入する。

カール・マルクス書店開店時の写真
（Nicolaus & Obeth 1997）

2001年に筆者が訪れた際の外観

2001年のショウウインドウの様子。《スターリン通り》のゲームボードが広げられており、その他にもこの通りに関わる本や紹介ビデオがいろいろ陳列されている。

2001年の店内の様子。開店時の写真と比べても、そのたたずまいがほとんど変わっていないことがわかる。

ンドウには、さきに触れた《スターリン通り》というボードゲームや、カール・マルクス通りを紹介するビデオなどが展示してあり、オスタルギーの追い風を受けつつしっかり商売しているような印象だった。中に入ると、予想に反して妙に愛想の良い店員の出迎えを受け、ひどく調子が狂ってしまったことを思い出す。カール・マルクス通りが、単に「東」の時代を知る人々の追憶の場となっているわけではなく、観光客も含めた新たな人々をも巻き込む形で日々新たな記憶を積み重ねていることを実感した瞬間だった。

この映画も、オスタルギーを核としていることは間違いないが、そのことは決して、「東」の時代を知る人々だけのための慰みの対象であるということを意味するわけではない。前節でも述べたが、オスタルギーがこれだけの広がりをみせているということは、それが「東」とは直接縁のなかった人々をも巻き込む形で新たな展開をみせていることの証でもある。

カール・マルクス書店はその後閉店してしまったが、今なおあの電飾看板が残されたまま、読書クラブに転用され、読み聞かせの場などに活用されているようである。カール・マルクス書店の閉店や、それが読書クラブに転用されたことがネット上などで大きな話題になり、そのたびごとにこの《善き人のためのソナタ》の存在が言及されるような状況をみていると、この書店の存在感が、この映画のラストシーンを飾ることで大きく増したことは間違いない。その意味でこの映画は、単にこうした状況を映し出していることをこえて、その状況に関与し、その展開に寄与する役割を果たしたとも言えるだろう。そしてこのような状況は、時間の経過とともにさらに顕著になってきているのである。

カール・マルクス通りのあり方が時間とともに変化してきている状況を考える上で非常に興味深いのが、《ボーン・スプレマシー》（2004）という映画作品である。こちらはアメリカ映画であり、記憶を失った元ＣＩＡ工作員の主人公ボーンが、自らも命を狙われながら、徐々に記憶を取り戻しつつ事件の真相を追うという、バリバリのスパイ・アクションものであるから、当然のことながら、《グッバイ、レーニン！》、《善き人のためのソナタ》などとは違って、オスタルギーをターゲットにして作られているわけではない。ベルリンだけが舞台になっているわけでもなく、モスクワやニューヨークなど、世界をまたにかけた形で、追いつ追われつの大チェイス劇が展開される。しかしながら、《ラン・ローラ・ラン》で主人公が駆け抜けたオーバーバウム橋（コラム「《ラン・ローラ・ラン》とオーバーバウム橋」参照）が映し出されたり、アレクサンダー広場からトラムに乗る場面が出てきたりと、いたるところでベルリンの「鉄板ネタ」が投入されており、とりわけ、警察に追われたボーンがフリートトリヒ通り駅の中に逃げ込み、そのままホームの端から下を流れるシュプレー川に浮かぶ船に乗り移って逃げおおせるあたりは、この駅の独特の景観を実にうまく利用していると感心させられる。

そういう中、カール・マルクス通りも出てくるのだが、驚かされるのは、それがモスクワという設定で使われているということである。現地とは違うところをロケ地として便宜的に使うということはよくあることで、第２章で紹介した《Love Letter》でも、神戸のシーンが小樽で撮られていた。制作費を安くするとか、場所は違ってもそれらしい雰囲気があるところを使うといった現実的な理由である場合も多く、《ボーン・スプレマシー》の場合にも、ソビエト連邦の「スターリン様式」

をお手本に、しかも相当の金と労力をつぎ込んで作られたカール・マルクス通りは、「モスクワ以上にモスクワらしい」雰囲気をたたえていたとも言えるし、また雪のシーズンの撮影であったこともあって、「モスクワ」として使うには恰好の場所であったことは間違いない。

　とはいえこの映画の場合、実際にモスクワでロケされたシーンも多く用いられており、ここでの撮影シーンがあえてそれに混ぜ込まれる形で使われることによって、それ以上の効果がもたらされている。一番おもしろいのは、ボーンの命を狙う殺し屋のキリルが依頼者のグレツコフから、ボーンが生きており、モスクワに来ているということを告げられるシーンである。これが何と、カール・マルクス通りのカフェ・モスクワのところなのだ。キリルが喧噪に満たされたクラブから外に出てくると、グレツコフが待ち構えているのだが、そこに開けてくる風景は、向かいにある映画館キノ・インターナショナルとホテル・ベロリーナという、往時のカール・マルクス通りの精華ともいうべき、あの絵葉書などでお馴染みの光景そのものなのである。

　この映画の核心にあるのは、ロシアの石油王がその利権をめぐってＣＩＡと組んで行った、一種の「ロシア疑惑」的な悪巧みに対し、自らもそこに巻き込まれてしまったボーンが果敢に挑んでゆくという構図であるから、ベルリンはそういう意味では必ずしも主たる場というわけではない。むしろ、「本丸」の

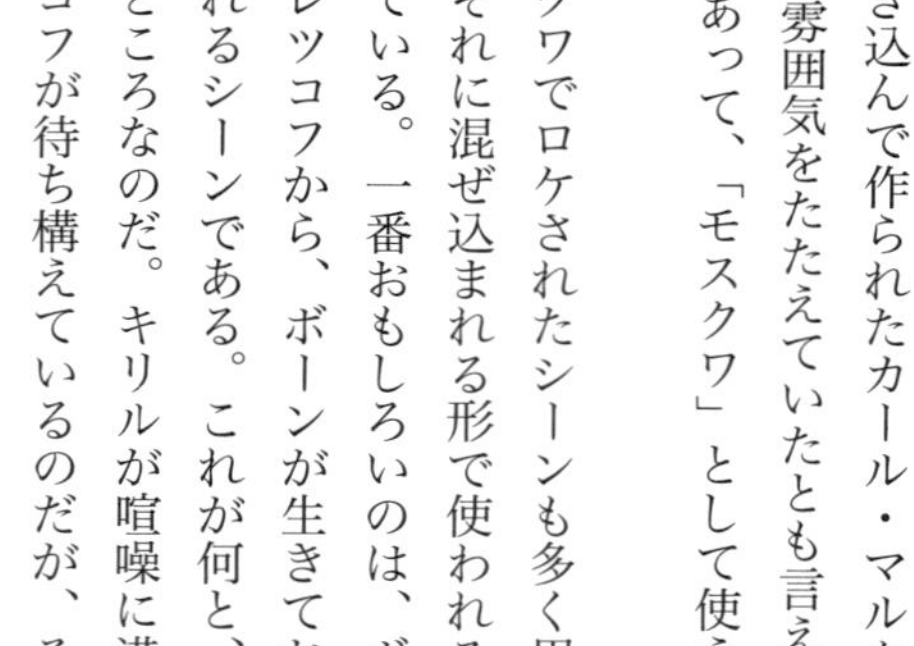

《ボーン・スプレマシー》中のカフェ・モスクワでのロケ・シーンから。舞台であるロシアに合わせるべく、広告塔などに細工をほどこしてはいるが、カフェ・モスクワから出てきたキリルの前に開ける風景は、どうみてもカール・マルクス通りの、あの「超有名」な光景。

モスクワに迫ってゆく上での大きな取っ掛かりとなる場所というような位置づけとみるべきであろう。「本丸」と微妙なつながり方をしている東ベルリンという場所は、そういう設定にとってみればうってつけの場所だったということにもなるだろう。

すでに述べたように、「東」時代のカール・マルクス通りには、「モスクワ」だけでなく、「ブダペスト」、「ワルシャワ」などの名を冠した、「東」イメージのレストランやカフェがいろいろあったが（どれも同じところで経営していたようであるが）、東西統合の後には、すべて閉店してしまった。「カフェ・モスクワ」も、二〇〇一年に私が訪れた時には完全に閉まっており、かなり廃墟的な状況になっていたのだが、その後内部を改装し、この映画の撮影の時期にはクラブとして使われていたようである。ベルリンの街を知っている者にとっては、この場所がモスクワとして使われていることは、たしかに混乱を招く面もあろうが、他方でそのイメージをそのまま転用することで、現実のベルリンを梃子にモスクワへと引き込んでゆく強力な手立てともなる。そのことはまた、東ベルリンとロシアとの微妙な結びつきの中に現れ出てくる胡散臭さや謎めいた雰囲気を醸し出させることで、この映画のストーリーにある種の奥行きをもたせることにもなるであろう。そしてこのような作品が作られたことはまた、現実のカール・マルクス通りの側のイメージにとっても大きな力を及ぼすことになるのではないだろうか。もちろん、映画の観客が、カフェ・モスクワのクラブ空間にロシアのスパイが出入りしていると本気で信じるということはないにしても、そういうイメージの広がりが人々の想像力に働きかけ、この空間が人を引きつける力となるというようなことはあるだろう。

「カフェ・モスクワ」の所有者はその後何度も変わり、時には貸しスペース的な性格が強くなったりして、そのたびごとにありかたもいろいろ変わってきたようなのだが、そういう中でも「カフェ・モスクワ」という呼び名が継承される一方で、統合後の「ベルリンらしい」文化となったクラブ的な性格を具えたあり方を確立してきた。いったん閉店した「カフェ・モスクワ」が、「東」の時代にはなかった新たな記憶を積み重ね始めたということになろうが、東西統合後のこの場所のそういう歩みは、《ボーン・スプレマシー》という映画を抜きにしては考えられないであろう。そして、カール・マルクス通りやカフェ・モスクワは、「オスタルギー」が単なる「東」を体験した人の過去志向的な動きに回収されてしまうことなく、今や世界中の人々を巻き込みながら展開してゆくにいたっている状況が具体的な形をとって現れてくる場となっているのである。

このようなことはもちろん、東ベルリン、その中でもとりわけカール・マルクス通りという場所のもっている特殊な状況やそこにいたる経緯ゆえのことであり、あくまでもこういう特別なところだけの話にみえてしまうかもしれないのだが、おそらくそうではない。ベルリンはたしかに特殊な場所だったかもしれず、だからこそこの東西統合直後のベルリンにこれだけ多くの人が関心をもち、ベルリンを舞台とした映画作品が、これほど数多く集中的に作られたのであろうが、これはおそらく、場所とそれに関わる芸術作品との間で人々が想像力を働かせることで新たな世界をひらいてゆくという、より一般的なあり方が、ベルリンにおいてもっとも端的な形で実現するにいたったがゆえのことであるように思われる。

付記　東ドイツの記憶の新しい局面

「壁」の崩壊から三〇年近くが経過し、ベルリンの街もだいぶ落ち着きを取り戻している。東西統合当初は、街のあちこちで、あり得なかったようなものが日々ゲリラ的に出現するような感じがあった。別々だったこの東西ふたつの街がこれからいったいどのように一つになってゆくのか、その行く末が十分に想像できないまま、事態がつねにその想像をはるかにこえる形で進んでゆく日々が続き、そのことがベルリンという街自体をスリリングなものに感じさせていた。その頃と比較すると、一つの街としての骨格もずいぶんはっきり見えてくるようになり、ゲリラ的な部分もだいぶおさまってきたように見受けられる。ベルリンをロケ地に使った映画も相変わらず作られ続けているようである。かつてのような、東独やオスタルギーがストレートに前面に出たようなものは少なくなってきている印象があるが、直接的なネタということではなく、むしろ東独のイメージや記憶を下敷きにすることで新たな着想を得たような作品が幅広く生み出されるようになっているように思える。東独に関わる問題は、相変わらず人々の想像力を刺激してやまないようである。ここでは、カール・マルクス通りに関わる最近の作品をひとつだけ取り上げておこう。

私自身は二〇〇一年に行ったきり、その後は残念ながらベルリンを訪れる機会はないのだが、グーグルの「ストリート・ビュー」などでみる限り、カール・マルクス通りの外観にはさほど大きな変化はないようである。本文中でも触れたように、カール・マルクス書店が閉店するなどの変化はいろいろあるが、通り全体が保存文化財に指定されていることもあり、急速な「西ベルリン化」のようなことは起こっておらず、イタリアの建築家アルド・ロッシが「ヨーロッパ最後の大通り」と呼んだ堂々たるたたずまいを今も残し続けている。そういう中で、二〇一七年にアメリカで作られた《カウンターパート（Counterpart）》と題されたテレビドラマ作品の中にカフェ・モスクワが登場している。サイエンスフィクション・スリラーと呼ばれるジャンルに分類される一種のパラレルワールドものであり、現実の東独とは関係ないのだが、微妙にそのイメージが絡ませられている。東西分裂時代末期の一九八七年に東独の科学者が、世界をそっくりコピーした「もう一つの世界」を作り出してしまい、それ以来、この二つの世界は別々に展開してきて今に至っているという設定なのだが、この二つの世界は互いに行き来可能になっている。国連の一部局であるオフィス・オブ・インターチェンジという役所がその相互の交流をコントロールしており、そのことを知らずにここに勤めていた主人公がひょんなことからその事実を知って二つ

《カウンターパート》中のカフェ・モスクワでのロケ・シーンから。闇に浮かび上がる「レストラン・モスクワ」の看板と、ライトアップされている入り口の壁画が印象的。

の世界を行き来するようになり、もう一つの世界で活動している別の自分や妻に出会い、そういう中でさまざまな事件に巻き込まれてゆく話である。

もう一つの世界が東独の科学者によって作られたという設定のため、アメリカ制作のドラマでありながら、舞台のほとんどはベルリンである（実際のロケ地としてはアメリカ国内もかなり使われているようである）。二つの世界をつなぐオフィス・オブ・インターチェンジの建物には、テンペルホーフ空港の建物が使われている。テンペルホーフ空港は、東西冷戦時代、西側諸国から西ベルリンにはいる玄関口であり、その意味ではフリートリヒ通り駅やオーバーバウム橋と並んで、両ベルリンの代表的な境界線ポイントのひとつであった。二つの世界が繋がりあうという、この映画のいささか破天荒な設定は、このような仕掛けを通じて、二つのベルリンのイメージと重なり合うことで、妙にリアルな感覚を呼び覚ますことになる。

その意味で、この映画の舞台はまさにベルリンでなければならなかったとも言えるだろう。カフェ・モスクワは、「もう一つの世界」の方の側にあるという設定になっており、そこで主人公はもう一つの世界の方の妻と落ちあうのだが、夜であるため、暗闇の中に「カフェ・モスクワ」と書かれたネオンサインがくっきりと浮かび上がる（私が行った二〇〇一年の段階では、この看板は失われていたから、その後復元されたのであろう）。ドイツの中に、あたかもソ連と地下でつながった特異点であるかのようないでたちで当時のカール・マルクス通りに建っていたカフェ・モスクワのイメージもまた、本章で取り上げた《ボーン・スプレマシー》でのモスクワとベルリンの重ね合わせの記憶なども取り込みながら、二つの世界が背中合わせにつながっているこのドラマの特異な設定をサポートするものとなっている。

このドラマがドイツではなくアメリカで作られているということが端的に示しているように、ここでの関心の対象となっているのは、歴史的に実在した国としての東ドイツというよりは、この特殊な国の独特なあり方やそこに醸し出される独特のイメージであり、いわば現実の東ドイツという国に対して思い切り想像力を働かせることで紡ぎ出されてきたのが、この二つの世界やその両者の関係に関わるイメージであるということができるかもしれない。

実在の場所や出来事があまりにも特異であるような場合には、このような形で想像力が刺激され、それが実在の時空から離れた新たな作品に結実するということは実際によくある。例のタイタニック号の沈没という出来事なども、繰り返し映画やドラマに仕立て上げられたが、実在のタイタニック号を舞台にした映画が一段落した一九六〇年代には、そういう取り上げ方をされている。アメリカで一世を風靡した人気ドラマシリーズ《タイムトンネル》は言うまでもなく、異次元への扉をくぐって過去に遡ることで起こるありえない体験を楽しむものだが、その第一作《過去との出会い》(1966) は、主人公たちがタイムスリップしてタイタニック号の船内に行ってしまい、この船は沈没すると言って対処を促しても誰も信じてくれないという話だった。また、一九七二年制作のパニック映画《ポセイドン・アドベンチャー》は明らかにタイタニック号沈没の実話をモデルとしたものので、船の形からしてタイタニック号を思わせるものになっている。この種の映画にリアリティをもたらす上で、こうした歴史的に実在した要素を小道具として用いることがいかに有効であるかということがよくわかる例だが、そこでの表現が今度は逆に、後のハリウッドでのブロックバスターとなった《タイタニック》(1997) にも影響を与えたなどということも言われている。

このように実話とフィクションとが相互に微妙に絡まり合いながら独特の迫真性をもった世界を切り開いてゆくような事例は、挙げようと思えば他にもいくらでもあるだろう。《カウンターパート》もそのような事例のひとつであるが、その中でカフェ・モスクワはあえて実名で登場させられることによって、そのような独特の迫真性をもたらす切り札のひとつとなっているのである。

だが問題は、こうした重ね合わせによってドラマの迫真性が高まるということにとどまらない。現実の時空の中にある世界の側もまた、こうした事例の積み重ねの中で徐々に変容させられてゆく。人々のいだく現実のタイタニック号のイメージや記憶のかなりの部分が、その後に作られた映画のさまざまな表現によって生み出されてきたように、東ドイツやカール・マルクス通りの記憶にもまた、本来はほとんど荒唐無稽なフィクションであるはずの《カウンターパート》のような作品の表現が影を落としてゆくことになる。《カウンターパート》を見てカフェ・モスクワの存在を知った人がロケ地巡りでカール・マルクス通りにはじめてやってきて、そこから全く知らなかった東ドイツという国についての一つのイメージを紡ぎ出してゆく、これまでとは逆の回路が機能するような新たな局面が、今生まれはじめているということなのかもしれない。

コラム

《ベルリン 天使の詩》とポツダム広場

ベルリンを銘打った映画と言われたときにまず思い出されるもののひとつに、ヴィム・ヴェンダース監督の名作《ベルリン天使の詩（Der Himmel über Berlin）》（1987）がある。天上に身を置く永遠の生を生きる天使のまなざしを借りて、人間の営みの愚かさと愛おしさをうたいあげた作品である。言うまでもなく一九八七年といえば、東西ドイツ統合直前の、まだベルリンの「壁」が残っていた時期であり、この「壁」が、人間の愚かさの象徴としての大きな存在感を発揮している。中でも、天上の世界を捨てて人間になることを決心した天使の一人ダミエル（ブルーノ・ガンツ）が決死の覚悟で地上に飛び降りた後、目覚めて人間になったことを確認するシーンで、モノクロームで描かれていた天使の見ている世界が、一瞬にしてカラーに変わり、当時ベルリンの「壁」に絵を描くアーティストとして知られていたティエリー・ノワールの描いた漫画風の「壁アート」が鮮やかに浮かび上がってくるシーンなどは印象深い（本作の脚本は、Wenders & Handke 1987 に掲載されている）。

この映画に登場する「壁」時代のベルリンの風景はどれも今日の状況からは想像できないようなもので、その後この都市が短い期間の間にいかに変貌したかということにあらためて驚かされるのだが、その中でもとりわけ大きな変貌ぶりを示したのが、ポツダム広場であることは間違いない。

ポツダム広場は第二次大戦前にはベルリンの主要な繁華街の一つだったが、戦後の東西分断の過程でちょうど境界線上に位置する形になったため、見るも無残な荒地のような場所と化してしまった。その後、一九八九年の東西統合後には、それを逆手にとる形で大規模な再開発が行われ、この時代の「工事場観光」の中心にもなったということは本文でも触れた通りである（二〇〇頁以下の記述および図版を参照のこと）。《ベルリン天使の詩》で映し出されている、広大な荒地が広がるこの広場の光景は、この場所が蒙ったドラスティックな変化を端的に示している。そして今あらためてこの映画を見てみるとき、その後の時代の経過の中で起こった、制作時には想定もできなかったような大変化を経て、そこにこめられたメッセージは、制作の時点でもっていたよりもさらに深い訴えかけをもつことになったと言っても良い。

映画の中では戦前の華やかな時代のこの広場を知るホメーロス老人（クルト・ボイス）が、「ポツダム広場が見つからない」、「ポツダム広場ならカフェ・ヨスティがあったはずだ」、「ヴェルトハイム百貨店もあった」などと言いながら、さまよい歩く（自身がベルリン育ちであったボイスは、実際にその頃のことをよく知っており、セリフもアドリブだったという)。見えるのは、一面の荒地と「壁」、それと当時ここに作られていたMバーンと呼ばれる磁気浮上式鉄道の実験線の高架レールだけである(この実験線は東西統合に伴う交通計画見直しの中で不要になり、撤去されてしまったが、YouTubeで探すと、このMバーンの車窓から撮影したこのあたりの沿線風景なども見ることができる)。

そういう中に、当時残っていた数少ない建物のひとつである「ホテル・エスプラナーデ」の姿をみることができる。映画の中では、カメラをぐるっと右へパンしてポツダム広場全体を映す場面で、天使たちの拠点のひとつになっていたベルリン国立図書館、ベルリン・フィルのホームグラウンドである「フィルハーモニー」を過ぎ、Mバーンの高架線が現れ、その前に立つホメーロス老人と天使カシエルの姿を捉えてカメラが止まるが、その背後にポツンと立っている大きな建物がホテル・エスプラナーデである。一九〇八年のオープンだが、ポツダム広場の中心にふさわしい壮麗な建物で、その内部も、皇帝ウィルヘルム二世にちなんだ「皇帝の広間(Kaisersaal)」に代表されるバロック=ロココ・スタイルの華やかな装飾に彩られていた。その多くが第二次大戦時に空襲で失われ、すくなくとも外から見る限りでは、かつての栄光は見る影もなく、ほとんど廃墟に近い状態であったのだが、それでもかつての栄光をしのばせる「皇帝の広間」や「朝食の広間(Frühstücksaal)」などを使って、イヴェント的な行事などは時々行われていたようである。ライザ・ミネリの主演で話題になったミュージカル映画《キャバレー》(1972)のロケに使われたりもしている(Kreuder 2003にはこのホテルについての文化史的考察があるので参照されたい）。

《ベルリン天使の詩》でも、単に荒地のような広場の背景として映っているだけではない。映画のクライマックスとなる、天使から人間になったダミエルが、ニック・ケーブのバンド公演に出かけ、隣のバーで憧れの女性マリオンとの出会いを果たし、さらに彼女の空中ブランコの練習に付き合うにいたる一連の重要なシーンが、すべてこのホテル・エスプラナーデで撮られている。とりわけ重要なのは、この最後のシーンがすべてカラーで撮られているということだ。マリオンに恋したダミエルが、天使から人間になったことを、モノクロームで描かれていた世界を一挙にカラーに変えることでドラスティックに表現したことはすでに述べたとおりだが、この「カラー化」の意味合いはそれだけにとどまらない。それまでモノクロームで描かれていたベルリンの光景、とりわけこのホテル・エスプラナーデという、荒地と化したポツダム広場に位置している場所がカラーで描かれるようになることで、ベルリンという都市に、いわば血が通いはじめるというような効果が感じ取れるようになるからである。東西分断や「壁」の建設が人間の愚かな行為である一方、そこで生きる人々の人間ならではの喜びや明るさに希望を託す、そんなヴェンダースの願いが伝わってくるようなシーンでもある。

　ついでに述べておくと、ポツダム広場にポツンと残されていた建物にもうひとつ、「ワインハウス・フート（Weinhaus Huth）」というのがあった。こちらも一九一〇年代初頭に建てられたもので、ホテル・エスプラナーデよりもさらに小規模な建築である分だけ、これだけがポツンと残された感じが強く、東西分断の象徴のような意味合いでその写真が使われるようなことも多かった（この建物をめぐる経緯についてはThieme 2002に詳述されている）。ヴェンダースもその可能性を考えたのか、《ベルリン天使の詩》のＤＶＤに特典映像としてつけられている、本作では使われなかった削除シーンの中には、この「ワインハウス・フート」の映像があり、この建物とホテル・エスプラナーデについてのヴェンダース自身の解説の音声も付されている。彼がこれらの場所をいかに自覚的に扱っていたかということがはっきり示されているといえよう。

ヴェンダースのこの作品が撮られてからまもなく、東西ドイツが統合されて「壁」は姿を消し、ポツダム広場も再開発によって、この映画で出てくるのと同じ場所とはとても思えないような姿となったのだが、その後日談にも触れておこう。ホテル・エスプラナーデの場所は、ポツダム広場再開発の目玉となったソニー・センターの敷地の一部となったのだが、「皇帝の広間」などの中心部分は敷地内に保存されることになった。「皇帝の広間」だけでなく、ダミエルがマリオンの空中ブランコの稽古を見守っていた「パルメンホーフ」なども今も保存されており、見ることができる。この保存のために「皇帝の広間」を七五メートル西に移動するという工事が一九九六年三月一六日に行われたのだが、これがまた「工事場見学」の格好のネタとして大きな話題になった（YouTubeにも、この移動を低速度撮影で捉えた映像があり、今でも見ることができる。前述のＭバーンといい、この件といい、なんとも便利な世の中になったものである）。

ワインハウス・フートの方は元の位置のままで新装工事をほどこされ、今は大きなビルに周囲を取り囲まれ、しかしながらそれなりに調和した景観を形作りつつ、レストランやオフィスとして利用される「現役」の建築物として、新たな生命を獲得している。ついでながら、ホメーロス老人が広場の華やかなりし時代を思い起こしつつ言及していた「カフェ・ヨスティ」も二〇〇一年に「ソニー・センター」の中に新たな店舗を構えた。一九八七年に公開された《ベルリン天使の詩》という映画は、もちろんその時点での表現であったわけだが、それから三〇年を経た今、そこに出てきた建物たちが新たな歴史を刻んでゆく中で、確実に新たなメッセージ性を獲得している。フィクションの中のベルリンが、決してフィクションではありえず、まさに現実のベルリンの生きた姿と重なり合うことで、作品が世に出てしまった後においても、次々と新たなメッセージを発するようになる、そんな状況をこの映画は端的に示している。

　この項を執筆するにあたり、「ベルリン中央駅」と題された中村真人のブログが大いに参考になった。中村は『ベルリンガイドブック』と題された本の著者でもあるが、このブログには、ベルリンに関する話題が、著書に収録されたものよりもはるかに幅広く、また深い掘り下げをもって語られている。その中に「天使の降りた場所」というシリーズがあり、《ベルリン天使の詩》に出てくる場所の歴史や現在をいろいろ取り上げており、中でもポツダム広場については数回を費やして語られている。一種の「ロケ地巡り」と言えようが、凡百の「ロケ地巡り」とは一味違うものになっている。それらの場所に関わる歴史

1

2

3

《ベルリン天使の詩》中のポツダム広場でのロケ・シーンから(1〜3)。荒涼とした荒れ地が広がるポツダム広場の風景の中にポツンと取り残されたようにたっているホテル・エスプラナーデ(1の奥)とワインハウス・フート(4)というふたつの建物の存在にヴェンダースは注目したようで、DVDにつけられたコメンタリーの中でもこの両者に言及している。とりわけホテル・エスプラナーデについては、サーカスの女性に恋をし、天使であることを捨てて人間になった天使ダミエルがこの女性と出会い、彼女の練習に付き合うシーン(3)をこの建物の中で撮影している。かつて栄華を誇ったにもかかわらず、東西分断の中で徐々に朽ち果てつつあった建物に再び生気が吹き込まれることを願ったのであろうか。この映画の公開からおよそ2年後に壁は崩壊し、ポツダム広場は再開発の嵐となった。新たに建設されるソニーセンターの敷地の中に位置していたホテル・エスプラナーデは75メートル西に移動の上、保存されることになり、その移動作業はポツダム広場の大工事のハイライトとして、多くの観客を集めるイヴェントとなった(5)。サーカスの練習のシーンが撮影されたパルメンホーフと呼ばれる空間も含め、現在も保存され、健在である(6)。

4

5

6

やエピソードが語られてゆくにつれ、その場所への理解が深まるのみならず、そのことが映画表現に深みを加え、また、その映画表現が今度は現在の都市との呼応関係の中で新たに動きはじめてゆく、そんなスリリングな体験をさせてくれる。ベルリンという特殊な都市ゆえのことという側面はあるにしても、ロケ地巡り、コンテンツツーリズムなどと呼ばれる活動の中に、いかに奥深さや広がりをもたらす可能性が潜在しているかということをあらためて実感させてくれる。

コラム

《ラン・ローラ・ラン》とオーバーバウム橋

統合後のベルリンを舞台にした映画というと真っ先に思い出されるもののひとつに《ラン・ローラ・ラン》という作品がある。トム・ティクヴァ監督作品で、一九九八年のものだから、公開されてもう二〇年もたってしまったことになる。今の学生世代の人々などにとっては、もはやあまり馴染みのあるものとは言えないかもしれない。しかしながら、これを書くために久し振りに見直し、その斬新さのもたらすインパクトが今見ても決して色褪せてはいないことをあらためて感じた。

恋人の窮状を救うために金策に走る赤い髪の女性がベルリンの街を縦横に駆け回る、言ってみればそれだけの話なのだが、同じ設定が三回にわたって繰り返され、そのたびごとに少しずつ違った要素が偶然的に介入して全く違う結果がもたらされるというコンセプトもさることながら、その過程で、フラッシュバックやコマ落とし、早送り、さらにアニメの挿入等々、さまざまな手法を駆使することで作り上げられた世界は、軽快なテンポの伴奏音楽と相まって、このベルリンという街に新たな風がすさまじい勢いで吹き込んでいる、そんな空気を感じさせたものだ。

この時代のベルリンの空気を濃厚に示す映画であるとはいえ、その空気は、《グッバイ、レーニン！》のようなリアリズム風の「ベルリン感」とは対極的であり、実際に起こった歴史的な出来事に言及することもなければ、ましてや「東」へのノスタルジーなどとは全く無縁なものだ。それゆえ、ベルリンのロケ地の用い方なども実に破天荒である。ロケ地を地図上にプロットし、ローラが実際に走ったコースを再現してみようとしても、「東」と「西」がちゃんぽんに入り交じり、一本の線につながるような形には全くなっていない。むしろそういうしがらみからも解放されたかのように、街中を縦横無尽に駆け巡るローラのまばゆいばかりの姿こそが、この時代の「ベルリン感」を醸し出していると言うべきであろう。

とはいえ、実写映像である以上、写っている景色は単なる背景にとどまっているわけではない。この映画にはたしかに、ブランデンブルク門やテレビ塔などの、ベルリンの観光地の定番のような場所は、あまり出てこないのだが、そういう中で東西冷戦体制の時代を強く示唆するような場所として異彩を放っているのが、シュプレー川にかかるオーバーバウム橋を駆け抜けるシーンである。東西対立の時代、このあたりはちょうどシュプレー川が東西両ベルリンの境界線になっていたため、この橋は、チェックポイント・チャーリー、フリードリヒ通り駅とならび、東西ベルリンの間に設けられた数少ない「関門」の一つとしての役割を果たすことになった（この橋の歴史についての詳細な記述は、Hölkemann 2006を参照のこと）。この時代の写真をみると、橋の両端で、制服に身を包んだ兵士たちがものものしく警備している様子などが写されている。「壁」によって東西に隔てられてしまった人々にとっては、多くのドラマが演じられ、この上なく多くの記憶が詰め込まれた場所となっていたのである。そんな「重い」場所であるこの橋をローラはいともあっけらかんと、一気に駆け抜けるというのだから、当時の人々にとってはそれだけでもなかなかショッキングなシーンだったはずだ。

ローラはここで、川の南側の旧西ベルリン側から北の旧東ベルリン側に向かって走り抜けているのだが、渡りはじめるところで、高架をはしるUバーン（地下鉄）の列車と並走するようなシーンが見られるのがおもしろい。同じところを同じように走るシーンが三回みられるわけだが、偶然的な要因に左右された結果、列車との位置関係がそのたびに少しずつずれているあたり、なかなか芸が細かい。この地下鉄、実はベルリンで一番古いU-1という路線なのだが、西の繁華街クーアフュルステンダムからひたすら東に向かって走り、シュレージッシェス・トーア駅のところでシュプレー川にぶつかると北に進路をかえてオーバーバウム橋を渡り、Sバーンのワルシャワ通り駅が元々の終点だった。ところが「壁」で東西が分断された結果、この最後の一駅分だけが「東」にはいってしまったため、運行できなくなり、ひとつ手前のシュレージッシェス・トーア駅が長いこと終点になっていた。東西統合後、あらためて橋の上を渡る線路を敷き直し、ワルシャワ通り駅まで通じるようになったわけだが、たった一駅のための建設費がかなり高く、相当批判をあびたらしい。再度つながったのは一九九五年秋のことで、この映画の公開時にはまだ三年も経っていなかったから、この地下鉄との競争のような場面も、当時は相当に新鮮な印象を与えたに違いない。

「壁」の崩壊から一〇年近くが経過していたとはいえ、撮影時におけるオーバーバウム橋をめぐる状況はまだかなり混乱しており、撮影にもさまざまな困難がつきまとったようである。東西両ベルリンの境界に位置するこの橋は、警察に関しては西のクロイツベルク区の管轄だったが、建築物としては東のフリートリヒハイン区の管轄になっており、撮影の許可とそのための交通止めの許可とで手続き先が異なり、なかなか許可が得られなかったりしたことなどもあったようだ（Münch 2007:120）。その後、この二つの区は二〇〇一年

1

2

《ラン・ローラ・ラン》より、オーバーバウム橋を駆け抜けるローラ(1)は、橋を渡る地下鉄車両を追いかけるように走る(2)。今日では何事もなかったかのように地下鉄車両はオーバーバウム橋をこえて対岸へと向かってゆく(3)が、東西の境界線上に位置することになったこの橋もまた東西分断の中で数奇な運命をたどることになった。東西統合直前の1988年に撮影された写真(4、Hölkemann 2006所収)をみると、この橋の象徴ともいえる尖塔がいまだ空襲の傷を負ったままであるばかりか、地下鉄の線路は橋にかかる手前でふさがれ、下の道路の方でも閉ざされた扉が人の通行を阻んでいる様子がうかがえる。1989年の壁の開放の際には橋を越えて対岸に向かおうとする人々が大勢詰めかけ(5、Hölkemann 2006所収)、開放の象徴ともいうべき場所となった。《ラン・ローラ・ラン》でローラがそのような重い歴史を吹き飛ばすかのように疾走したのは1998年のことだが、それから10年以上が経過した2011年のアメリカ映画《アンノウン》では、アメリカからやってきた主人公が陰謀による車の事故で橋から川に落ちて記憶を失うシーンが、この橋で撮影されている(6)。この映画には、その陰謀を明らかにすべく調査に乗り出すユルゲンという元シュタージの探偵役が登場するなど(しかも《ベルリン天使の詩》で天使ダミエル役だったブルーノ・ガンツが演じている)、東独がらみの話がもうひとひねりした形で盛り込まれている。本文中でみた《ボーン・スプレマシー》や《カウンターパート》ともども、東独をめぐる記憶のあり方が大きく変わりつつあることの証左であるともいえよう。

6

3

4

5

に合併してひとつになるが、それに先立つ一九九八年（ちょうどこの《ラン・ローラ・ラン》が公開された年である）から、この両区の住民が橋の上で水を掛け合ったり野菜を投げ合ったりする、Wasserschlacht（水合戦）と呼ばれるお祭りが毎年夏に行われるようになり、二〇一三年まで続いていた。第二次大戦から今にいたるまで、めまぐるしく変わってきたこのオーバーバウム橋をめぐる状況も、ようやく一段落したというところであろうか。その中で、一九九八年に駆け抜けたローラは、確実に一つの時代を区切る画期の役割を果たしたのである。

第 5 章

「音楽の都」のつくりかた

装置としての音楽散歩

ウィーン

イントロダクション

《名曲アルバム》と音楽散歩

本書の最終章で取り上げるのは「音楽散歩」の事例である。「音楽散歩」もコンテンツツーリズムの一角をなしており、その限りでこれまでに取り上げてきた文学散歩や映画のロケ地巡りと同種のものであると言えるだろう。そのような形での音楽と「散歩」との結びつき方をよく示しているのが、ＮＨＫの制作している《名曲アルバム》という番組である。クラシックの名曲が、その作品にゆかりのある場所の映像を背景に流される番組であるが、何度も見ていると、その曲を聴くと反射的にその映像を思い浮かべてしまうくらいに両者の関係が刷り込まれてしまい、その曲のイメージを追いかけてその美しい映像の場所に行ってみたいと思ってしまったりもするから、音楽が映像を介して具体的な場所と結びつく力は、映画のロケ地巡りの場合に負けず劣らず強固なものであることは間違いない。

しかしながら問題はそれほど単純ではない。とりわけ重要なのは音楽というジャンルの特性である。言うまでもないが、言葉や映像は、それ自体で特定の場所やその風景を指示したり描き出したりすることができる。文学作品が無縁坂を舞台にしようとするときには、その旨を明示すればよいし、その様子を言葉によって描写することもいくらでもできる。映画作品にいたっては、その風景をそっくりそのまま映し出すことができる、というより、それを完全に消去しようとすることの方が難しいから、作品の舞台とは本来関係のないロケ地までが表にでてくることになるわけである。これに対し、音楽で同じことをするのは非常に困難である。たしかに標題音楽やオペラなどが特定の場所と結びつくことは可能であるが、これらのケースではタイトルやストーリー、舞台装置等々が媒介者として作用することによってそれが可能になっているのであり、音そのものが指示作用をもっているというわけではない。チャイコフスキーの序曲《一八一二年》の大砲の音が、フランス軍を撃退するロシア軍の大砲の音を描いているとされるのは、この《一八一二年》というタイトルや、プログラム解説の言説ゆえのことであり、この音自体は、コンテクスト次第では、フランス軍の大砲にも、全く違う大砲の音にも、また時には大砲以外の音にもなりうる。それゆえ音楽が特定の場所と結びつく力を発揮して、人々を「音楽散歩」に駆り立てるとすれば、そこには媒介者としての言葉や映像の役割が不可欠なのである。

そのように考えてみると、《名曲アルバム》のようなケースでも、それが「音楽散歩」という営みに結びついてゆくとすれば、まさにそこにつけられた映像やキャプションに誘導されることでそれが可能になっているということがわかるであろう。むしろこの番組自体が音楽を現実の場所へと結びつける媒介装置として機能しているとみた方がよいかもしれない。

しかしそのことは、音楽が現実の場所に結びつけられる力が弱いとか、音楽散歩が文学散歩やロケ地巡りの不十分な応用にすぎないということを意味しているわけではない。むしろ逆に、このように両者の結びつきが曖昧であり、間接的であることによって、両者がピンポイントで結びつくのとは違った関係を生み出し、それによって文学散歩やロケ地巡りにはない独特のあり方を示すようになるというような面もあるのではないだろうか。

《名曲アルバム》で童謡《叱られて》を取り上げた回の映像は、その意味で興味深い。海岸で遊ぶ子供や村の道を並んで歩く子供たちを写した映像が流され、まさに歌詞の内容を彷彿とさせるのだが、それらはいずれも、作曲者弘田龍太郎の生地である高知県安芸市で撮られたものであり、字幕では弘田の生涯や安芸市との関わりなどが説明される。ところが、同じＮＨＫの別番組《みんなの童謡》でも、この同じ《叱られて》を取り上げて同様な映像を制作している。こちらもやはり同じように、子供が一人遊んでいたり群れて歩いていたりする映像がつけられているのだが、こちらは埼玉県和光市で撮られたものである。和光市は作詞者の清水かつらの出身地であり、こちらの字幕ではそのあたりの事情が説明されている。どちらも作品にゆかりのある地であることには違いないし、映像はそれぞれ作品の雰囲気ともよく合っており、そこに行ってみたくなる人が出てきても不思議はないようなものだが、作品の内容やそこに醸し出される情緒はべつにどちらかの場所と特権的に結びつくようなものではない。

極端な話、このケースでは、映像が作曲家の弘田龍太郎や作詞者の清水かつらの出身地と結びつけられる必然性すら全くなく、それなりの字幕をつければ、どのような場所の映像を使ってももっともらしい形になってしまうだろうし、映像と音楽の結びつけ方次第では、安芸市や和光市の映像以上に説得力のある映像となって、集客力を発揮することになるかもしれないのである。音楽作品の場合、文学作品や映像作品と比較して特定の場所との結びつきが曖昧である分だけ、その関係性に多様な広がりが可能になってくるのである。その可能性としては、《叱られて》のケースのように全く違った街と結びつくような場合だけでなく、同じ都市の複数の場所と結びつくこともあるだろうし、逆に一つの場所が複数の曲と結びつくことも考えられる。そういうイメージが積み重なってゆけば、一つの都市全体が一人の音楽家と結びついたり、さらに複数の音楽家と結びつくようなことになってゆき、街全体が「音楽の街」というような形でイメージされることにもなってくるのではないだろうか。もちろん、音楽以外でも、同様の形で「漱石の街」や「映画の街」が成り立つことはたしかだが、どうしても作者の住居、撮影所といった、個別の場所の集合体のような感じになりがちなのに対し、「モーツァルトの街」や「音楽の街」の方がむしろ、音楽を軸に一体化した感じのものになるという、いささかパラドクシカルな事態が生じているように感じているのは私だけではないと思う。

そういう「音楽の街」の独特のあり方を、とりわけ体現しているのが、ウィーンの場合である。ウィーンはたしかに、実際にモーツァルトやベートーヴェン、シューベルト、ヨハン・シュトラウスなど、複数の音楽家が活発な活動を展開した舞台であり、名実ともに「音楽の都」と呼ばれるにふさわしい場所であることは事実であるが、単にそういう旧蹟がいろいろあるということをこえて「音楽の都」という一体化したイメージが作り出されていることは、そのような、音楽というジャンルのもっている特異性ゆえのことであるという部分がかなり大きいと思われる。

他方で音楽の場合、そのようなイメージが形成されるに際しては、言葉や映像といった媒介項が不可欠であるということは、すでに述べた通りである。本章では、「音楽の街ウィーン」の成り立ちを論じてゆくが、その際、このような形で、もともとは直接的に場所と結びついているものではない音楽を、ウィーンという街に結び付けてゆくさまざまな媒介装置や仕掛けも含めて考えてゆくことが肝要である。本章ではまた、このような仕掛けのひとつとして、ウィーン・フィルが毎年行なっているニューイヤーコンサートをとりあげ、そこでの「ウィーンらしさ」の創出の周囲に働いている力学、メカニズムなども、あわせて考えてみたい。

1　音楽学と「文化研究」

私が音楽研究の道に入った一九七〇年代頃の状況を現在のそれと比べてみると、隔世の感をいだく。世の中の人の聴いている音楽の大半はいわゆる「ポピュラー音楽」であるにもかかわらず、当時は研究の対象にふさわしい「まともな」音楽といえば普遍的な価値をもつ「クラシック」に決まっていて、「ポピュラー音楽」を研究しようなどというものなら、完全に「異端」扱いされることになった。「ポピュラー音楽」は音楽そのものとしては研究する価値のないものと考えられていたから、せいぜい一種の流行現象として社会学の研究対象となるくらいであって、そういう研究はたとえ成り立つにしても、本来の音楽研究とは無縁な周縁的なものとして片づけられた。そういう前提の中で、「クラシック」と「ポピュラー」という研究対象の区分が、音楽学と社会学という学問的アプローチの方法の区分にそのまま直結する、そんな不幸な断絶が形成されてしまっていたのである。

その後、状況は大きく変わった。「クラシック音楽」を支えてきた西洋近代の価値観が相対化されるとともに、かつては研究する価値がないとして葬り去られてきた「ポピュラー音楽」もまた、音楽研究の対象として市民権をもつ存在となった。今では大学で音楽を研究しようとする学生の大半がポピュラー音楽に関心を抱いている状況になりつつあると言っても過言ではない。それ以上に、作品に焦点をあて、作品そのものに普遍的な価値が内在するかのように考えてきたものの見方自体が、西洋近代というきわめて特殊な文化の中で形作られてきたものであることがはっきりし、そういう見方を支えてきた仕組みそのものの成り立ちが、社会学的なテーマとして考察されるような状況になってきている。

ただし、従来の音楽研究のもっていた見方の偏りや歪みを取り去り、その問題点を払拭する結果がただちにもたらされたわけではないということには注意しておく必要がある。キース・ニーガスが見事に総括しているように、ポピュラー音楽を商業主義に毒され、聴取の頽落をもたらすものとして批判したアドルノ流の批判から救いだそうとして展開されたサブカルチャー論などの初期の議論の多くは、結局アドルノ流の議論の基本的な枠組みを打破するものになり得なかった（ニーガス2004：第1章）。その根底にあったのが、ポピュラー音楽にも「クラシック」に負けない価値のあるものがあるというロジックだったからである。それは、商業主義に毒されない「真正」なロックや、諸民族の精神を濃厚に保ちながら伝承されているさまざまなオーセンティックな「ポピュラー音楽」、それにその声にきちんと耳を傾ける、クラシックに負けないだけのすばらしい聞き手が存在するのだから、それを「ポピュラー音楽」として一括りに否定することはできないというロジックだった。要するに、そういう一握りの「価値ある」ポピュラー音楽を、他の「堕落した」ポピュラー音楽から救い出して「クラシック」の側に引き寄せただけに終わる結果になってしまっていたのである。その限りで、「ポピュラー音楽研究」はスタートしたとはいえ、いまだ未熟で自立していない新興の研究にとどまらざるをえなかった。「クラシック」の方法論から少しでも多くを学び、少しでもそれに近づくことによって「研究」らしくなること、求められたのはそういうことだった。そして当然のことながら、「クラシック」の方も、たしかにそれが西洋の近代という、限られた地域や時代の文化に属するものであるという限定が一方では認識されるようになったものの、研究の方法論やそこに向けられるまなざし自体は変わることなく温存されてきたのである。

しかしここに来て状況は大きく変わりつつある。大きな視点の転換が起こり、問題系自体が変わってしまった。今や新しい枠組みを提供しているのはポピュラー音楽の方であり、「おくれた」クラシック研究がその視点を取り入れることによって、新たな展開をしはじめる、そんな地点にさしかかりつつあるのだ。

そういう変化の根源にあるのが、一九八〇年代半ば頃から「文化研究」などの名で呼ばれる領域で登場してきた「文化」に対する新しい捉え方である。それについてここで詳しく論じる余裕はもちろんないのだが、乱暴を承知でまとめるならば、たとえば「日本文化」、「西洋文化」等の名で呼ばれる「文化」には、「日本的なもの」といった不動の本質を具えた実体があるわけではなく、「文化」はそれらの対象を取り巻く諸々の力関係の中で構築され、またその関係性の中で変容しつつその都度出現するものであるとするような考え方である。現実に存在する「文化」が「日本文化」や「西洋文化」といった名前で呼ばれるのではなく、言説の世界に投げ込まれ、名付けられることによって「日本文化」や「西洋文化」がはじめて構築されるという、ソシュールの「言語論的転回」の文化ヴァージョンとでもいうべきこの発想の転換によって、文化や芸術に関わる景色は全く別の相貌を呈することになった。そしてこうした流れが今、「クラシック」の世界にも及ぼうとしている。「ポピュラー」のように社会状況や流行に左右されるのではなく、「音楽そのもの」に内在する内容や価値を基盤に成り立っているという前提のもとに、社会状況や流行といった問題を非本質的なものであるかのように斥けてきた「クラシック」の研究は、そういう内容や価値を現出させる価値システムそのものが歴史的・社会的に構築されたものであることが明らかになってくる中で、今度は後手に回って、最近のポピュラー音楽研究の考え方を取り入れた新しい視点をもって物事をあらためて考え直す必要に迫られるようになったのである。そして、そのような視点の転換によって、「クラシック」をめぐるこれまでの見方では死角になっていたさまざまな問題系が姿を現すことになってきたのである。

2 「クラシック音楽」と「観光」

そういう問題系の一つに「観光」というテーマがある。音楽のみならず、文化というものを考える際に「観光」という要素は、かつては周辺的な、どうでもよいもの、というより、むしろ「本物」の文化の展開を阻害する悪しきものであるくらいに考えられてきたと言ってよいくらいだ。観光客向けに上演される民俗芸能ショーとか、観光客向けに作られる民芸品といったものは、商業主義的な堕落したものであり、何よりも、その文化の中で営まれている「本来」のものとは違い、その外にいる人々に向けられた「不純」なものと考えられたからである。

しかし、本質主義的な文化の捉え方に疑いの目が向けられ、それぞれの「文化」が固有の本質をもったものとしてもともと存在するわけではなく、さまざまな力関係の中で構築され、変容するものであると考えられるようになってくる中で、観光のような、「外」の視線もまた、その文化を形作ってゆく重要な構成要素であることが認識されるようになった。というよりも、文化というものは「外」の視線なしには自覚されることすらない。日本が鎖国していて「外」との関わりが意識されないときには、「日本文化」などという概念など存在すらしなかったろうし、人々は自分が日本国民だなどとは考えもしなかっただろう。開国して「外」の目にさらされ、それを意識する中で「日本文化」ははじめて構築されたということになってくれば、そういう「外」の目を排除した「純粋」な日本文化などというものを想定することがいかに虚妄であるかということがわかってくる。「観光」もまた、そういう視点の転換とともに文化を形作る重要な要素として認識されるようになったのである。

今日の民族音楽研究では、バリ島やハワイの芸能を観光という要素なしに論じることなど不可能である。ハワイアンなどというジャンルは、観光客なしには、その概念自体が成り立たないと言った方がよいくらいであり、観光客との関わりを排除した「純粋なハワイアン」などというものを想定すること自体ナンセンスである（もちろん、あたかも純粋な本場ものであるかのような形で「本来のハワイアン」の表象が事後的に形成されるというのは別の話である）。だからといって、ハワイアンは地元に根を持たない「不純」なジャンルだというような話にはならない。文化とはそもそもそういう「不純」なものなのであり、それにもかかわらず、「外」との関わりの中で、ある属性が固有の「本質」であるかのごとくに立ち現れたり、その内実が時代とともに変化したりするということの内にこそ、文化の文化たる所以があると考えられるようになってきているのである。

しかしながら、話が、こと「クラシック音楽」に関わることになると、「純粋」なもの、「本来」のものの神話を払拭することはなかなか難しい。確かに「ベートーヴェン神話」を手はじめに、「脱神話化」の波はさまざまな形でこの世界をおそった。古楽器による演奏が登場し、これまでわれわれが聴いていた「本物のベートーヴェン」が一九世紀的な音楽観の産物であったということを知るような体験もした。だが、そのような演奏を呼ぶのにしばしば用いられてきた「オリジナル楽器」とか「オーセンティックな演奏法」というような言い方に端的に現れているように、後世の目のような「不純」な要素を排除したところに、「オーセンティック」な本来の姿が現れるという信仰には根強いものがある。(1) ましてや、観光客をターゲットに、その目を意識して行われる演奏など、何をかいわんや、である、そんな風に考えられているのではないか。

だが本当にそうなのだろうか。「文化」というものへの見方にコペルニクス的転回が生じ、あらゆる「文化」は、「外」の視線との関わりで「構築」されるという話になっているときに、「クラシック音楽」だけは、「外」の目と関わりなく「音楽それ自体」のあり方のレベルで語ることができ、

「ベートーヴェンの音楽の本質」や「ドイツ音楽の特質」といったことを何の留保もなく語れるなどということがありうるのだろうか。

以下においては、「音楽の都ウィーン」を題材に、この表象が観光客をはじめとする「外」の目との関わりの中で形作られ、また変容しつつある、そのあり方の一端を垣間見てみることによって、「クラシック」に関するものの見方への問題提起にしたいと思う。

3 「音楽の都ウィーン」という表象

ウィーンと言えば、「音楽の都」とか「西洋音楽のメッカ」などという形でよく言及される。西洋音楽の「本場」に留学したいという多くの人が選ぶ場所として、ウィーンは特権的な位置を占めている。ウィーン国立歌劇場やウィーン・フィルは、あまたある西洋各都市の歌劇場やオーケストラの中でそのトップにある存在と考えられており、今でこそ珍しくなくなったが、少し前までは、ウィーン・フィルが来日公演を行うなどという話がきこえてくると、「本場」からやってくる「本物」の西洋音楽がきけるという夢のような機会として、人々の熱い期待のまなざしが注がれたものだ。

なぜウィーンは「音楽の都」と呼ばれ、あそこに行くと「本物」の音楽が聴けると言われるのだろうか。ある人は、ウィーンで営まれてきた音楽の「伝統」の長さや深さを引き合いに出すかもしれない。モーツァルトが、ベートーヴェンが、そしてシューベルトが、さらにブルックナー、ブラームス、マーラーに至るまで西洋音楽史を彩る錚々たる顔ぶれがウィーンを舞台に活躍した。さらに、そういう古典派以来の伝統に加え、シェーンベルクら「新ウィーン楽派」と呼ばれる一群の作曲家たちに代表されるような、西洋音楽の「革新」を志す人々も、このウィーンの「伝統」の中から出てきた。古き良き時代の伝統を守るだけでなく、新しい時代の音楽文化を切り開く役割も担ってきた、ウィーンはそんな都市だった、と付け加える人もいるかもしれない。

別の人々は、いや、「音楽都市ウィーン」のすごさは、そういうエリート音楽家の活動の部分にあるのではなく、音楽が市民の中に根付いており、市民のレベルや意識が非常に高いところにあるのだ、と主張するかもしれない。ウィーンでは八百屋の店先でも人々がオペラの話をしている、というようなことがまことしやかにささやかれる。市民たちの間で、自分たちの文化としてヨハン・シュトラウスのワルツが共有され、華やかな舞踏会がウィーンの街を彩る、こんなに「音楽的」な街は他のどこにもない、そしてまた、あのウィーンで聴かれるワルツの三拍子の独特の味はウィーンの人々にしか醸し出せない独特のものだ、というようなことまで付け加えられるかもしれない。

これらが全部ウソだなどという気はもちろんない。ウィーンがあまたの大作曲家たちの活動の場となったことは事実には違いない。だが、彼らの活躍がもっぱら「ドイツ音楽史」のコンテクストで語られており、「音楽の都」、「本場」といった表象がそのまま「音楽の国ドイツ」という表象に直結するような結果になっていることは、「正統派」ドイツ文化に対するオーストリアやウィーンの微妙な位置取りを考えるならば、かなり奇妙なことではある。西洋音楽史を語る際のこういう「ドイツ中心」の語りのモードがいったいいつから出てきたのか、その背後にどんなイデオロギーや政治力学が隠されていたのか、といったことを探ることはきわめて興味深い。そういう中で、ウィーンと音楽との関わりを語る言説の変化や、今のようなウィーン・イメージの形成の過程について検討をほどこしてみれば、いろいろなことがみえてくるだろうが、とりあえずそういう大仕事はその道の専門家に任せておくことにしよう。いずれにしても、多くの大作曲家たちがウィーンで活躍したことは事実であるにせよ、だからといって、そのことがただちにウィーンが「音楽の都」とか「本場」といった言葉と結びつけて表象されるということにつながるわけではないということ、われわれにそういう表象がもたらされる過程には、ウィーンの音楽をめぐるさまざまな言説が絡まりあい、そこにさまざまな力学が働いていることは認識しておく必要があろう。

ウィーンの人々と音楽の関わりについても、八百屋の店先でもオペラの話題が交わされるという話や、ワルツのリズムに乗って華やかな舞踏会が行われるという話を、音楽文化の豊かさといったことに結びつけるまでには相当の飛躍がある。そもそもウィーンだって相当の階級社会の名残を残しているから、オペラに親しんでいる階層とそうでない階層、舞踏会に縁のある階層とそうでない階層があることは当然であり、オペラの話題がそれほど全市民的に日常的になっているのかということ自体にも疑問がないわけではないが、もしそのように市民たちが出自や階層をこえて、そのような音楽文化に自分たちの帰属意識をもっているのだとすれば、そのこと自体が相当に際だった現象であり、そのような状況の背後にさまざまな別の要因が働いているであろうことは容易に想像のつくところである。

いずれにしても、多くの作曲家が活躍したとか、ワルツが親しまれているといった事実は、ウィーンに「音楽の都」とか「本場」といった表象がもたらされるための一要素として機能していることはたしかであるにせよ、そのことがただちに、ウィーンという都市をこれらの表象と結びつけるわけではない。誰某が活動したとか、舞踏会が行われるといった他ならぬ事柄にわざわざ目をつけ、さらにそれらを個々別々の現象としてではなく、ウィーンという都市の一般的なあり方の問題として、しかもこの都市を特徴づける、いわばアイデンティティのよすがとして規定するという操作のうちには、ウィーンという都市のもつさまざまな属性と「音楽の都」、「本場」といったレッテルとを一対一の対応関係で結びつけるような本質主義的単純モデルでは片づけられない、はるかに複雑なメカニズムが作用している。そのような重層的なメカニズムを形作る一環に、「外」の目という問題はまさに位置している。とりわけ、世界有数の観光都市となっているウィーンの場合、ウィーンの外からやってくる人間のまなざしとの関わりの中に、「音楽の都」とか「本場」といったレッテルとの関係付けがなされるための重要な要因があるということは、決して不思議なことではないのである。

4 「音楽散歩」とは何か 「音楽遺跡」の発見と変容

それでは、ウィーンという都市と音楽との関係付けがなされるにあたって、どのような装置が作動しているのであろうか。ここではまず、「音楽の都ウィーン」を彩る大作曲家の代表格であるモーツァルトやベートーヴェンと彼らの活動が、ウィーンという都市の中にどのように跡づけられ、刻み込まれているかについて考察してみよう。

ウィーンには、作曲家が住んだ家、コンサートを開いた劇場から遺体の葬られた墓地にいたるまで、数多くの「音楽遺跡」がある。多くの音楽家がこの地で活躍した以上、そういうものが数多くあるのは当然なのだが、よくよくみてみると、それらは単に「数多くある」という以上のあり方をしている。

作曲家の住んだ家には、その作曲家にまつわる記念館として再利用されているものが多い。ウィーンの街のど真ん中に位置する最大のランドマークである聖シュテファン大聖堂のすぐ裏には、モーツァルトが《フィガロの結婚》を書いたことで知られる、俗に「フィガロハウス」と呼ばれる家が建っているし、(2) 引っ越し魔であったことで知られるベートーヴェンにいたっては、ウィーン大学近くにある「パスクァラーティハウス」と、あと、郊外のハイリゲンシュタットなどに二箇所、計三箇所が記念館になっている。このほか、シューベルト、ハイドン、ヨハン・シュトラウスらの住んだ家も含め、あわせて八箇所がウィーン市立歴史博物館の分館という位置づけになっており、市の観光政策のもとに統一的に管理されているのだが、そのあり方には興味深い点がいくつかある。

驚かされるのは、これらが記念館として整備されたのが意外に最近だということである。これらの中ではシューベルトの生家が記念館に改装されたのが一九一二年とかなりはやい段階であるが、「フィガロハウス」と「パスクァラーティハウス」はいずれも一九四一年、その他についてはほとんど第二次大戦後のことなのである (Martl-Wurm 1995: 21)。その「フィガロハウス」の場合も、その中心をなしているモーツァルトの仕事場の復元が行われたのは、第二次大戦後の一九六五年の改

[1]

[2]

[3]

フィガロハウスはモーツァルト生誕250年の記念の年に改装され、「モーツァルトハウス」としてリニューアル・オープンした。その内容的な変化もさることながら、外観の変化も見逃せない。ウィーンでは歴史的に由来のある建物にはオーストリア国旗をデザインした赤白のリボンをつけることになっており、フィガロハウスにもつけられていたから、遠くからでも一目でわかる存在ではあった（[2]）。しかしその点を除くと、特に際立った外観というわけではなかったのだが、モーツァルトハウスとしてリニューアルされるにあたって、真っ白に塗られ、入り口にも自動ドアがつけられるなど、記念館という特別な場所であることを明確に意識させるような意匠になった（[1]）。
ところが、さらに遡った1930年代の写真をみると（[3]、属1938に所収）、「職業斡旋所（Stellenvermittlung）」等々さまざまな看板がかけられていて市民の生活の息吹が伝わってくるような印象があり、その変化に驚かされる。考えてみると、それ以後のウィーンの街、とりわけインネレシュタットと呼ばれる昔の城壁の内側の空間の変化は、観光化が進んで観光施設や観光客向けの店ばかりが増え、そこから市民の生活のにおいが消えてゆく、そんな変化であった。この三枚の写真はそのことを見事に語り出している。

修工事の際のことであった。

特に重要なのは、「フィガロハウス」のオープンの年である一九四一年という時期である。言うまでもなくこの時期は、ナチのオーストリア併合による「ゲルマン化」が進行した時期であった。この一九四一年はたまたまモーツァルトの没後一五〇年の年にあたっており、オーストリアを併合したナチ政権は、モーツァルトを「ドイツ文化」の英雄に仕立て上げることによって、自らのオーストリア支配の正当化を図ろうとしたのである。「フィガロハウス」のオープンはこの年に開催された「帝国モーツァルト週間」を彩る目玉行事として構想されたものだった。実際、この「帝国モーツァルト週間」のために作られた一〇〇ページ以上からなる大判の冊子（Thomas 1941）には「ザルツブルクのモーツァルト」、「ウィーンのモーツァルト」といった論考と並んで、音楽学者のアルフレート・オーレル（ブルックナー旧全集の交響曲第九番の校訂者としてお馴染みの名前である）が「モーツァルトのドイツの道」と題された論考を寄せている。[3]ウィーン市文化局の肝いりで同年に刊行された『モーツァルト年鑑（Mozart-Almanach）』（Damisch 1941、ただしこの「年鑑」はこの年しか刊行されなかったようである）の中では、ウィーン市内にある数々のモーツァルトゆかりの地が写真入りで紹介されており、「フィガロハウス」はその目玉ともいえる位置を与えられた。

これと時期を同じくして、市内の他のさまざまな場所で「モーツァルト遺跡」が「発見」されている。ティーファーグラーベンには、モーツァルトが一七七三年にザルツブルクからやってきた時に滞在した家のあった場所があり、今では建物は建てかわっているが、その旨を記した銘板が埋め込まれている。この銘板が設置されたのもまた同じ一九四一年のことであった。たかが一度滞在しナチスは1938年のアンシュルス(独墺併合)以後、オーストリアという国の文化を「ゲルマン化」し、自らの文化圏に組み入れることに力を注いできた。1941年のモーツァルトの没後150年の年は、この大々的な祝祭企画を利用してこの作曲家のドイツ人性を喧伝し、ゲルマン文化の偉大さを証明する武器として利用するまたとないチャンスとなった。命日を迎える12月に合わせて「帝国モーツァルト週間」という大々的なイヴェントが行われて、それに合わせて大判の記念冊子(1)が作られ、音楽学者アルフレート・オーレルの「モーツァルトのドイツの道」という論考も掲載されている(2)。フィガロハウスが記念館として開館されたのもその一環であり、同年に刊行された『モーツァルト年鑑(Mozart Almanach)』(3)でも写真ページ付きで大規模に紹介されている(4)。

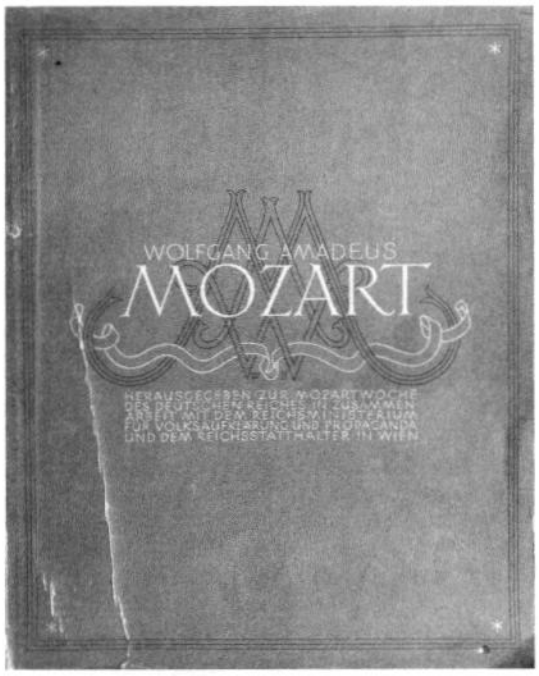

1

ALFRED OREL

MOZARTS DEUTSCHER WEG

2

3

4

たくらいで、しかも建物も残っていない「遺跡」がこの時期になって突然事後的に発掘された背景に、まさにモーツァルトをドイツの英雄に仕立て上げようとする意図があったということは、銘板の文言に如実に示されている。そこには次のように書いてある。「ウォルフガング・アマデウス・モーツァルトは一七七三年夏の三度目のウィーン滞在の折にこの家に住んだ。ウィーンでの音楽体験はここにおいて彼のドイツ芸術の巨匠への道を決定づけた」。ウィーンという街が「モーツァルトの街」として認識されるようになっていった背景にはこうした事情がある。そのことは、もっといえば、われわれの抱いているモーツァルトや音楽史の表象自体、「ドイツ中心史観」の偏りを受けている可能性を示しているともいえる。そして、これらの「遺跡」は観光資源として、われわれのそのような表象を形成し、広く流布させる上できわめて重要な役割を果たしたのである。この同じ一九四一年には、『鳴り響くウィーン (Das klingende Wien)』(Bergauer 1941) と題された、最初の「音楽散歩本」ともいうべきものも刊行されているから、こうした動きがモーツァルトに限らず、多くの作曲家に関わっており、「音楽散歩」をひとつの梃子として、「音楽の街ウィーン」という表象づくりがこの時期に一

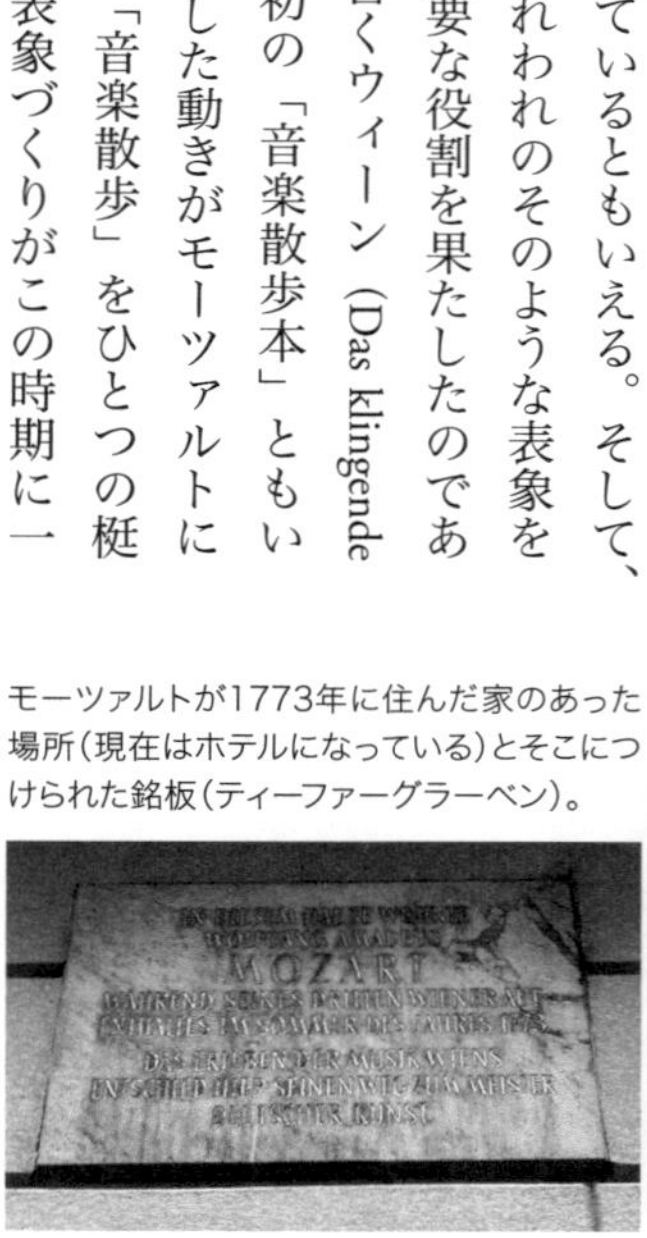

モーツァルトが1773年に住んだ家のあった場所(現在はホテルになっている)とそこにつけられた銘板(ティーファーグラーベン)。

気に進んだことは間違いない。

もう一つおもしろい例は、ハイリゲンシュタットのデープリンガー・ハウプトシュトラーセにあるベートーヴェンの住んだ家である。ベートーヴェンがこの家で交響曲《エロイカ》を作曲したということから「エロイカハウス」と呼ばれ、今ではやはり市立歴史博物館の分館としてゆかりの文物が展示されているのだが、この家については実は衝撃的な事実が明らかになっている。ワルター・ブラウナイスが一九九五年に発表した論文によれば、この場所は、ベートーヴェンが手紙に記しているオーバーデープリング四番地という住所を当時の土地台帳と照らし合わせることによって特定されたものだったのだが、ウィーンでは番地の付け替えが何度か行われており、この照合に利用された土地台帳は、この手紙が書かれた後に変更が行われてからのものであることが判明した（Brauneis 1995）。つまり今の「エロイカハウス」の場所は、ベートーヴェンが実際に住んだところとは全く縁もゆかりもないところだというのである。「エロイカハウス」にも、ベートーヴェンがこの家で《エロイカ》を作曲した旨を記した銘板が掲げられているが、これが掲げられたのは一九三〇年のことであった。こうした経過が示しているのは、少なく

ウィーンの音楽散歩本としては最古のものと思われる『鳴り響くウィーン』（右）。やはりモーツァルト没後150年の1941年に出されたものだが、戦後の1946年には多少の改訂を加えた再版が出ている（左）。見比べてみると、改訂の箇所は意外に少なく、戦後の「音楽都市ウィーン」の発展がこの戦前に敷かれたレールの延長線上にあったことを実感させられる。

ともベートーヴェンの没後、この家は完全に忘れられ、それが「発見」され、「遺跡」として認識されるようになったのは、番地の特定も難しくなるような時期になってからのことであったという事実である。

これらの例にみられるように、作曲家が仕事をした場所が存在するということと、それが「遺跡」として認識されたり保存されたりするということとは別の問題である。それらは作曲家の時代から不変のまま連続して存在していたわけではなく、何らかの別のコンテクストの中で一定の意味をもつものとして「発見」されたのである。ここに挙げた二つの例はいずれも、その「ずれ」がたまたま露呈したケースであったわけだが、この「ずれ」は単に作曲家の時代と後世という二項間の関係の問題にとどまるわけではない。むしろ、文化とはそうした「ずれ」を無数に生み出しながら展開してゆくものだと考えた方がよいのであり、その動きは今でも現在進行形で進んでいるとみた方が実態に即しているのではないだろうか。

実際、これらの記念館の状況は今でも刻々と変化している。私はこれらの記念館のうちのいくつかに、一九八九年と二〇〇一年の二回、訪れているが、作られている案内冊子などもこの間に見違える

「エロイカハウス」とそこにつけられた銘板

くらいに立派なものに変わっている。そういう中で特に興味深かったのが、ヘッドフォンで音楽を聴くことができる装置の設置であった。これは一九九四年前後に設置されたということだが、「フィガロハウス」においても、「パスクァラーティハウス」においても、作曲家がそこに住んでいるときに作曲した曲の録音がおさめられており、選んで聴くことができるようになっている。実際に入っているものは、カルロス・クライバーの指揮による《運命》など、ＣＤを買えば簡単に聴くことのできるものが大半で、わざわざそんなところに行ってまで聴くほどのものではないのだが、なぜそんなものをわざわざ聴かせているかということを考えてみるとなかなかおもしろい。まず、マニアックな「クラシック・ファン」ではなく、一般の観光客に照準を合わせているという側面が明らかに認められる。そういう聴衆の場合、音楽のことに関心があり、その延長上でベートーヴェンやその活動に関心をもったというのではなく、ウィーンという都市を見に来て、この都市のアイデンティティを構成する不可欠の要素として、音楽に注目するという順序になるのは明らかなことだ。

このことにも関連するが、われわれのように、ともすればこれまでの「クラシック」理解の延長上にものを考えようとしがちな音楽の世界の人間は、ウィーンという都市とこれらの音楽家たちの活動や作品との関わりを考える際には発想の転換が必要だということを、この事例は教えてくれてもいる。音楽と都市との関わりを考えるとき、われわれはつい、音楽を考える上で、それがどんな状況で、またどんな場所で生み出されたのかを知ることによって、作品をより深く体験できるとか、音だけ聴いていたのではわからない意味を理解できるというように考えてしまいがちである。いわば音楽というテクストを体験したり解釈したりする際に、それが生み出されたウィーンという都市

ウィーンにあるモーツァルトやベートーヴェンの記念館に設置されたヘッドホン。上はフィガロハウスでヘッドホンから音楽を聴く人々、左はパスクァラーティハウスのヘッドホン。

を背景的なコンテクストとして援用しようとする立場である。しかしもしかしたら、これとは逆のモデルで考えてみる必要があるのではないだろうか。

これはまさに、序章で触れたイギリスのポピュラー音楽学者であるサラ・コーエンの考察がそのまま当てはまる問題であると言って良い。コーエンが、リヴァプールのビートルズ関連の史跡をまわる体験をモデルに、音楽と都市の間のテクストとコンテクストとの関係を逆転させる考え方を提示したことはすでに述べたが、彼女がそこで言っていた、モデルコースに沿ってこれらの施設をまわると、いたるところでビートルズの音楽が鳴り響いており、人々はそれらを背景にしてリヴァプールという街を認識するという話が、ウィーンのこれらの記念館においては、まさに文字通りヘッドホンを通して鳴り響くベートーヴェンの作品をめぐる体験のうちに具現されているのである。そして、こういう装置がかなり最近になってつけられたという事実は、本章の問題意識のところでみたような《名曲アルバム》的な体験を保証するような仕掛けを縦横にはりめぐらすような営みが、今なお現在進行形で間断なく続けられているということを示しているのである。

記念館のヘッドホン装置は、ウィーンという都市をモーツァルトの街として認識するためのコンテクストとして音楽が直接的な形で持ち込まれている例であるが、もっと間接的な仕掛けもいろいろある。ウィーンの街の中にあるおびただしい数の音楽家の記念像、音楽家やその活動に由来する「エロイカ通り（Eroicagasse）」、「ベートーヴェン小路（Beethovengang）」といった通り名なども、「音楽の都」を演出する重要な要素である。特にハイリゲンシュタットの周辺には多くの「ベートーヴェン遺跡」が網目のように張りめぐらされており、まさに街中のいたるところからベートーヴェンの音楽が鳴り響いてくる風情になっている。「ベートーヴェン小路」は、「小川のほとりの光景」と題された『田園』の第一楽章のモデルになったとされる川沿いの道であり、そのどん詰まりには「ベートーヴェンの休憩所（Beethovenruhe）」と名付けられた広場があって、ベートーヴェンの胸像が設置されている。さすがにスピーカーで『田園』の一節が流れてくるということはないが、人々がウィーンという都市をベートーヴェンやその音楽をコンテクストとして体験し、認識するための恰好の装置となっている。

ウィーンが「音楽の街」であるのは、多くの音楽家の活動がウィーンというコンテクストの中で成り立っていたからではない。ウィーンという街が、これらの音楽家やその活動というコンテクス

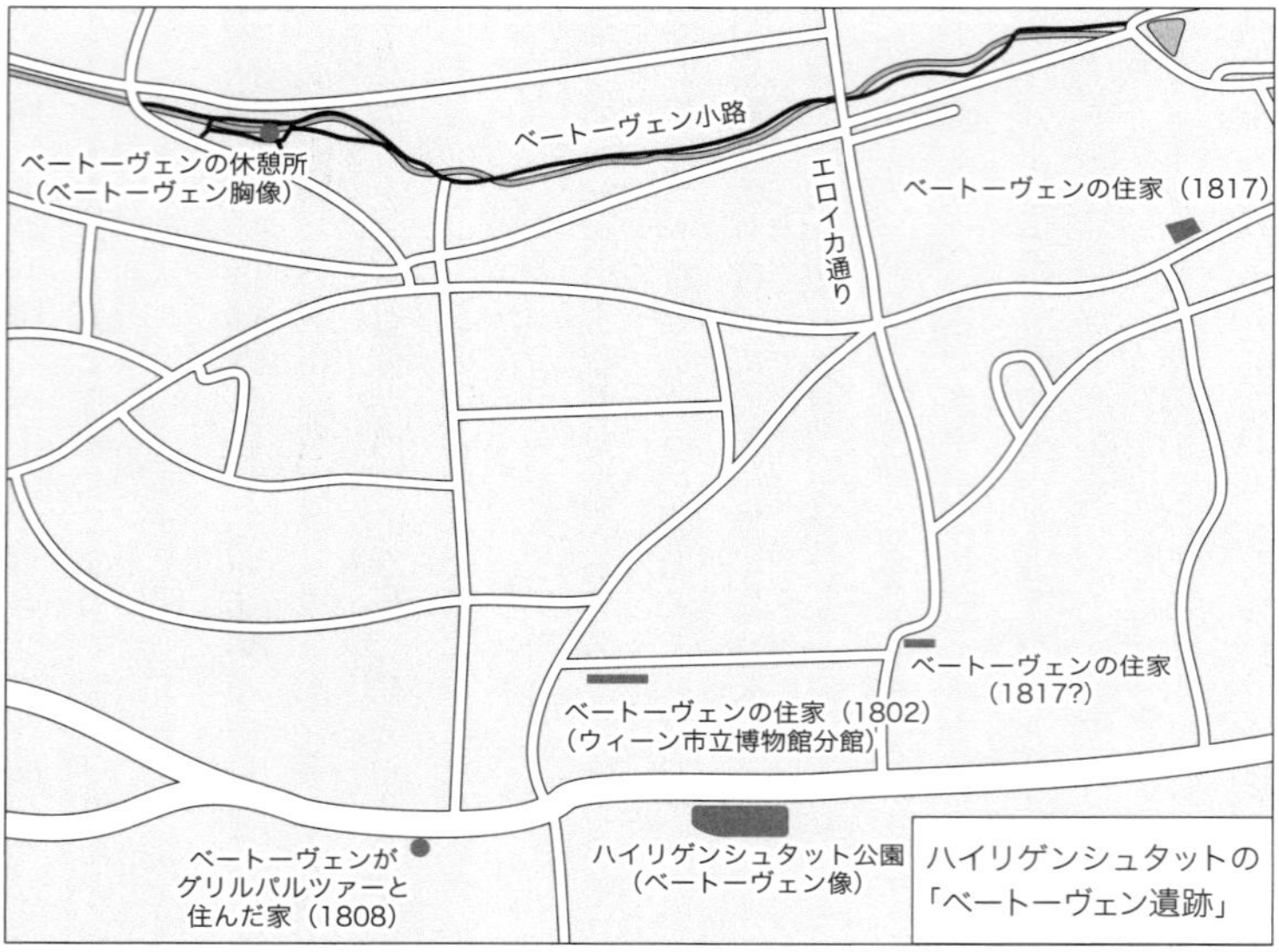

ベートーヴェン小路とエロイカ通りの交差点

ベートーヴェン小路4番地の家。
どんな人が出てくるのやら…。

「ベートーヴェン小路」に沿って川が流れている。《田園》第一楽章の「小川のほとりの光景」のモデルになった場所と言われる。

「ベートーヴェンの休憩所」に立つベートーヴェンの胸像

「ベートーヴェン小路」からほど近いハイリゲンシュタット公園にも、散歩姿のベートーヴェン像がある。ウィーンの各所にあるこうした作曲家の記念像も、「音楽都市ウィーン」を形作る物語が紡ぎ出されてゆく上で欠かせない要素となっている。

《小川のほとりで〈田園〉を作曲するベートーヴェン》(版画、1834年)。手には五線紙を持っている。まさに後世の想像力の産物である。

トの上に、つまりそれらに関するストーリーや物語を背景に成り立っているという構造になっているということにこそ問題のポイントがある。そしてそのような形でウィーンの街の背景に音楽家にまつわるストーリーをまとわせる役割を果たしてきたのがまさに観光であった。一九四一年に刊行された『鳴り響くウィーン』が、ウィーン最初の「音楽散歩本」になったことはすでに述べたが、この種の本は今日でも数多く出版されている。タイプは様々だが、ウィーンほど「音楽散歩」的な本が出ている都市はたぶんほかにはないだろう。

そのものずばり『ウィーン散歩：古典派の音楽』(Nebehay 1985) というタイトルのものにはじまり、『ウィーンの音楽遺跡』(Kretschmar 1988) といった一般的なものから、『ウィーンのモーツァルトの足跡』(Kretschmar 1990) といった、個々の作曲家の足跡をたどるものまで、実に多様な「音楽散歩本」が出版されている。これはウィーンだけに関わるものではないが、そのうちの一冊には、『ウォルフガング・アマデウス・モーツァルトの足跡をたどっ

ウィーンの「音楽散歩本」さまざま。作曲家ごとに生涯に沿って関連する場所を紹介してゆくタイプのものから、地区ごとにみどころを紹介したものまで、いろいろなタイプのものがある。

て：ザルツブルク、プラハ、ウィーンの伝記的旅行案内』というタイトルがつけられている（Weiss 1997）。その象徴的な副題が示しているように、一面ではこれはモーツァルトの伝記であり、これらの各都市での彼の足跡を追いながらその生涯を記述した本である。しかしこの本は他方で、これらを「モーツァルトの街」として読み解くためのツールとなっている。登場する場所ごとに、そこへの行き方を示す地図や交通案内が掲載されているだけでなく、表紙裏の折りたたまれたページを開くと、すべての「モーツァルト遺跡」の書き込まれたウィーンの市街図があらわれる。伝記でもあり、旅行案内でもあるという、このタイトルの両義性のうちに、ウィーンという街とモーツァルトの活動やその作品とが見事に重ね合わされているのである。

　これらの「遺跡群」の中核を形作る「フィガロハウス」などの博物館を運営する市当局やさまざまな観光産業がこうした結びつきをさらに堅固なものにするとともに、さらに新たな「遺跡」を組み入れたり、新しい案内板を掲げたりという行為を通じて、そのあり方を変容させてゆく。

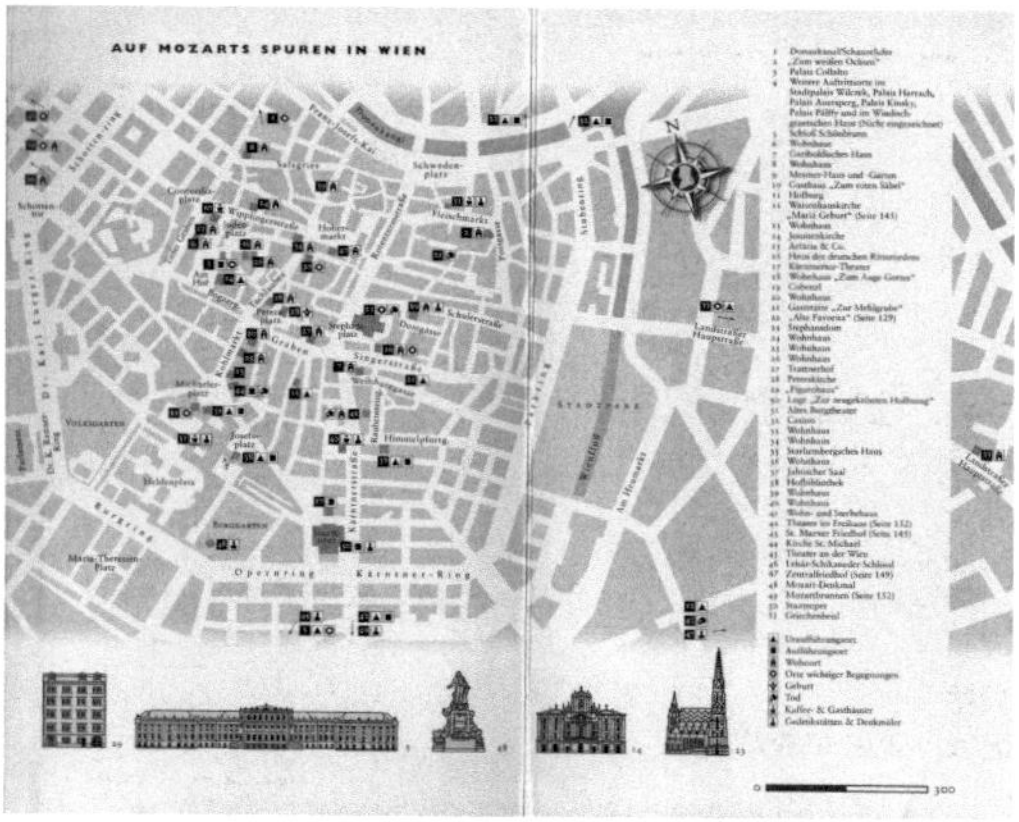

『ウォルフガング・アマデウス・モーツァルトの足跡をたどって：ザルツブルク、プラハ、ウィーンの伝記的旅行案内』（Weiss 1997）につけられている付録のウィーン市街図には、モーツァルトゆかりの場所がまとめてプロットされており、まことに壮観である。

「エロイカハウス」の一件だって、たしかにそのオーセンティシティへの懐疑は観光政策にダメージをもたらす部分はあるだろうが、逆に考えれば、「真のエロイカハウス」の場所が発見されたということでもあるから、やがてはその場所が新たに「観光地化」され、新しい銘板がつけられたり、そこにやってくる観光客を目当てにして、「エロイカ饅頭」的な商品が開発されないとも限らないのである。そしてそういう際にはおそらく、「真のエロイカハウス」の発見が、ベートーヴェン像自体の書き換えとことさら連動させられたような形で喧伝されることにもなるのである。

これに関連して、ウィーンの土産品として名高い「モーツァルト・クーゲル（Mozartkugeln）」というチョコレート菓子のことに触れておこう。ウィーンの街を歩いていると、いたるところにモーツァルトが立っている！　もちろん、ブルク公園の中にある有名なモーツァルトの立像のことではない。街角のいたるところに立っているモーツァルトの正体は、モーツァルトの名を冠したこの菓子の宣伝看板である。たかが土産物と侮ることはできない。こういうものも「モーツァルト像」を形成・変容させてゆく重要な要因となるからである。

実は「モーツァルト・クーゲル」は登録商標ではないようで、いくつものメーカーから出されている。そしてそれらのあり方をよくみてみると、そこにさまざまな仕掛けを見いだすことができるのである。今最もポピュラーな「モーツァルト・クーゲル」は、ミラベルという菓子屋のもので、ウィーンのどこにでも売っている。件の宣伝看板はこの会社のものであるが、これがいかにポピュラーな存在であるかということは、モーツァルトの作品を集めたCDにこの意匠が使われるという、何とも倒錯した状況によく現れている。しかしこのメーカーは実は「モーツァルト・クーゲル」の

聖シュテファン大聖堂近くにあるモーツァルト・グッズの専門店。

モーツァルト・クーゲルはいろいろなメーカーで作られている。中央下にあるミラベルというメーカーのものがもっともポピュラーで、日本でも売られているのでお馴染み。右下の球状のケースがザルツブルクの本家本元・フュルスト製。

ミラベル製のモーツァルト・クーゲルの意匠を拝借した、モーツァルト名曲集のCDまで出現！

本家本元ではない。モーツァルト・クーゲルを一八九〇年に最初に売り出したのはフュルストというザルツブルクの菓子屋で、これは今でもザルツブルクのその店に行かないと買うことができない。ウィーンのもっともポピュラーな土産物の一つである「モーツァルト・クーゲル」は、モーツァルトと同じザルツブルクの産だったのである。ここでおもしろいのは、今、ウィーンで最も勢力をふるっているミラベルもまたザルツブルクの菓子屋だということである。そしてここの「モーツァルト・クーゲル」のパッケージには、「正真正銘ザルツブルクのモーツァルト・クーゲル（echte Salzburger Mozartkugeln）」という表示がある。つまりこれは、ウィーンで作られた凡百のモーツァルト・クーゲルとは違って、モーツァルトの故郷であるザルツブルクからやってきた「正真正銘」のものであることをうたい文句にしているのである。ザルツブルクには本家本元のフュルストがあるのだから、そちらでは「正真正銘」のものにはなりようがないのだが、ウィーンに出て「ザルツブルク」のものという形で差異化をはかるという戦略が成功したのである（なにやら、デパートの「地方物産展」によくある、地元では見たことのない「現地直送」の店みたいな話ではあるが）。

ウィーンの菓子屋も負けてはいない。ホーフバウアーというウィーンの菓子屋で作っているモーツァルト・クーゲルをみてみると、何とまあ「ウィーンのモーツァルト」という、短文がのっており、次のように書いてある。「ウィーンにおいてモーツァルトは彼の生涯と芸術創造にとっての最もすばらしい時期を過ごした。モーツァルトにとってウィーンは彼の音楽のインスピレーションであったが、ホーフバウアーにとってウィーンは一八八二年以来、その洗練された菓子のインスピレーションとなっている」。こうなってくると、完全にザルツブルクとウィーンとの「本場争い」で

モーツァルト・クーゲルの宣伝看板をもったモーツァルト君がお出迎えする店も。

土産物店の入口から上を見上げると、そこにもモーツァルト君が。

ある。大げさな言い方をすれば、この争いは、モーツァルト像のあり方を左右する力をもっている。ちょうど、ナチによるオーストリア併合のもとで、モーツァルトがドイツ芸術の英雄に仕立て上げられていったのと同様、このウィーンとザルツブルクの戦いの結果いかんで、モーツァルトは「ザルツブルクの作曲家」にも「ウィーンの作曲家」にもなりうるだろう。ザルツブルクの菓子屋の勢力が強くなれば、もっぱらザルツブルク時代の作品がバックに流れる機会が多くなり、いかにモーツァルトの作品の中で「中央」のロジックに回収されないローカルな要因が息づいていたかという面が強調され、モーツァルト像が一変する、というようなことだって起こりうるかもしれないのである。

5 メディア・イヴェントとしての「ニューイヤー・コンサート」

すでに述べたように、ウィーンが「音楽の都」と呼ばれる、もう一つの決め手となっている要因が、ヨハン・シュトラウスなどに代表される、ワルツや舞踏会の文化である。モーツァルトやベートーヴェンよりはさらに民衆的なレベルで、また史跡をめぐるというのとは違って、実際に音楽が演奏される「生きた」伝統として、これが「音楽都市ウィーン」のアイデンティティ形成に非常に大きな役割を果たしてきたことは言うまでもない。しかしこれもまた、よくよく眺めてみると「外」との関わりについての興味深い論点を提供してくれるのである。

ウィーンのワルツ文化というとき、その代名詞のように語られるのが、ウィーン・フィルが毎年行っている「ニューイヤー・コンサート」である。世界の代表的オーケストラの一つであるウィーン・フィルであるが、この時ばかりは、ウィーンというローカルな都市の文化伝統を担う存在として機能してきた。ウィーン・フィルの演奏するウィンナ・ワルツの、あの独特のリズムは、他のオーケストラでは絶対に真似ができない、などとも言われてきた。それはシュトラウス以来連綿と続いているウィーンの固有の文化であり、国際化の波の中にあっても、人々に支えられて今日まで毎年続けてこられたのだ、とされてきた。アンコール曲としてウィーンの象徴とも言うべきあの《美しく青きドナウ》が必ず登場し、最後の《ラデツキー行進曲》で観客も一緒になって手拍子で新年を祝うことによってようやく年が明ける、ウィーンの人々のそんな感覚こそ、この街が「音楽の都」であることの証である、そんな風に考えられてきたのである。

だが、こういうものが一九世紀から伝わるウィーンの古きよき伝統だ、などと思って目を細めていると、冷や水を浴びせられることになる。今ここに描き出したような「ニューイヤー・コンサート」のアンコールの様子は、いったいいつ頃からはじまったのか。一九五四年の「ニューイヤー・コンサート」（クレメンス・クラウスが指揮した最後の回のものである）の実況録音ＣＤがあるのだが、それをきいてみると今日われわれが「ウィーンの伝統」と信じているものとだいぶ様子が違うことに気づく。今日では、アンコール曲の《美しく青きドナウ》にはいろうとして、指揮者が演奏を始めると客席から拍手がわき上がるので、指揮者は演奏を一旦やめて客席の方に向き直り、新年の挨拶を述べてからあらためて演奏に入るというのが一種の「セレモニー」になっている。あまりにもあからさまな「やらせ」なので、見るわれわれからすると、そのときの指揮者の照れくさそうな顔の方が見ものだったりするくらいなのだが、この五四年の録音ではそういう「セレモニー」は行われていない。たしかに、客席から拍手がわき上がって演奏を中断してはいるのだが、それをきっかけに新年の祝辞を述べることはないし、この拍手による中断は他の曲でもたびたび行われているから、これはニューイヤー・コンサートの伝統というよりは、この時代の演奏会における拍手のあり方一般に関わる問題とみるべきであろう。また、《ラデツキー行進曲》の演奏に合わせて観客が手拍子を打つという今日ではおなじみのシーンも全くない。これらは古くから伝わるウィーンの伝統などでは全くないのである。

もっとも、そんなことを言い出せば、「ニューイヤー・コンサート」自体、「ウィーンの伝統」などとは全くいえないような存在である。これが開始されたのは一九四〇年（正確に言うと、第一回だけは大晦日に開催されたので一九三九年ということになるが）のことであり、それまでのウィーン・フィルはシュトラウスの曲を好んで演奏する伝統すらなかったし、シュトラウス自身もウィーン・フィルを指揮する機会はきわめて数少なかった。シュトラウスの生前に指揮者のハンス・リヒターがシュトラウスのワルツを無視したというのでシュトラウス一家が怒っている手紙（一八八六年）などというものも残っている（Blaukopf 1992:306）。ウィリ・ボスコフスキーやロリン・マゼールといった指揮者たちが自らヴァイオリンを手にワルツを指揮する姿は、あたかもシュトラウス自身がウィーン・フィルを前にやっていたスタイルを継承していたかのような印象を与えてしまうのだが、実際はそんなことはなかったのである。もちろん、ウィーン・フィル以外のところでのワルツの演奏伝統があったことは間違いなく、だからこそシュトラウスのワルツを演奏するための「ニューイヤー・コンサート」という企画もスタートしたのだろうが、この企画そのものはまさしく「創出された伝統」なのである。

このコンサートが開始されたのが一九三九年末という、ナチによるオーストリア併合の時期であったことに注意しておく必要がある。「ウィーンの伝統」を前面に押し出したこのような催しが始まったのは、明らかに、ナチ体制下におけるオーストリアの文化ナショナリズムの発露の一環としてであった。クレメンス・クラウスの指揮で行われたこの最初のニューイヤー・コンサートに聴衆として立ち会ったフランツ・マイラー（元ヨハン・シュトラウス協会会長）の回想によれば、この演奏会は異様な空気に包まれていた。人々は、クラウスが意識的にオーストリアの文化として提示したシュトラウスの音楽の中に「もはや存在していなかったオーストリアという国の存在を感じ取ろうとした」のであった（Endlicher 1997）。その意味でニューイヤー・コンサートは、同じ「音楽の都」の一環をなすとはいえ、モーツァルトを「ドイツ文化の巨匠」としてたたえた、あの銘板のちょうど裏返しのような位置にあるともいえる(4)。

話を戻そう。このコンサートのハイライトでもある、あの《美しく青きドナウ》冒頭の「セレモニー」や、《ラデツキー行進曲》での手拍子はいったいいつ始まったのだろうか。件のCDに収録された一九五四年のニューイヤー・コンサートの直後に逝去したクラウスに代わり、翌一九五五年から二五年の長きにわたってこのコンサートを指揮し続けたウィリ・ボスコフスキーの時代であることは間違いないが、残念ながら現段階では正確なことはわからない。ただ、DVDで出ている一九七四年の実況映像をみるとこの時点ではすでにこれらのやり方が基本的には確立していたことがわかる。「セレモニー」に関しては、この一九七四年はボスコフスキーがこの演奏会を指揮し始めてちょうど二〇年目となることを記念して楽員が彼にプレゼントを贈るという別の「セレモニー」が行われているのでなかなか判断が難しいのだが、自然発生的というよりはかなり形式的に、一旦始めた演奏を拍手で中断するというやり方が行われていることははっきりみることができる。また、《ラデツキー行進曲》の手拍子の方もたしかに行われてはいるのだが、今日のように指揮者が最初からほとんど客席の方を向いて聴衆を「指揮」してしまうのとはだいぶ様子が違う。最後の部分で一部、客席を向いているようにみえるが（この部分、カメラが引いているためはっきりとは確認できない）、ボスコフスキーは基本的にはずっとオーケストラに向かって指揮し続けており、手拍子の様子は、今日と比べるとはるかに統制されている度合いの少ないものである。

実はこの間の時期は、ニューイヤー・コンサートがテレビ中継されるようになり、その放送エリアが全世界に向けて徐々に広がっていった時期であった。一九五九年にヨーロッパの九つのテレビ局を通じて最初の中継映像が配信されて以来、この演奏会はウィーンで行われるウィーン市民たちの行事であることをこえて、全世界的なメディア・イヴェントへの道をたどっていくことになったのである。《美しく青きドナウ》と《ラデツキー行進曲》の二曲がアンコールの「定番」として完全に定着したのも、実はこのテレビ中継が始まってからのことであった。しかし七四年の映像の全体的な印象から言う限り、この時期のニューイヤー・コンサートはまだ、今日のそれと比べればかなりローカルな行事の色彩を残していたように思われる。この回の「セレモニー」にみられる、二〇周年を迎えたボスコフスキーにヴァイオリンをかたどったディナーをプレゼントするといった趣向にせよ、茶目っ気あふれる打楽器奏者のフランツ・ブロシェクがおどけた仕草で客席を沸かせる場面にせよ、テレビが意識されているとはいえ、ウィーンのオーケストラとウィーンの聴衆との間でのやりとりという色彩が強く感じられる。

それに対し、その後の時代になると、ニューイヤー・コンサート全体が、中継をみている世界の人々をターゲットにしたものに変わってくる。とりわけ、《美しく青きドナウ》の冒頭、拍手で演奏を中断した指揮者が聴衆の方に向き直って述べる新年の挨拶には、中継映像を比較してみるだけでも明らかな変化がみてとれる。一九九〇年前後の映像を見る限りでは、指揮者の音頭で、楽員たちが声を合わせて〝新年おめでとう(Prosit Neujahr!)〟と叫ぶだけの簡素な挨拶が一般的であり、特にテレビ中継を意識しているような雰囲気は必ずしもないのに対し、二〇〇〇年頃から、ホールにいるウィーンの聴衆というよりは、明示的にカメラの向こうにいる世界の人々に語りかけるようなシーンがにわかに多くなってくる。そこで語られることは、世界の人々の平和や幸福、そこに向けての連帯を呼びかけ、音楽のもつ普遍的な力を讃えるような内容が多く、「音楽家はしばしばもっとも良き大使となります」、（二〇〇〇年、リッカルド・ムーティ）、「音楽は世界中の人々が理解できる唯一の言葉です」（二〇〇三年、ニコラウス・アーノンクール）といった言葉が臆面もなく飛び出してくる。

また、小澤征爾がはじめて登場した二〇〇二年には、楽員が交代で立ち上がり、「新年おめでとう」というせりふを各国語で述べるという趣向が取り入れられ、コンサートマスターのライナー・キュッヒルが日本語を担当し、最後に小澤が中国語で締めくくるというおまけまでついた（キュッヒル夫人は日本人、小澤は旧満州、現在の中国東北部の生まれである）。各国語での新年の祝辞という趣向ははじめてのことではないが、小澤の初登場の機会にこういう企画が展開されたことには、このニューイヤー・コンサートで新年を祝うという営みをウィーンのローカル行事にとどめることなく、テレビをみているアジアの人々なども積極的に引き込んでゆこうとする意志をみることができる。

ニューイヤー・コンサートは、このような形でテレビの前にいる人々を巻き込むことによって、世界的なイヴェントとしての性格を強めてきたのであるが、この変化はまた、会場の聴衆の変質とも連動している。小澤の登場時に行われた各国語の新年の祝辞の際には、コンサートマスターが日本語で「新年おめでとうございます」と言ったとたんに会場で盛大な拍手と笑いがわき上がった。中継映像からも確認できることだが、客席には相当数の日本人観光客がいた。実際、中継映像の配信が世界に広がるにつれ、ニューイヤー・コンサートのチケットには海外からの予約が殺到し、ウィーンの住人が入手することが非常に難しくなっているという話もきく。もはやこの行事はウィーンの人々が固有のワルツの文化をもっているというようなこととはほとんど縁のない話になってきているのである。(5)

しかしそれは、ニューイヤー・コンサートが「国際化」によってローカリティを失ってしまったということではない。「音楽は国境を越える」といった、いささかアナクロニスティックな言説のうちには、「西洋」が、そしてその中心としての「ウィーン」が自らを他から差別化された世界の中心として位置づけようとする強烈な自負が潜んでいるのであり、その意味で、一見「グローバル化」にみえるこの動きは、ウィーンのローカル・アイデンティティの強化と表裏一体になっているところに最大の特色がある。ニューイヤー・コンサートは、ウィーンのローカルな文化伝統を世界に宣伝すると同時に、それを普遍的な価値をもつものとして世界にアピールするための絶好の装置となっているのである。

そのような両面性は中継映像の作りにも端的にあらわれており、古い映像を比較してみれば、そういう性格が急速に強まっていることは明らかである。実際、世界に配信される中継映像は、単にオーケストラや客席を映したホールの映像だけでなく、バックにさまざまな映像を組み合わせた、相当に凝ったものになってきている。一部の曲で、音楽に合わせて、国立歌劇場バレエ団による踊りの映像が流されるということは、中継の始まった初期の段階から行われていたが、それがスタジオ収録からロケ収録に変わり、とりわけシェーンブルン宮殿、国会議事堂といった、ウィーンのきらびやかな伝統を感じさせる場所を選ぶ傾向が強まってきている。バレエそのもの以上に、ウィーンの宮廷文化の伝統をみせたいという意志を強く感じさせるのだが、他方で、プリセツカヤ、マラーホフといった世界の一流の踊り手を呼んできたり、時にはキーロフ・バレエ団をそっくり呼んできたりといった「国際化」的な要因が同居していることも見逃せない。こうした状況の中には、ウィーンのローカリティがまさにグローバル化的な状況の中で生成されてきている現代の状況が象徴されている。

また、伝統的なバレエ映像だけでなく、ウィーン市内のさまざまな場所の風景映像がバックに流れるケースも多くなってきている。《皇帝円舞曲》にはシェーンブルン宮殿、《水彩画》には美術史美術館という具合に、曲の内容に関連した映像が映し出されるケースが大半だが、二〇〇〇年の《美しく青きドナウ》(ムーティ指揮)にいたっては、ブルク劇場にはじまり、シェーンブルン宮殿、ベルヴェデーレ宮殿、カールス教会、さらには「ウィーン世紀末」ブームで一躍有名になった、オットー・ワーグナー設計のアム・シュタインホーフ教会に至るまで、ウィーンの観光スポット総登場のような映像が流されており、まるでウィーンの観光宣伝用イメージ・フィルムさながらだった(実際、ウィーンの観光ビデオの多くはこの曲をバックグラウンド・ミュージックとして使っている)。こうなると、ウィーン・フィルという団体そのものが、ウィーンの観光産業にとって欠くことのできない巨大な宣伝装置になっているともいえ、毎年のように行われるウィーン・フィルの海外公演がウィーンの観光宣伝のための出前興行だという陰口をたたかれるのも無理からぬところである。もちろん、そういうあからさまな「観光化」に眉をひそめる人も多かろうが、われわれが「ウィーン的」であるとか「ウィーンらしい」と呼ぶようなもの自体、こうした状況と相関しつつ現在進行形で形作られているものにほかならないのである。(6)

このようなことは、単に音楽の外側の話にとどまるわけではなく、音楽自体のあり方とも直接に連動している。そこでのウィーン・フィルの演奏の中に刻み込まれている（とわれわれが思っている）「ウィーン的」な要素や「ウィーンらしさ」自体、まさにこういう関係性の中で生み出され、変容しているのである。三拍子の一拍目が縮まり、二拍目が長く延びる、「タラーッター」というあの独特なワルツのリズムなども、ウィーンの人でなければ到底真似できない、さすがにウィーンの伝統は深い、などと言われるのだが、実は「ウィーン固有の文化」などという簡単な話ではなく、このような「外」との関係性の中で捉えてゆくべきものなのである。

試みに、《美しく青きドナウ》の主部冒頭部分を材料に、ウィーン・フィルの古い録音などをいろいろ集めて調べてみた。長い序奏が終わり、「待ってました」とばかりにおもむろに主題が登場するこの部分は、あの三拍子リズムが「ウィーンの味」をたっぷり味わわせてくれる象徴的な箇所なのだが、今日残っているウィーン・フィルの録音では最古のものであるヨーゼフ・クライン指揮による演奏（1924）を聴いてみると、驚いたことに、そのような影はみじんもなく、三つの拍をほぼ均等に割るような弾き方で淡々と進んでいってしまう（今日ならさしずめ、無粋の極と罵られ、ウィーン・フィルの爪の垢でも煎じて飲んでこいなどと言われることであろう）。一九三四年にジョージ・

セルが指揮したものでは、多少二拍目が延びる傾向が看取できるが、かなり速いテンポで、しかも各小節の二拍目がほぼ均等に延びるパターンで進んでいくので、そのさらりとした雰囲気は、最近の演奏にみられるような濃厚な「ウィーン風」とはだいぶ趣が違う。残されている録音でみるかぎり、今日われわれが知っている「ウィーン風」がはじめて確認できるのは、ニューイヤー・コンサートの創始者であるクレメンス・クラウスによる一九四一年の録音であるから、これもまたナチ支配下での「ウィーン・アイデンティティ」を形作る一環として「創出」されたものであることは想像に難くない。

もう一つおもしろいのは、二拍目が延びるこの「ウィーン風」の傾向が、その後さらに強まっており、一九九〇年代のズービン・メータやリッカルド・ムーティの演奏などになってくると、クラウスなどと比較しても相当に極端になってきているということである。伝統が守られているどころか、むしろ「進化」しているという感をいだかざるをえないのだが、これについても、「外」との関わりで考える必要がある。たとえば、ヨーロッパの二大オーケストラとしてウィーン・フィルと並び称されるベルリン・フィルの残したウィンナ・ワルツの録音でも、一九六〇年代以降の録音になると、「ウィーン風」スタイルが強まってくるのである。この時期にベルリン・フィルでの録音を残している指揮者のヘルベルト・フォン・カラヤンはザルツブルクの生まれでウィーン・フィルでも活躍しているから、彼が「ウィーン風」をベルリンに持ち込んだとみることもできようが、他のオーケストラも基本的に似た傾向にある。考えてみれば、衛星中継を通じて、ニューイヤー・コンサートがあれだけ世界的なイヴェントになってきているのだから、そのスタイルがウィーンの内側だけにとどまっているなどという方がよほど不自然であり、皆がウィーン風の「本物」に近づこうとするのは当然といえば当然のことともいえる。その意味では、ここでもウィンナ・ワルツは世界のものになってきているのである。

だが、それによって「ウィーン風」が失われたわけではない。最近のウィーン・フィルの演奏において、二拍目の延びがさらに強まっているという動きは、まさにそういう中でウィーンがさらなる差異化をはかり、「本場」としての地位を確保しようとしていることの結果とみることもできるのではないだろうか。「グローバル化」することによって、むしろますます、「本場」ウィーンのローカル・アイデンティティが再認識される、そんな構造がここにも現れている。「ウィーンらしい」リズムは、決してウィーンの中で内向きにはぐくまれたものではなく、不動のものとして守られているわけでもない。それは、一方で「外」の文化と交わりながら、他方でそれを自らのうちにフィードバックさせて、つねに自己のアイデンティティのありかを確認しながら変容を続けている。「観光」は、そういう関係性のただ中で最も重要な役割を担っているのである。

付記　「モーツァルトハウス」への道

本書におさめた各章の原型となった原稿のほとんどは、書かれてから一〇年くらいが経過しており、そのために各章にこのような形での「付記」を加えているわけだが、その中でも一番古い時期に書かれたのがこのウィーンに関する部分で、二〇〇五年にすでに単独の論文として公刊されている。もちろんウィーンは「歴史保存」を中心に据えた観光都市としての性格が非常に強いから、その街並みがどんどん変化してゆくということはない。昔の城壁の跡に作られたリングと呼ばれる環状道路の内側に位置する旧市街（インネレシュタット）の部分は、街並み全体が観光客向け施設の様相を呈しており、そこに暮らす人々の生活臭をほとんど感じることができないテーマパークのようなものになっている。その意味では、街中が工事場と化し、日々その姿を変えていた統合後のベルリンなどとは対極に位置するような存在であり、二〇〇五年から一〇年以上が経過していても、書かれている街の様子そのものは基本的にはほとんど姿を変えていないと言った方がよいかもしれない。

しかし、そのことは単に何も起こっていないということを意味しているわけではない。実際、ウィーンの街を歩いていると、ベルリンと同じような大型クレーンの姿をあちらこちらで見かけ、ベルリンに負けず劣らずの「工事場都市」であると思わされることもある。ただその工事のほとんどが修復や保存のためのものであり、その光景をみるにつけ、ウィーンのような「歴史都市」が、一見昔のたたずまいをそのまま保っているようにみえながら、それを「保存」するためにいかに多くの労力や資金が投入され続けてきたか、いかに強い「保存」への意志がそれを可能にしていたのか、ということをあらためて感じさせられるのである。

「音楽散歩」に関わる部分で、そのようなたえざる修復のあり方を文字通り体現しているのが、本論でも触れた、モーツァルトの旧宅「フィガロハウス」である。二〇〇五年以後の変化といえばまず、この「フィガロハウス」が、モーツァルト生誕二五〇年にあたる二〇〇六年に装いを新たにし、「モーツァルトハウス」としてオープンしたことを挙げねばならない。一七八四年から一七八七年まで、《フィガロの結婚》や多くのピアノ・コンチェルトの傑作群など、きわめて多くの作品が生み出された三年間をモーツァルトが過ごした建物であるが、以前から公開されていた、モーツァルトが当時住んでいた部屋を再現した二階のフロアに加え、モーツァルトの音楽をテーマにした三階の展示空間、モーツァルト時代のウィーンをテーマとした四階の展示空間が新たに組み込まれた。そして一階にはカフェなども併設されて、文字通り全館が「モーツァルトハウス」という名の記念館となったのである。

美術館、博物館、記念館等の施設が複合施設化し、ミュージアムショップやカフェの部分が拡大してくるというのは近年、いろいろなところで共通する動きであり、ウィーンのモーツァルトハウスの場合もこうした流れと軌を一にしているともいえそうだが、この施設の歴史を振り返ってみると、このような動きは今にはじまったわけではないことがわかる。また本論の中では、フィガロハウスが記念館としてオープンしたのが一九四一年のことであり、オーストリアを併合したナチ政権がこのモーツァルト生誕一五〇周年記念の年を利用し、この作曲家を「ゲルマンの巨匠」に仕立て上げてゆこうとした結果であったことを述べたが、いろいろ調べてみると、これまた、必ずしもそれだけが突出した動きだったというわけでもなかったということもわかってくるのである。

この場所を、モーツァルトを記念する場所として整備しようとする動きは、ナチ政権以前からすではじまっていたものであったし、ナチの時代に形をなしたこの記念施設をさらに拡充する動きもまた、第二次大戦後になっても間断なく続けられてきた。新装なった「モーツァルトハウス」は、いわばそのような長期にわたる拡充整備の総仕上げとも言うべき存在とみることができる。この記念施設で発行されてきた案内冊子を古いものから新しいものまでいろいろ並べて比較してみると、この冊子自体がどんどん厚みのある立派なものになってゆくこともさることながら、この施設がどのような形で改装や拡充の手を加えられ、現在のような形になってきたのかが、手に取るようにわかっておもしろい（巻末文献表の「フィガロハウス（モーツァルトハウス）案内冊子リスト」参照のこと）。

筆者の把握している限りでは、この案内冊子の最も古いものは、第二次大戦後の一九五一年に公開が再開された二年後の一九五三年に作られたものであるようだが、そこに書かれていることによると、この建物の保存に関わる動きの前史は、一九〇六年にウィーン男声合唱協会（Wiener Männergesangverein）がシューラー通り側（現在の入口があるのと反対の側）に記念のための銘板を設置したあたりからはじまるようだ。それ以後、徐々に地図や市内案内などにも記載されるようになっていたのだが、一九二八年頃からウィーン市がこの建物の一部を記念の場所として公開する方向で買い戻す動きがはじまる。それが一九四一年の生誕一五〇年の年にナチ政権の思惑とも重なって一気に現実のものになり、本文中でも触れた「ドイツ帝国モーツァルト週間（Mozart-Woche des Deutschen Reiches）」の諸行事の一環をなす形で、一九四一年一一月二八日に開館したという次第だったようだ。

この一九四一年以前のこの場所の状況を示す貴重な写真を思いがけないところで見つけることができた。『ライカ行脚 獨逸樂聖遺跡』（属 1938）と題された属啓成の写真集である。タイトルからわかるように、モーツァルトだけでなく、バッハ、ベートーヴェンから、当時はまだ今と比べるとはるかにマイナーな存在であったブルックナーに至るまでの多くの「楽聖」に関わる史跡をくまなく回ってカメラに収めた大変な労作である。大作曲家に関わる史跡がまだ今日のように整備されていなかった時期に日本からやって来た音楽批評家がライカのカメラをたずさえてドイツとオーストリアを旅している様子はそれ自体興味深いが、この中に一九三五年時点での「フィガロハウス」の様子が収められているのである（写真は三〇一頁に掲載）。シューラー通り側に設置されている銘板や大聖堂通り側の入り口周辺の様子が写されているが、今みるとちょっとびっくりするくらい観光化されていない、「普通の」町内の風景である。大聖堂通り側の、現在モーツァルトハウスの入り口になっているところにも、いろいろな看板がかかっており、〝Stellenvermitlung（職業斡旋所）〟な

属啓成『ライカ行脚 獨逸樂聖遺跡』（三省堂、1938）の表紙（上）とフィガロハウスの紹介ページ（下）

属啓成『ライカ行脚　獨逸樂聖遺跡』に掲載されているモーツァルト像の写真(右)。現在はブルクガルテン(王宮庭園)に移設されているが、当時は歌劇場裏のアルベルティーナ広場にあった。現在、この場所ではカフェ・モーツァルトというカフェが営業している(下)。もちろん、モーツァルト自身が出入りした店というわけではない。開店は1929年ということであるから、その時には店の目の前にこのモーツァルト像が立っていたわけであり、それにちなんで命名されたというのが真相であろう。このようにして「音楽都市ウィーン」に記されたモーツァルトの足跡は次々と広がってゆくのである。

どの文字を読むことができる。この大作曲家の記念の場所が徐々に大きくなり、「モーツァルトハウス」にまで成長してゆくそれから七〇年ほどの時期は、ウィーンの中心街が観光客のための空間としての性格を強め、市民の生活の匂いを消し去っていた時代でもあったのだ。

一九四一年の時点では、市が買い戻したのはモーツァルトが居宅として使用していた二階のフロアの三分の一ほどであった。モーツァルトの払っていたかなり高額の賃貸料と同じだけの賃料を支払ってくれる借り手が見つからなかったため、モーツァルトが退去した直後にこの空間は三分割して貸し出すための仕切りで区切られてしまい、シューラー通り側の出入り口もふさがれてしまった。この状態がその後もずっと続いてきたのである。

修復の努力はその後も続けられる。最初の大規模な修復は一九六五年のことで、これを機会に案内冊子も刷新され、修復の責任者であったペーター・ペッチュナーがそのポイントについて書いた記事が収録されている。それによると、一九四一年の修復は、当時の様式への理解が不足していたり、修復手段を見つけることができなかったりといったことで、余計なところに壁を作ってしまう等々、本来の修復とはとても呼べないようなものに終わってしまっていた。この一九六五年の修復では、そのような不適切な修復を元に戻すなど、元の形に復する努力が傾けられると同時に、前室の床材を調査したところ、一九世紀になって張られた床材の下から大理石のタイルの床が発見され、竈の跡が見つかってそこが台所として使われていたことが判明したり、といった発見もいろいろあったようである。

次の大きな修復が行われるのは一九七八年であるが、ここでは何と言っても、三分割されてしまっていた二階の空間のうち、まだ他人の所有になっていた部分が買い戻され、モーツァルトの住居であった部分全体が一体化して整備される形になったことが特筆されよう。それらの部分の床材や装飾などを調査し、原状に近い形に復する試みの中で、サロン的な役割を果たしていた大きな部屋を中心に、寝室、仕事部屋などのその他の部屋がどのような関係になっていたかが明らかになり、住居の全貌が復元されるにいたったが、そのことはまた展示を行うことのできる空間が増えたということでもあり、それまで六〇点だった展示品リストは一〇四点にまで増加している。モーツァルトの昔の住居という記念の場所というだけでなく、記念館として展示施設的な意味合いが確実に増加した状況をもみることができるだろう。二〇〇六年の「モーツァルトハウス」に向けた全面リニューアルは、まさにそのような流れの帰結だったのである。

　この家が、モーツァルトがその活動の根城とした場所であったことはもちろん疑いのない事実であるし、

フィガロハウス（モーツァルトハウス）で販売されている案内冊子の表紙。最も古いのが左上のもので1953年の制作。以下、古いものから順に時計回りに並んでいる。厚さも徐々に厚くなり、どんどん立派になってくる様子がわかる。途中からは日本語版も作られるようになった（日本人観光客は人数もさることながら、こういうものを購入する比率が高いようである）。

それらの活動がウィーンという現実の都市の中にマッピングできるようなものであったことは間違いないが、ほとんど消えかかっていたその痕跡がこうした過程を経て「復元」されてゆき、その中でモーツァルトとウィーンという都市との関わりをめぐるさまざまな記憶が紡ぎ出されてきた歴史をあらためて目の当たりにするとき、モーツァルトという作曲家に関わる「記憶の場」としてのこの家の存在の大きさやあり方をあらためて考えさせられるのである。

註

序章

（1）コンテンツツーリズム学会の会長でもある増淵敏之は、『物語を旅するひとびと』と題された三部作を刊行しているが（増淵 2010／増淵 2011／増淵 2014）、「コンテンツツーリズムとは何か」というサブタイトルを冠せられた、映画やアニメのロケ地巡りを中心に論じた概説ともいうべき第一部に続き、第二部「ご当地ソングの歩き方」、第三部「コンテンツツーリズムとしての文学巡り」ではそれぞれ音楽散歩と文学散歩を論じている。

（2）本書の基本的なテーマについてここでは、「芸術作品」と「都市」との関係というまとめ方をしているが、当然のことながら、芸術作品と都市以外の場所との関係が問題になることもありうるから、正確にはより一般化し、「芸術作品」と「場所」との関係と書く方が正しい。しかし、両者の相互作用を通して表象が変化してゆく状況を最もクリアーにイメージしやすいのが都市の表象の場合であり、本書で扱われている対象も基本的には「都市」として括ることで大きな問題がないことから、本書の中では、両方の言い方を併用していることをお断りしておく。

（3）もちろん、最近のコンテンツツーリズム研究の中で、経営学的な方向以外にもさまざまな展開の可能性がひらかれてゆく萌芽的な状況がいろいろな形でみられることは指摘しておかなければならない。そのひとつとしてアニメなどの「聖地巡礼」についての研究を挙げておきたい。「聖地巡礼」というネーミングからすでに明らかなように、とりわけアニメの場合、その舞台になった土地を訪れることが、宗教における「聖地」を訪れ、聖遺物などに触れる体験のメタファーで語られてきた経緯がある。宗教社会学者の岡本亮輔は、その著書『聖地巡礼』（岡本亮2015）において、現代における聖地巡礼の変容や展開の一環としてアニメにおける「聖地巡礼」を取り上げている。本書が美学や芸術学といった既存の学問の視点からの切り口で新たな局面をひらこうとしているのと同様、この場合にも、既存の宗教学という学問の視点や問題意識をもってみることで、新たな問題系が立ち上がりつつあるという一面があることは間違いない。このような形で、コンテンツツーリズム研究に、既存の学問によって蓄積されてきた問題意識や成果をつなげてゆくことによって学際的な広がりをもたらしてゆくことが今後の課題となるであろう。

第2章

（1）運河の保存運動の経緯については、全二巻、一〇〇〇ページ近くにおよぶ『小樽運河保存の運動』（小樽運河保存の運動刊行会編1986）に関連資料と詳細な解説がある。また、大まかな流れとそのポイントについては堀川三郎の論考（堀川2000）に要領よくまとめられているので参照されたい。また、二〇一八年には堀川の博士論文をもとにした『町並み保存運動の論理と帰結：小樽運河問題の社会学的分析』（堀川2018）が刊行されている。

（2）この調査の結果は膨大なリストとなって一九八〇年に『日本近代建築総覧』として刊行された（日本建築学会編1980）。これについては映画との関連で後に言及する。

（3）この「寿司屋通り」という名称は、一九九〇年前後に命名されたものらしい。観光ガイドブックに掲載されている市街図を調べてみると、一九八八年版（Uガイド1988）には記入されていないこの名称が、一九九一年版（Uガイド1991）には書き込まれている。

（4）田上が北海道に残した住宅建築の全体像については、井内佳津恵『田上義也と札幌モダン』（井内 2002）を参照のこと。

（5）もともと南一条西二〇丁目に建てられたが、その後、藻岩山の山麓に移築され、「ろいず珈琲館」という喫茶店に転用されていた。その経緯については後にまた触れる。

（6）坂邸は二〇〇七年に焼失したため、同年六月に指定を取り消された。それも含め、現在までに指定取り消しになったものが六件あり、現在の指定件数は七九件となっている。

（7）実際、ロケ地めぐりが盛んになった二〇〇六年に『るるぶ情報版』に掲載された「老いも若きも映画 de 小樽」と題された特集記事でも、《Love Letter》自体は取り上げられているが、中心となるはずの坂邸は、まだ焼失前であったにもかかわらず、コースからは外されている（るるぶ情報版 2006）。

（8）意外なことに、坂牛邸が小樽市指定歴史的建造物として認定されたのは、二〇一一年五月になってのことで、六年ぶりの新規認定となった。

第3章

（1）この論考は、二〇一五年になって西山の弟子である片寄俊秀の論考（文献 21–23）と一緒にまとめられ、『軍艦島の生活〈1952–1970〉：住宅学者西山夘三の端島住宅調査レポート』（文献 102）として再刊された。

（2）この連載をまとめたものもやはり二〇一一年に復刻された（文献 95）。西山の研究とともにこれらのものが二〇一〇年代にもなってあらためて復刻されているということの中に、軍艦島がもっぱら廃墟として認識されていたような状況が大きく変わり、そのような過去の視点が再度注目されるようになった状況が反映されていると言って良いであろう。

（3）この朝鮮人労働者問題は、その後、世界遺産登録の流れが出てきたあたりから、かなり微妙な状況を呈しはじめている。このような「負の歴史」を背負ったところを世界遺産登録するということに対して韓国が反発し、難色を示したのである。世界遺産登録自体は、「一九四〇年代に、意思に反して連れてこられ、厳しい環境で労働を強いられた」朝鮮半島出身者が多く存在したことへの理解を深めるための措置を講じる方針を日本政府が表明したことで一応の解決をみた（読売新聞、二〇一五年七月六日付）。ところがその後韓国でこの強制労働をテーマにした映画《軍艦島》（文献151）が制作され、これが内容的に完全なフィクションを含むものであったことから、今度は日本でこの「捏造」を批判する人びとが「嫌韓」的な傾向を強めて本を出すなど（文献103）、対立が激化することになった。その一方で、日韓の市民団体が共同でこれらの施設での強制労働の実態に関する歴史研究の成果を日英韓の三ヶ国語版で出版するなどの努力も行われている（文献121）。

（4）一九八七年には同名の写真集が刊行されており（文献74）、このときに展示された奈良原の軍艦島関連の写真も多くが収録されている。

（5）現実の軍艦島には墓は存在していない。土地が狭いため、墓地は隣の中ノ島に作られ、そこまで船で運んで埋葬されていたという。したがって島の墓地で親の墓を見つけることができなかった主人公が、海辺の断崖の上にある墓地から海に花を投げ込むシーンは完全なフィクションなのだが、印象深いシーンには違いない。こういうところに現実でも虚構でもない第三の次元がひらかれてくるのが、フィクション映画のおもしろいところである。

（6）ついでに述べておくと、伊藤のこの地獄段をバックにした写真は、軍艦島を舞台にした高橋治の同名の小説（文献123）にもとづく石塚夢見のコミック『別れてのちの恋歌』（文献131）でも、ほとんどそのままトレースされる形で使われている。コミックなどでは特定の写真をモデルに作画が行われているケースが他にも多々あるが、このように同じ写真が繰り返し用いられることが、それらの作品の表現に奥行きをもたらすとともに、その場所に関わる記憶の蓄積をさらに重層化させ、豊かなものにしてゆくことになるのである。とりわけ写真やコミックのような静止画像の場合には、このように同じアングルからの特定の画像が繰り返し用いられ、特権化される傾きがあるように思われる。聖地巡礼などのウェブサイトでは、原作と全く同じアングル、同じ条件で写真を撮ることに価値を見出しているようなものがしばしば見られるのがおもしろい。

第4章

（1）《エミールと探偵たち》はその後、一九五四年、二〇〇一年と二度にわたってリメイクされている。いずれも撮影された時代のベルリン市内の風景がいろいろ出てくるため、見比べることでベルリンの風景の変化が感じ取れるのみならず、それぞれの時点で制作者がベルリンをどのように表象していたかということも窺い知ることができ、興味深い。

（2）もともと、ひとつの都市だったものが東ベルリンと西ベルリンというふたつの都市に無理矢理分けられてしまったのだから、このような事態はいたるところで生じていた。一本の路線だった地下鉄が東西に分かれてしまったために、途中で東の部分を通過する際には駅があっても列車は止まることができずに通過することになり、「幽霊駅（Geisterbahnhof）」と呼ばれる存在になった、などということすらあった。東西がひとつになるに際して、こういうことすべてに関していろいろなドラマが生まれたのだから、映画ネタには事欠かないわけである。

（3）第二次大戦終戦後の分割統治体制の中で、当時のソヴィエトの管轄になった東ドイツでは、東西冷戦体制下で「東側」に属していた東欧諸国などと同じく、政治体制だけでなく産業や文化のあらゆる領域で「ソヴィエト化」が図られた。ピオニールもソヴィエトをモデルとして導入された制度で、将来の国家体制を担う人材を子供の頃からしっかり育ててゆくために、およそ一〇歳から一五歳くらいの子供から選抜して組織された少年団であった。それゆえ子どもの頃から東ドイツで育った人々にとっては、このような組織が東西統合で消滅してしまったことは、自らの人格形成の根幹に関わる部分が失われたように感じられたとしても不思議ではない。

（４）東ドイツの時代にはおそらく「常識」であったこの種のことがら、とりわけ当時そこで暮らしていた人々の日常世界をなしていたさまざまな事象は『東ドイツ日常生活大事典』（Sommer 2003）に事典形式でまとめられている。ここに述べた、ヴールハイデという場所が当時もっていた独特の意味についても、同書中の「ピオニール」に関連したいくつかの項目で説明されている。

（５）このデニスは「西」の出身という設定になっており、言ってみれば自らにとっては「異文化」である「東」のニュースを、どちらかというろおもしろがってワルノリする感覚で作っているような形で描かれている。これもまた、オスタルギーが必ずしも「東」の人々だけに共有される現象ではないことを暗示しているように思われる。

（６）カール・マルクス通りについては、近年相当数の書籍が刊行されている。建築物の簡単なガイドブックのようなものもあれば（Krüger 2003）、建設の歴史や都市計画についての本格的な研究書（Nicolaus & Obeth 1997, Haspel & Flierl 2017）までさまざまであるが、この通りを管轄するベルリン市のミッテ区がこの通りの建設の歴史を二〇分ほどの映像にまとめたビデオを制作していたり、《Faltplatte》という、自分で組み立てる紙の立体模型キットのシリーズの中にも後に述べる「カフェ・モスクワ」など、この通りの建物が複数ラインアップされていたりと、この通りの町並みやそれを構成する個々の建物への関心が、建築の専門家の範囲をこえた相当の広がりをもっていたことが推察される。

（７）「東」ネタに関わるボードゲームは他にもいくつかある。とりわけ凝っているのは、一九九七年に発売された《Es geht seinen Gang（事はしかるべく進んでゆく）》と題された、東ドイツ版人生ゲームとも言うべきものである。これもサイコロとカードを使いながら自分の人生の道を決めて進んでゆくものだが、はやくから党の幹部やスポーツ選手になるための別コースが用意されているなど、これまた、「東」の社会で暮らすことにともなう、まさに「生活感情」を体験できるような仕掛けを用意していることが興味深い。カール・マルクス通りへの人々の関心もまた、そのような方向性の延長線上に出てきているものであり、《グッバイ、レーニン！》という映画の成功を決定づけたのも、人々のそのような関心を捉えることができたがゆえのことであったように思われる。

（8）ちなみに、ベルリンでもう一箇所出てきたのは、ベルリンで最も古い橋として知られるユングフェルン橋であった。ここでも、同じ男女が音楽に合わせて楽しげに踊るのだが、これをみて筆者が反射的に思い出したのは、東独時代に出されたベルリン観光案内の写真集の中にあったこのユングフェルン橋の写真である。この写真集では、随所に同じ男女が「やらせ」丸出しのような感じで登場し、これみよがしのポーズをとっているのであるが、この映画のベルリン部分の場合もやはり、若い男女によるベルリン案内のような趣を呈しているのである。

第5章

（1）とはいえ、「クラシック」の世界でも、こうした「純粋な本物」への志向は確実に背景に退いてきていることは間違いない。私が音楽学の世界にはいった一九七〇年頃はグスタフ・レオンハルト、フランス・ブリュッヘンなどの「第一世代」の古楽奏者の活動が大きな関心を呼び始めていたような時期であったが、その頃には「オリジナル楽器」という言い方が普通に使われていた。一九世紀以降のモダン楽器ではなく、もともとその楽器のために作られたはずの「本来」の楽器で演奏するという意味が込められていたということであろう。その後になると「時代楽器（Period Instrument）」という言い方がされるようになる。その作品が作られたのと同じ時代の楽器で演奏するということをある種特権化しているという意味では「オリジナル楽器」と変わらないが、それが「本来」であるというニュアンスが弱まり、「本来」でないとされていたモダン楽器による演奏にも一定の市民権が回復されたというところであろうか。最近ではさらに進んで、「HIP（Historically Informed Performance）」というような言い方が主流になってきている。つまり、どのような楽器や演奏法で演奏しているかということ自体よりも、その由来、素性を明示することの方が重要であると考えられるようになり、「同時代」楽器だけを特権化する志向が完全に消えているのである。実際、今日ではバッハの《マタイ受難曲》をメンデルスゾーンが一九世紀に演奏したときの楽器編成や演奏法で再現した録音などというものが出てきたり、モダン・オーケストラが「古楽」の奏法を導入したりと、これまでの「オリジナル楽器」、「時代楽器」といった概念では括れないような多様なパターンが出現している。

（2）この「フィガロハウス」は二〇〇六年のモーツァルト生誕二五〇年の年にリニューアル、拡張され、現在は「モーツァルトハウス」という施設になっている。そこにいたる経緯については、「付記：モーツァルトハウスへの道」の項を参照のこと。

（3）オーレルはこの時期、この論集に掲載された小論と同名のタイトルをもった書籍（Orel 1941）や『モーツァルトとウィーン』と題された小冊子（Orel 1944）などを次々に刊行している。また、戦後の一九五三年には『音楽都市ウィーン』（Orel 1953）という著書も出しており、「音楽の都ウィーン」という表象が形作られる上で中心的な役割を果たした。

（4）最近の研究では、だいぶ違った背景があったことが明らかにされてきている。ウィーン・フィルとベルリン・フィルのナチへの協力について研究したフリッツ・トゥリュンピによると、この、ウィーン固有の文化を積極的に残すという方向性自体はゲッベルスらの意向に沿うものであり、ニューイヤー・コンサートに関しても、ウィーン・フィル自体が主導したというよりは、こうした意向に沿う形でのクレメンス・クラウスらによる「政治的計算」によって進められたという色彩が強かったという（Trümpi 2011: 255–258）。

(5) このような「国際化」がみられるのはニューイヤー・コンサートだけのことではない。ウィーンの話ではないが、ザルツブルクにモーツァルトの住家（Mozart-Wohnhaus）と呼ばれる施設がある。中心街のゲトライーデ通りにある生家（Geburtshaus）とは別の、ザルツァハ川の対岸に建っているもので、モーツァルト一家は一七七三年に手狭になったゲトライーデ通りの家からこちらに移り住み、モーツァルト自身もウィーンに移る七八年までこちらに住んでいた。第二次大戦の爆撃で半壊状態となり、その部分に別のオフィスビルが建ってしまっていたのだが、この部分を買い戻して往時の状態に復元する事業がザルツブルク・モーツァルテウム財団の手によって行われ、一九九六年に記念館としてオープンするにいたった。このオープン時に作られた記念誌（Internationale Stiftung Mozarteum 1996）があるのだが、これに掲載されている寄付者の名簿をみると、オーストリア国内にとどまらず、世界中に広がっていることがわかる。中でも日本人は非常に多く、当時の第一生命保険相互会社がこの計画を財政面で支える中心的なスポンサーになっているのをはじめ、個人の寄付者にいたるまで、相当数の日本企業や日本人が名を連ねている。

(6) ニューイヤー・コンサートは二部構成になっており、その間に休憩時間がはいるが、近年では、この時間にテレビ中継で放映するための二〇分程度の映像が制作されることが定例化しており、毎年発売されるＤＶＤにも特典映像としてつけられている。二〇一八年のものは、《ウィーンのモダン文化（Wiener Moderne）》というタイトルがつけられ、建築を専攻する女子学生が、オットー・ワーグナーなどの建築をこの目で見ようと自転車で市内をめぐり、郵便貯金局、市営鉄道の駅や高架橋、アム・シュタインホーフ教会などを訪れるという設定の映像になっているが、行く先々でウィーン・フィルの団員たちが待ち受けていて室内楽を奏でるという趣向がこらされている。クリムトやシーレなどの作品を展示するベルヴェデーレ宮殿やレオポルト美術館では美術史専攻の男子学生と会って意気投合するというような「ストーリー」までまとわされており、いささか「やりすぎ」と思われるような仕上がりになっている。

あとがき

音楽が専門だったはずなのに、最近はいろいろと突飛なテーマに手を出し、とうとう「コンテンツツーリズム」などという今どきのテーマの本まで書いてしまった、あるいはそんな風に思われているかもしれない。もちろん、「コンテンツツーリズム」というのは最近の言い方で、本書で取り上げている文学散歩、音楽散歩などの個々のトピックはそれなりに昔からあるものだから、そんなに「突飛」なものではないのだが、それにしても、私がもともとは西洋音楽の研究を本来の専門としてきた人間であったことを考えれば、十分に「突飛」と思われても不思議はない。

しかしながらこのテーマ、自分の中では決してそんなに「突飛」なわけではなく、これまで自分が行ってきた研究の積み重ねの中から出てきたものだ。別項に記すが、本書の各章の原形は、ほとんどが二〇〇五年から二〇一〇年くらいの間にできあがったもので、最初は奉職していた東京大学で美学芸術学、文化資源学を専攻する学生のための特殊講義の授業などで取り上げ、その後に学会での口頭発表や紀要、論文集等への寄稿なども経つつ、徐々に一書としての形をなしてきたものである。少なくともこの時期の私にとって、自分自身の中で最も中心的な研究テーマであったと言っても過言ではないのである。それらを公刊するのがすっかり遅れてしまったために、いまだにそういう私の問題意識の展開を伝えきれておらず、相変わらず「音楽」の専門家というイメージをもたれていたとすれば、それは自分の研究をリアルタイムに発信することを怠ってきた私の責任であるというほかはない。

たしかに私は西洋音楽の研究から出発したし、今でもべつにその看板を下ろしたつもりはないのだが、私の中には狭い意味での「音楽学」には包摂できないような「異分子」的なものがつねに巣食ってきた。そのはじまりは、大学で進学した先が「美学芸術学」という研究室だったということである。今さらあらためて書くまでもないのだが、「美学芸術学」は狭義には美や芸術をめぐる哲学であり、進学していきなり読まされたのは、カントの『判断力批判』やヘーゲルの『美学』だった。実のところ、私がこの「美学芸術学」に進学したのは、私の大学には当時、音楽を研究できる場所が他になかったという理由であり、カントやヘーゲルに関心があった訳では全くなかった。私はもともと、美学のような抽象的な学問は苦手であり、音楽にはもちろん強い関心があったが、具体的な作品を取り上げた個別的な研究のようなものにしか興味がなかった。そんなわけで、美学はやるまいと決心して美学芸術学に進学したという、何ともタチの悪い学生だったのだが、環境というのは恐ろしいもので、いつの間に毒されたのか、「芸術作品」という概念の成立やら、美の無関心性の思想の成り立ちやら、音楽好きの延長線上でやっていただけでは逆立ちしても考えつかないことを口走るような人間になっていったのである。結局のところ、私は今にいたるまでずっとこの「美学芸術学」の研究室で教鞭をとるという運命になり、この両者が微妙にブレンドされた独自の「学風（?:）」を確立するにいたったのである。

さらにもうひとつの転機となったのが、二〇〇四年からそれに加えて「文化資源学」という研究室にも兼担スタッフとして関わることになったことであった。戦争遺跡やら緑化運動やら、自分がこれまで慣れ親しんできた「芸術」、「音楽」といった枠組みからは全くかけ離れた、しかしながら伝承や保存・活用といった明らかに共通する問題系に属する研究を進めている人々とともに過ごす中で、これまでずいぶんと不自由な枠組みの中でものを考えてきたものだという思いを新たにし、何か解放感のような感覚を味わったことを覚えている。私自身もいささか悪乗りして産業遺産の見学ツアーを企画して学生と一緒に出かけたりしたものだが、そういう体験を重ねる中で自分の中にまた別の種類の「異分子」が確実に育ってきたことは間違いない。

私事に類することをずいぶん長々と書いてしまったが、それというのも、本書を支えている問題意識や方法論が、まさにこれらが絡み合う中で形作られ、一書の形をなすにいたったように思われるからだ。もちろん、すべてを自分の置かれた立場や環境の問題に還元し、そこに責任を押しつけるつもりなど毛頭ないのだが、音楽散歩や文学散歩といったきわめて具体的な現象を扱いつつも、それを作品世界と現実世界との関わりといった問題系の中に置き入れて考えようという発想は、美学芸術学で培った問題意識の賜物にほかならないし、そこで出てくる問題を「芸術」の内部的な問題としてではなく、社会での利用や活用といった問題にまで視野を広げて位置づけてみようという発想は、文化資源学との関わりなしには考えられなかったであろう。私自身の中でこれらの要素が出会うことがなければ、文学散歩や音楽散歩といった、これまでほとんど顧みられることのなかったテーマに着目するということすらなかったかもしれない。その意味で本書は、音楽に関心をもって「美学芸術学」という世界に身を置いて勉強し、さらに「文化資源学」という世界にも関わった者であるからこそもちえた問題意識や視点が結実したものであることは間違いない。もちろん、それがどれだけ新しく、また有効な視点を提供し得たかということへの評価をくだすのは読者諸氏であり、著者がここでこれ以上御託を並べても仕方がないのだが、そのような環境を提供してくれていた東京大学を定年で退職するその時期に本書を上梓する機会を得たということは、著者にとってはやはり何かの縁として感じられていることは間違いなく、蛇足であるとは知りつつ、一言申し述べさせてもらった次第である。

また、本書は実質的には、だいぶ以前に私が科学研究費補助金による研究助成「土地の記憶の生成・変容過程に関わる芸術の機能の研究」（二〇〇八〜一一年度、基盤研究（C）、課題番号20520112）によって行った研究の報告書に相当する内容のものと言って良い。本書のほとんどの章の原型がすでにだいぶ前に書かれていたということについては、本文中でも何度か触れたが、それはこれらの研究がこの助成研究の一環として行われたという事情によっている。その成果をまとめて公刊するのがずいぶん遅れる結果になってしまったのだが、何とかこのような形で世に送り出すことができ、とりあえずホッとしている。その間に『サウンドとメディアの文化資源学：境界線上の音楽』（二〇一三年）、『感性文化論：〈終わり〉と〈はじまり〉の戦後昭和史』（二〇一七年）という二冊の著書を出し、結果的には後から行った研究が先に出てしまったような部分もあるのだが、いろいろな研究を並行的にまとめてゆく中で相互の連関がみえてきて知見が深まった部分なども多い。世の中はますます世知辛くなって、研究成果をどんどんアウトプットとして出してゆくことを求められ、自分の中であたためていて目に見える形にならないと、税金を使って何をやっているのかというお叱りの声がたちまち飛んでくるというような、悪しき成果主義的な空気が強まってきているようにも感じられるが、そういう中で愛想をつかすことなく辛抱強く付き合ってくれる出版社や読者の方々がおられることにあらためて感謝の意を表したい。

最後になったが、本書の出版を担当してくださった中川航さんをはじめとする春秋社編集部のスタッフの皆様方に感謝を申し述べたい。春秋社とは最初の単行本である『聴衆の誕生』以来、三〇年におよぶ長い付き合いで、その時の担当者であった高梨公明さんも相変わらず「いぶし銀」的な存在感を発揮している。これまでの私の仕事の相当部分は春秋社から出ており、私自身の中でのさまざまな展開（あるいは迷走？）に、まさに辛抱強く付き合ってくれる存在として、その間ずっと心の支えであり続けてきた。出版をめぐる事情がますます厳しくなるこの時代だが、そのような長い旅が今後もさらに続いてゆくことを心から祈りたい。

二〇一八年一二月

渡辺裕

まちあるき文化考

交叉する〈都市〉と〈物語〉

2019年3月25日　初版第1刷発行

著者――――――渡辺 裕
発行者―――――神田 明
発行所―――――株式会社 春秋社
〒101-0021 東京都千代田区外神田2-18-6
電話 03-3255-9611
振替 00180-6-24861
http://www.shunjusha.co.jp/
印刷・製本―――萩原印刷 株式会社
装幀――――――野津明子

ISBN978-4-393-33368-6　C0036
定価はカバー等に表示してあります

著者略歴

渡辺 裕 （わたなべ・ひろし）

1953年千葉県生。83年、東京大学大学院人文科学研究科博士課程（美学芸術学）単位取得退学。玉川大学助教授、大阪大学助教授などを経て、東京大学大学院人文社会系研究科教授（美学芸術学、文化資源学）。2019年4月より東京音楽大学教授（音楽文化教育専攻）。

著書

『聴衆の誕生――ポストモダン時代の音楽文化』（春秋社、サントリー学芸賞、のち中公文庫）

『文化史のなかのマーラー』（筑摩書房、岩波現代文庫〔『マーラーと世紀末ウィーン』と改題〕）

『音楽機械劇場』（新書館）

『宝塚歌劇の変容と日本近代』（新書館）

『西洋音楽演奏史論序説――ベートーヴェン　ピアノ・ソナタの演奏史研究』（春秋社）

『日本文化　モダン・ラプソディ』（春秋社、芸術選奨文部科学大臣新人賞）

『考える耳――記憶の場、批評の眼』（春秋社）

『考える耳［再論］――音楽は社会を映す』（春秋社）

『歌う国民――唱歌・校歌・うたごえ』（中公新書、芸術選奨文部科学大臣賞）

『サウンドとメディアの文化資源学――境界線上の音楽』（春秋社）

『感性文化論――〈終わり〉と〈はじまり〉の戦後昭和史』（春秋社）

初出一覧

文献・資料

初出一覧

序章　「作品世界」と「現実世界」の虚実：「コンテンツツーリズム」全盛の時代に

書き下ろし

第1章　「文学散歩」ガイドブックのひらく世界：「作品世界」と「現実世界」をつなぐもの［本郷・無縁坂］

美学会東部会第4回例会において口頭発表（2007年11月24日）

その後、加筆修正の上、『美学芸術学研究』35（東京大学文学部美学芸術学研究室）、2016、125–156に掲載（原題：「文学散歩」と都市の記憶——本郷・無縁坂をめぐる言説史研究）

第2章　「ロケ地巡り」が掘り起こしたもの：近代建築の保存活動からまちづくりへ［小樽］

科研費研究会（「『生活場所（ビオトープ）』の美学——自然・環境・美的文化」）、研究代表者：西村清和）における口頭発表原稿（2008年7月19日）

その後、加筆修正の上、西村清和編『日常性の環境美学』、勁草書房、2012、252–280に掲載（原題：「映像による都市イメージの生成と変容——映画《Love Letter》と小樽のまちづくり」）

コラムは書き下ろし

第3章　「廃墟」が「産業遺産」になるまで：写真集と映像をとりまく言説を読み解く［長崎・軍艦島］

東京大学美学芸術学研究室大学院ゼミ（コロキウム）における口頭発表原稿（2011年4月24日）

第4章　継承される東ドイツの記憶：東西ドイツ統合期に映画の果たした役割［ベルリン］

書き下ろし

第5章　「音楽の都」のつくりかた：装置としての音楽散歩［ウィーン］

渡辺裕他著『クラシック音楽の政治学』、青弓社、2005、9–48（原題：「クラシック音楽」の新しい問題圏——「音楽の都ウィーン」の表象と観光人類学）

文献・資料

章ごとに関連する文献・資料をまとめた。必要に応じて番号をつけてリストアップしてある（第1章・第3章）。

序章

岡本健編著 2015,『コンテンツツーリズム研究：情報社会の観光行動と地域振興』, 福村出版

岡本健 2018,『アニメ聖地巡礼の観光社会学：コンテンツツーリズムのメディア・コミュニケーション分析』, 法律文化社

岡本亮輔 2015,『聖地巡礼：世界遺産からアニメの舞台まで』, 中央公論社（中公新書）

倉本聰監修, 富良野クリエイティブシンジケート編 1996,『「北の国から」ガイドブック』, フジテレビ出版

コンテンツツーリズム学会 2014-,『コンテンツツーリズム学会論文集』vol.1-

コンテンツツーリズム学会, 増淵敏之他著 2014,『コンテンツツーリズム入門』, 古今書院

星野英紀・山中弘・岡本亮輔編 2012,『聖地巡礼ツーリズム』, 弘文堂

増淵敏之 2010,『物語を旅するひとびと：コンテンツ・ツーリズムとは何か』, 彩流社

増淵敏之 2011,『物語を旅するひとびと II：ご当地ソングの歩き方』, 彩流社

増淵敏之 2014,『物語を旅するひとびと III：コンテンツツーリズムとしての文学巡り』, 彩流社

渡辺裕 2013,『サウンドとメディアの文化資源学：境界線上の音楽』, 春秋社, 第4章「『民謡の旅』の誕生：松川二郎にみる昭和初期の『民謡』表象」, 227-269

渡辺裕 2017,『感性文化論：〈終わり〉と〈はじまり〉の戦後昭和史』, 春秋社, 第2章「『テレビ的感性』前夜の記録映画：公式記録映画《東京オリンピック》は何を記録したか」, 101-155

Cohen, Sara 1997, “Liverpool and the Beatles: Exploring Relations between Music and Place, Text and Context”, in: David Schwarz, Anahid Kassabian and Lawrence Siegel (eds.), *Keeping Score: Music, Disciplinarity, Culture,* Charlottesville and London: University Press of Virginia, 90-106.

Hughes-Warrington, Marine (ed.) 2009, *The History on Film Reader*, New York: Routledge.

Rosenstone, Robert A. 1995, *Visions of the Past: The Challenge of Film to our Idea of History,* Harvard University Press.

Rosenstone, Robert A. 2006, *History on Film/Film on History (Series: History: Concepts, Theories and Practice)*, Routledge (3rd edition, 2018).

第 1 章

■無縁坂文学散歩関連文献（本文中では文献番号にて言及）

1 野田宇太郎 1951,『新東京文学散歩』, 日本読書新聞［1951「日本読書新聞」連載］
2 野田宇太郎 1952,『新東京文学散歩』（増補訂正版）, 角川文庫［1 の改訂版, 2015 講談社文芸文庫版］
3 野田宇太郎 1954,『アルバム東京文学散歩』, 創元社
4 野田宇太郎 1954,『東京文学散歩の手帖』, 的場書房
5 野田宇太郎監修 1955,『東京文学散歩　山の手篇』, 角川写真文庫
6 槌田満文編著 1956,『文学東京案内』, 緑地社
7 大竹新助 1957,『写真・文学散歩――本の中にある風景』, 現代教養文庫
8 野田宇太郎 1959,『東京文学散歩　下町　中巻』, 小山書房新社［『東京文学散歩』第 3 巻, 3 巻まで刊行］
9 野田宇太郎 1962,『東京文学散歩　下町 2』, 雪華社［8 の増補改訂版,『定本文学散歩全集』第 3 巻, 全 12 巻］
10 野田宇太郎 1967,『日本文学の旅　東京下町（二）』, 人物往来社［9 の増補改訂版『日本文学の旅』第 3 巻, 全 12 巻］
11 野田宇太郎 1970,『掌篇文学散歩　東京篇』, 毎日新聞社（1967-69 毎日新聞連載）
12 槌田満文 1970,『東京文学地図』, 都市出版社［6 の増補改訂版］
13 横関英一 1970,『江戸の坂 東京の坂』, 有峰書店［1976 増補改訂版, 1981 中公文庫版上下 2 巻, 2010 ちくま学芸文庫版］
14 石川悌二 1971,『東京の坂道――生きている江戸の歴史』, 新人物往来社（朝日新聞連載）
15 江幡潤 1973,『文京の散歩道』, 三交社
16 電電台東文芸同好会 1974,『下町の文学散歩――ふるさと東京再発見』, 通信興業新聞社
17 槌田満文編 1978,『東京文学地名辞典』, 東京堂書店
18 野田宇太郎 1979,『東京文学散歩　下町篇（下）』, 文一総合出版［10 の増補改訂版,『野田宇太郎文学散歩』第 3 巻, 全 24 巻, 別巻 4 巻＝未完］
19 助川徳是 1980,「空間を軸とした新しい作品論　無縁坂と『雁』」,『国文学 解釈と鑑賞』6 月号　特集「文学空間としての都市」, 至文堂
20 大竹新助 1982,『坂と文学』, 地域教材社（文学散歩シリーズ）

21 前田愛 1986,『幻景の街——文学の都市を歩く』, 小学館［1980-84『本の窓』連載, 1991 小学館ライブラリー版『文学の街——名作の舞台を歩く』, 2006 岩波現代文庫版］
22 千葉俊二 1991,「都心の光と闇の地図」,［『国文学』12 月臨時増刊号『近代文学東京地図 トポスとしての東京——近代文学を歩く』, 学燈社］
23 司馬遼太郎 1992,『街道をゆく 37 本郷界隈』, 朝日新聞社［1991-92 朝日新聞連載, 1996 朝日文庫版］
24 東京都高等学校国語教育研究会編 1992,『東京文学散歩』, 教育出版センター
25 関西文学散歩の会編 1993,『文学散歩 東京篇』, 関西書院
26 森まゆみ 1993,「鷗外を歩く 心の水やり」,『東京人』7 月号 特集「漱石・鷗外の散歩道 本郷界隈」, 都市出版
27 近藤富枝監修・文芸散策の会編 1996,『文豪の愛した東京山の手』, JTB キャンブックス
28 森まゆみ 1997,『鷗外の坂』, 新潮社［2000 新潮文庫版］
29 NHK「街道をゆく」プロジェクト 1998,『司馬遼太郎の風景 4 NHK スペシャル「長州路・肥薩のみち／本郷界隈」』, 日本放送出版協会
30 三船康道監修 歴史・文化のまちづくり研究会編 1999,『歩いてみたい東京の坂（上）』, 地人書館
31 青木登 2000,『名作と歩く 東京下町・山の手』, のんぶる舎
32 井上謙 2001,『東京文学探訪 明治を見る, 歩く（下）』, 日本放送出版協会（NHK カルチャーアワー 文学と風土 ガイドブック）［2002 NHK ライブラリー版］
33 『本郷界隈を歩く』2002, 街と暮らし社（江戸・東京文庫⑧）
34 『るるぶ情報版 東京を歩こう』2003, JTB
35 坂崎重盛 2004,『一葉からはじめる東京町歩き』, 実業之日本社
36 東京都高等学校国語教育研究会編 2004,『文学散歩 東京』, 冬至書房
37 タモリ（日本坂道学会副会長）2004,『タモリの TOKYO 坂道美学入門』, 講談社［2003-04『TOKYO ★ 1 週間』連載, 2011 新訂版］
38 『本郷界隈』2005, 朝日新聞社（朝日ビジュアルシリーズ 週刊 司馬遼太郎 街道をゆく No.12）
39 冨田均 2006,『東京坂道散歩』, 東京新聞出版局（2003-06 東京新聞連載）
40 山野勝 2006,『江戸の坂（東京・歴史散歩ガイド）』, 朝日新聞社［2003-06 朝日新聞東京版連載, 2014 朝日文庫版『大江戸坂道探訪』］
41 東京地図研究社 2006,『地べたで再発見！東京の凸凹地図』, 技術評論社（地図が立体に見える 3D メガネ付き）
42 大石学 2007,『坂の町・江戸東京を歩く』, PHP 新書
43 『東京ぶらり暗渠探検 消えた川をたどる』2010, 洋泉社 MOOK
44 山野勝（日本坂道学会会長）2011,『江戸と東京の坂——決定版！古地図"今昔"散策』, 日本文芸社

45　皆川典久 2012,『凹凸を楽しむ東京「スリバチ」地形散歩』, 洋泉社
46　本田創 2012,『地形を楽しむ東京「暗渠」散歩』, 洋泉社［43の増補改訂・単行本版］
47　今尾恵介監修 2012,『東京凸凹地形案内　5メートルメッシュ・デジタル標高地形図で歩く』, 平凡社（太陽の地図帖 016）
48　原征男（坂学会会長）, 瀧山幸伸（坂学会副会長）2014,『東京の「坂」と文学――文士が描いた「坂」探訪』, 彩流社

■その他の文献

青山霞村編 1916,『大正の東京と江戸』, 学芸社
青山光太郎編著 1936,『大東京の魅力』, 東京土産品協会
貝塚爽平 1964,『東京の自然史』, 紀伊國屋新書［1979 増補第2版］
小山利彦 2002,「野田宇太郎氏と文学散歩」,『国文学 解釈と鑑賞』2002年5月号（特集「古典文学と旅」）, 150-155
今和次郎編 1929,『新版大東京案内』, 中央公論社
坂崎重盛 2001,「『文学』を『散歩』した男, 野田宇太郎」,『東京人』2001年2月号（特集「新東京文学散歩」）, 62-67
坂本浩 1959,「《雁》の系譜」,『国文学 解釈と鑑賞』1959年8月号, 37-43
東京市編纂 1907,『東京案内』下巻, 東京市
堀淳一 1972,『地図のたのしみ』, 河出書房新社［2012 新装版］
堀淳一・山口恵一郎・籠瀬良明 1980,『地図の風景 関東編 I　東京・神奈川』, そしえて（立体空中写真と地図とエッセイで綴る新日本風土記）
前田愛 1982,『都市空間の中の文学』, 筑摩書房［1992 ちくま学芸文庫版］
槇文彦, 若月幸敏, 大野秀敏, 高谷時彦 1980,『見えがくれする都市――江戸から東京へ』, 鹿島出版会（SD選書）
『文学散歩』1961–,「文学散歩友の会」機関誌, 雪華社, 1961年1月創刊［当初は月刊, 第11号 1961年11月より不定期刊, 第25号 1966年9月まで刊行を確認］

■音源

《無縁坂》（NTV系放映ドラマ「ひまわりの詩」主題歌）, 演奏：グレープ（さだまさし）, ワーナー・パイオニア・レコード L–109E, 1975年

■映像

『NHKスペシャル 司馬遼太郎 街道をゆく 第六回《本郷界隈》』［1998.3.8 NHK総合テレビ放映, 2004 DVD NHKソフトウェア）

■文献

井内佳津恵 2002,『田上義也と札幌モダン――若き建築家の交友の軌跡』, 北海道新聞社（ミュージアム新書 22）
小樽運河保存の運動刊行会編 1986,『小樽運河保存の運動（歴史編, 資料編）』, 小樽運河保存の運動刊行会
観光資源保護財団 1979,『小樽運河と石造倉庫群』（観光資源調査報告 vol.7）, 財団法人観光資源保護財団（日本ナショナルトラスト）
小樽再生フォーラム編 1995,『小樽の建築探訪』, 北海道新聞社
越野武, 坂田泉編 1985,『近代建築ガイドブック 北海道・東北編』, 鹿島出版会
越野武, 北大建築史研究室編 1993,『北の建物散歩』, 北海道新聞社
千葉七郎 1979,『小樽の建物』, 噴火湾社
日本建築学会編 1980,『日本近代建築総覧――各地に遺る明治大正昭和の建物』, 技法堂出版
日本建築学会編 1983,『新版日本近代建築総覧――各地に遺る明治大正昭和の建物』, 技法堂出版
日本建築学会編 1986,『総覧日本の建築 1 北海道・東北』, 新建築社
日本建築学会北海道支部 1994,『小樽市の歴史的建造物――歴史的建造物の実態調査（1992 年）から』, 小樽市教育委員会
堀川三郎 2000,「運河保存と観光開発――小樽における都市の思想」, 片桐新自編『歴史的環境の社会学』（シリーズ環境社会学 3）, 107-129
堀川三郎 2018,『町並み保存運動の論理と帰結――小樽運河問題の社会学的分析』, 東京大学出版会

■観光ガイドブック

ブルーガイドパック 1973,『ブルーガイドパック 3 札幌・洞爺・函館』, 初版, 1973 年 7 月, 実業之日本社
U ガイド 1988,『U ガイド 2 札幌・小樽』, 2 版, 1988 年 4 月, 昭文社
U ガイド 1991,『U ガイド 2 札幌・小樽』, 10 版, 1991 年 1 月, 昭文社
ポケットガイド 1977,『交通公社のポケットガイド 42 札幌・函館・小樽』, 初版, 1977 年 3 月, 日本交通公社
ポケットガイド 1985,『交通公社のポケットガイド 42 札幌・函館・小樽』, 改訂 9 版, 1985 年 5 月, 日本交通公社
ポケットガイド 1987,『交通公社のポケットガイド 42 札幌・小樽』, 改訂 11 版, 1987 年 7

月, 日本交通公社
ポケットガイド 1994,『JTB のポケットガイド 3 札幌・小樽・函館, 初版』, 1994 年 5 月, JTB 日本交通公社
ポケットガイド 1999,『JTB のポケットガイド 3 札幌・小樽・函館』, 改訂 6 版, 1999 年 7 月, JTB
るるぶ情報版 2006,『るるぶ情報版 北海道 2 札幌・小樽 07』, 2 版, 2006 年 10 月, JTB パブリッシング

■映像

《Love Letter》, DVD, フジテレビジョン・キングレコード, KIBF63, 2001
《天国の本屋 恋火》, DVD, 松竹, DA-1469, 2004

■Webサイト

浅原硝子製造所 Web：http://www.asaharaglass.com/
新谷 Web1, 新谷保人「小樽に残る田上ハウス④ 坂邸」(Northern songs, 2002 年 5 月 21 日)：http://www.swan2001.jp/ns020521.html
新谷 Web2, 新谷保人「小樽に残る田上ハウス・番外 旧小熊邸（札幌）」(Northern songs, 2002 年 5 月 1 日)：http://www.swan2001.jp/ns020501.html
NPO 小樽ワークス Web：http://www.otaru-works.com/
小樽フィルムコミッション Web：http://www.otaru-fc.jp/
小樽フィルムコミッション Blog,「雪あかりの街（4）」(「小樽フィルムコミッション撮影後記」, 2009 年 3 月 5 日)：http://www.otaru-fc.jp/blog/?p=91（現在はリンク切れ）
小樽観光ネットワーク Web：http://www.o-s-n.co.jp/
北一硝子株式会社 Web：https://kitaichiglass.co.jp/
樽樽源 Web,「景星餅菓商」(「小樽観光情報」, ちゃきさん, 2006 年 7 月 27 日)：
http://www.public-otaru.info/good-life/2006-07/20060727motimoti.htm
小梅太郎 blog,「雪の坂牛邸～あれ？田上義也記念室のプレートがない？」(小梅太郎の「小樽日記」, 2016 年 1 月 25 日)：
http://koume-taro.cocolog-nifty.com/otaru/2016/01/post-a83e.html
国土交通省北海道開発局 Web, 東田秀美「旧小熊邸倶楽部と道内の活用事例」(「まちづくりメールニュース」第 152 号別巻「産業・まちなか遺産活用スタートブック」, 2008 年 7 月), 68-72：
http://www.hkd.mlit.go.jp/zigyoka/zjigyou/sinko/sinko/mn152o4.pdf（現在はリンク切れ）
日経ウーマンオンライン,「自治体の重荷の建造物：「資産」に変えた交渉力の極意（東田秀美インタビュー)」(連載「麓幸子の女性活躍とダイバーシティの教科書」, 2018

年2月2日）：https://wol.nikkeibp.co.jp/atcl/column/15/071200089/122200070/
函館新聞社 Web,「日和茶房1億円で売却へ, ペシェ・ミニョン」（「函館地域ニュース」, 2015年11月18日）：https://www.ehako.com/news/news2015a/9611_index_msg.shtml
北海道人 Web,「歴史的建物の保存や再生について「まるごと全部, 引き受けます」——「旧小熊邸」倶楽部」（「NPO通信」第三回）：
http://www.hokkaido-jin.jp/issue/npo/003_01.html
松岡プランニング Blog1,「ロケ地を巡って」（「家を楽しむ！」, 2007年4月15日）：
http://ch12395.kitaguni.tv/e366486.html（現在はリンク切れ）
松岡プランニング Blog2,「旧小熊邸」（「家を楽しむ！」, 2007年2月23日）：
http://ch12395.kitaguni.tv/e349095.html（現在はリンク切れ）
木造ハウジングコーディネーター Web,「田上義也の坂牛邸」（「名建築を訪ねよう」第二回, 佐藤裕子執筆）：
http://www.mokuzohc.com/column2/index2.html（現在はリンク切れ）
れきけん facebook：
https://www.facebook.com/NPO法人歴史的地域資産研究機構れきけん-290990687728310/

第3章

■軍艦島関係資料（本文中では文献番号にて言及）

このリストは2010年現在で作成したものである。その後に刊行されたものについては、めぼしい単行本などをいくつか補っているが、とりわけ雑誌記事等については、ここ数年点数が急増したこともあり、ほとんど調査が行き届いていないことを最初にお断りしておく。

【雑誌記事・論文】

1 「海上のビル街　軍艦島」,『アサヒグラフ』1948.8.25, 4-7
2 「世界一の人口密度　緑なき島（端島）」,『国際文化画報』1951.4, -
3 一瀬亘「端島風景」,『地域』1952, 第1巻第4号, 36-39
4 扇田信「軍艦島の生活」,『住宅』1953.7, 23-29
5 西山夘三・扇田信「軍艦島の生活　長崎郊外, 三菱端島炭礦の見学記」,『住宅研究』1954.2, 41-51
6 「軍艦島の火事」,『アサヒグラフ』1957.4.14, 30［グラフ地方版］
7 「日本一高い小学校」,『家の光』1958.1, 28-29［こども家の光（付録）］
8 「波の下の炭坑　海底炭坑“軍艦島”（長崎県・端島）」,『週刊新潮』1958.5.12, 77-81

9 「すしづめ天国・軍艦島　台風の悩みはあれど」,『週刊東京』1959.10.10, 39-43
10 「“不況の中の天国” 軍艦島」,『週刊文春』1962.10.22, -
11 「消えゆく“軍艦島” 84年目に閉山したエネルギー危機下の皮肉な現象」,『週刊ポスト』1974.2.1, 巻頭グラビア
12 「サヨナラ「軍艦島」 84年の歴史閉じるスミの島」,『週刊朝日』1974.2.1, 11-13
13 「“軍艦島”総員退艦　エネルギー革命　一つの終末」,『サンデー毎日』1974.2.3, 7-12
14 「消えゆく“不沈艦” 閉山した軍艦島（長崎県）」,『アサヒグラフ』1974.3.22, 68-77
15 橋本治朗「軍艦島沈没」,『流動』1974.4, 巻頭グラビア
16 高橋昌嗣「軍艦島への道」,『話の特集』1974.4, 106-112
17 片寄俊秀「軍艦島の生活環境（その1）」,『住宅』1974.5, 65-71
18 片寄俊秀「軍艦島の生活環境（その2）」,『住宅』1974.6, 95-106
19 片寄俊秀「軍艦島の生活環境（その3）」,『住宅』1974.7, 54-63
20 「ああ軍艦島　ある労働者の転職」,『朝日ジャーナル』1974.5.17, 22-26
21 「失われゆくふるさと軍艦島」,『月刊ペン』1974.6, 136-137
22 東京電機大学・阿久井研究室「実測軍艦島（序） 高密度居住空間の構成」,『都市住宅』1976.5, 2-48
23 東京電機大学・阿久井研究室「実測軍艦島　②　海」,『都市住宅』1976.10, 43-56
24 東京電機大学・阿久井研究室「実測軍艦島　③　潮」,『都市住宅』1976.11, 43-62
25 東京電機大学・阿久井研究室「実測軍艦島　④　水」,『都市住宅』1977.5, 105-115
26 東京電機大学・阿久井研究室「実測軍艦島　⑤　緑」,『都市住宅』1977.11, 59-70
27 「波間に消えゆく軍艦島　いまはただ潮風が吹くばかり」,『アサヒグラフ』1980.1.11, 78-87
28 小瀧達郎「軍艦島　長崎県端島」,『流動』1980.3, 巻頭グラビア
29 栗原達男「むかし「5300人」いま「2匹だけ」の島」,『サンデー毎日』1981.10.11, 巻頭グラビア
30 松山巌「人が消え, 物は自然に帰る　写真集『軍艦島』」,『週刊文春』1986.10.2, 145［雑賀雄二写真集書評］
31 西井一夫「廃墟で《もの》は蘇生する」,『サンデー毎日』1986.11.2, 135［雑賀雄二写真集書評］
32 山崎浩一「景色の不思議　今, 風景写真が過激なのだ」,『POPEYE』1986.11.13, 128［雑賀雄二写真集書評］
33 「雑賀雄二写真集「軍艦島」」,『朝日ジャーナル』1987.5.22, 68［雑賀雄二写真集書評］
34 舟越健之輔「軍艦島かく戦えり〔長崎県端島〕」,『毎日グラフ』1989.10.22, 68-74［隔週連載深層ルポ　世紀末漂流 37］
35 「122人が死んだ慟哭の歴史　長崎軍艦島に強制連行された朝鮮人労働者の遺骨発見」,『Friday』1992.2.21, 66-67
36 「軍艦島」,『週刊時事』1992.6.6, 115-117
37 「軍艦島」,『Voice』1992.11, 139-145［連載　日本の中の島国 11］

38 都築響一「軍艦島」,『SPA』1994.3.9, 90-93［連載　珍日本紀行 50］
39 横手一彦「端島（軍艦島）考　コンクリートの島と近代と人の記憶と」,『日本文芸誌要（法政大学国文学会）』1996, 第 54 号, 108-111
40 「歳月に耐えて廃虚の島に立ち続ける大正建築の高層ビル」,『サイアス』1999.9, 38-39
41 松山巖「産業遺産は囁き, 語り続ける」,『太陽』1999.11, 33［特集　産業遺産の旅］
42 有栖川有栖「軍艦島」,『ダヴィンチ』2000.1, 110-111［有栖川有栖ミステリー・ツアー 1］
43 矢作俊彦「戦艦のハッピーニューイヤー」,『週刊ポスト』2000.1.14, 22-23［連載　新ニッポン百景 331］
44 「長崎県端島　光と影　軍艦島の今」,『別冊週刊実話』2001.8.6, 14-18
45 「背筋も凍る「真夏の怪談」本誌厳選全国心霊スポット」,『Friday』2002.8.16, 26-28
46 「視作品　軍艦島」,『週刊金曜日』2003.4.18, 42［雑賀雄二写真集書評］
47 倉本四郎「倉本四郎の視的快読　『軍艦島　眠りの中の覚醒』」,『週刊ポスト』2003.5.2, 173［雑賀雄二写真集書評］
48 「雑賀雄二『軍艦島　眠りの中の覚醒』」,『週刊新潮』2003.5.15, 130［雑賀雄二写真集書評］
49 「5000 人が住んでいた「奇跡の人工島」『軍艦島』　廃墟の鬼才が渾身撮」,『Friday』2004.2.13, 62-64
50 「私を軍艦島に連れてって　クルーズガイド養成中」,『サンデー毎日』2004.7.4, 14-15
51 「炭鉱閉山から 30 年　「軍艦島」　絶海に浮かぶ“墓標”」,『Friday』2004.8.6, 50-52
52 「産業遺産「軍艦島」沖を巡る　軍艦島クルーズ定期便就航」,『旅の手帖』2004.9, 7［今月のトピックス］
53 村山章「『軍艦島　FOREST OF RUINS』」,『SPA』2004.9.21, 103［DVD 評］
54 「廃虚ブームの火付け役　「軍艦島」を世界遺産に」,『読売ウィークリー』2004.9.26, 88-90
55 「早すぎた未来都市」,『週刊プレイボーイ』2004.12.14, 36-37
56 後藤恵之輔他「端島（軍艦島）における聞き取り調査および現地調査」,『長崎大学工学部研究報告』2005, 第 35 巻第 64 号, 57-62
57 「保存を探り始めた日本最古の RC 建築群」,『日経アーキテクチュア』2005.5.16, 26-39［有名建築その後］
58 「産業遺構・廃墟のある無人島　端島（軍艦島）」,『一個人』2005.7, 32-33［特集　3 日休みがとれたら無人島で遊ぶ］
59 「1972 年スーパーカブで旅立ち軍艦島で 6 ヶ月アルバイトした男」,『BEPAL 増刊 b*p』2005.7.20, 38-39［特集　今しかできない旅。ジンセイを変える旅。］
60 「軍艦島　静かに朽ち果てていく科学の「墓標」」,『Friday』2005.11.18, 54-55
61 木村至聖「コモンズとしての産業遺産　長崎県高島町における軍艦島活用を事例として」,『京都社会学年報第 15 号』2007, 141-168
62 焔裕造「潜入！軍艦島ファイナル　漆黒の廃都に蠢く霊の噂を追う」,『メディアック

ス・ムック 297』2008,［特集　ネットの超怖い話　冬の怨霊編］
63 「世界遺産入り間近!?　廃墟探訪　無人の軍艦島を歩く」,『週刊実話』2008.10.30, 193-196
64 「産業遺産　第2、第3の「軍艦島」は, 現れるのか」,『日経トレンディ』2009.5, 40-41［特集　行ってわかった！満足度 No.1 の安近短レジャー］
65 「近代化産業遺産に触れるツアーは波任せ　軍艦島, 35年ぶり上陸解禁」,『週刊ダイヤモンド』2009.5.2, 13［Deep Focus 53］
66 「「軍艦島」　昭和への追憶」,『Friday』2009.5.8, 58-60
67 「軍艦島　「NO MAN'S LAND　昭和の記憶」」,『Friday』2009.5.29, 89-91
68 「上陸ルポ　軍艦島の世界遺産で対立する地元・長崎のドタバタ劇」,『週刊実話』2009.6.4, 48-49
69 「長崎県軍艦島　最小限の整備で風化の過程を見せる」,『日経コンストラクション』2009.7.10, 44-49［特集　人を呼ぶ土木遺産］
70 佐々木龍（写真）, 春日井章司（文）「高度成長時代のタイムカプセル　軍艦島　長崎市の端島」,『サンデー毎日』2010.9.26, 3-7

【単行本・雑誌特集】

71 『都市住宅5月号　特集　実測軍艦島（序）　高密度居住空間の構成』1976, 鹿島出版会
72 阿久井喜孝・滋賀秀實（編著）1984,『軍艦島実測調査資料集　大正・昭和初期の近代建築群の実証的研究』, 東京電機大学出版局［2001, 2005 追補版］
73 雑賀雄二（写真）, 洲之内徹（文）1986,『雑賀雄二写真集　軍艦島　棄てられた島の風景』, 新潮社［写真集　2003 改訂再版（淡交社）］
74 奈良原一高 1987,『人間の土地　HUMAN LAND』, Libro［写真集］
75 三菱鉱業セメント高島炭礦史編纂委員会編 1989,『高島炭礦史』, 三菱鉱業セメント
76 菊地豊 1991,『廃墟が語りかける時　軍艦島　残された航跡』, 創栄出版［写真集］
77 林えいだい 1992,『死者への手紙　海底炭坑の朝鮮人坑夫たち』, 明石書店
78 柿田清英 1993,『崩れゆく記憶　端島炭鉱閉山18年目の記録』, 葦書房［写真集］
79 『よむ 2月号　特集　軍艦島閉山20年』1994, 岩波書店［雑誌特集］
80 池尻清（写真）1994,『別冊 ORG　オルガナイザー　求ム, 未来のエロス魂』, 吐夢書房
81 伊藤千行（写真）, 阿久井喜孝（文）1995,『軍艦島　海上産業都市に住む』, 岩波書店［ビジュアルブック　水辺の生活誌］
82 むらかみゆきこ（絵と文）1999,『軍艦島グラフィティ　おもいでのさんぽみち』, 不知火書房［絵本］
83 『軍艦島　失われた時を求めて…。』2003, 軍艦島を世界遺産にする会［写真集］
84 小林伸一郎 2004,『NO MAN'S LAND 軍艦島』, 講談社［写真集］
85 『軍艦島』2004, 軍艦島を世界遺産にする会［写真集］

86 後藤恵之輔, 坂本道徳 2005,『軍艦島の遺産　風化する近代日本の象徴』, 長崎新聞社［長崎新聞新書］
87 日向香 2005,『カンテラの詩　軍艦島の少女より』, 日本文学館［詩集］
88 大橋弘 2006,『1972　青春　軍艦島』, 新宿書房［写真集, 2010 増補新版］
89 綾井健 2006,『記憶の「軍艦島」』, リーブル出版［写真集］
90『ワンダー JAPAN 第 3 号　特集　海上廃都　軍艦島』2007, 三才ブックス［雑誌特集］
91『軍艦島　住み方の記憶』2008, 軍艦島を世界遺産にする会［写真集］
92 オープロジェクト 2008,『軍艦島全景』, 三才ブックス［写真集］
93 林えいだい（写真・文）2010,『写真記録　筑豊・軍艦島』, 弦書房
94 長崎文献社編集　軍艦島研究同好会監修 2010,『軍艦島は生きている！「廃墟」が語る人々の喜怒哀楽』, 長崎文献社［長崎游学 4］
95 東京電機大学阿久井研究室編 2011,『［復刻］実測・軍艦島：高密度居住空間の構成』, 鹿島出版会［『都市住宅』1977 の連載（文献 22-26）の合本再刊］
96 柿田清英（黒沢永紀監修）2013,『軍艦島超景』, 三才ブックス［写真集］
97 黒沢永紀, オープロジェクト 2013,『軍艦島入門』, 実業之日本社
98 高橋昌嗣 2014,『軍艦島 30 号棟夢幻泡影 1972 ＋ 2014』, 大和書房［写真集＋ DVD（オープロジェクト制作）］
99 木村至誠 2014,『産業遺産の記憶と表象　「軍艦島」をめぐるポリティクス』, 京都大学学術出版会
100 坂本道徳 2014,『軍艦島離島 40 年：人びとの記憶とこれから』, 実業之日本社
101 坂本道徳, 高木弘太郎（写真）2014,『軍艦島：廃墟からのメッセージ』, 亜紀書房
102 NPO 西山夘三記念すまい・まちづくり文庫編 2015,『軍艦島の生活〈1952/1970〉：住宅学者西山夘三の端島住宅調査レポート』, 創元社
103 松本國俊 2018,『軍艦島　韓国に傷つけられた世界遺産：「慰安婦」に続く「徴用工」という新たな「捏造の歴史」』, ハート出版

【軍艦島が一部に取りあげられている書籍】

104『岩波写真文庫　石炭』1951, 岩波書店［2007 復刊］
105 上野英信 1960,『追われゆく坑夫たち』, 岩波新書
106 産業考古学会他編 1993,『日本の産業遺産 300 選』, 同文館
107『懐古文化綜合誌　萬〔臨時増刊号）　特集　廃墟の魔力』1999, DAN ぼ
108 栗原亨（監修）2002,『廃墟の歩き方　探索篇』, イースト・プレス
109 三五繭夢 2003,『廃墟ノスタルジア』, 二見書房
110 読売新聞文化部　玉木雄介（撮影）2003,『近代化遺産ろまん紀行　西日本編』, 中央公論新社
111 湯前悟郎 2004,『廃墟探索　西日本篇』, 新風舎

112 田中昭二（文）, 中筋純（写真）2005,『廃墟, その光と影』, 東邦出版
113 砂田光紀（文, 写真）2005,『九州遺産　近現代遺産編 101』, 弦書房
114 なるほど知図帳日本編集部（編）2007,『歴史の足跡をたどる　日本遺構の旅』, 昭文社［まっぷる選書 5　なるほど知図 BOOK］
115 酒井竜次（監修・編集）2007,『ニッポンの廃墟』, インディヴィジョン
116 日本観光協会全国産業観光推進協議会（編）2008,『産業観光 100 選　産業観光ハンドブック』, 交通新聞社
117 酒井竜次（監修）2008,『廃墟という名の産業遺産』, インディヴィジョン
118 小林哲朗 2008,『廃墟ディスカバリー』, アスペクト
119 小林哲朗 2009,『廃墟ディスカバリー 2』, アスペクト
120 中田薫（構成）, 中筋純（写真）2009,『廃墟本 3』, ミリオン出版
121 強制労働真相究明ネットワーク・民族問題研究所編 2018,『「明治日本の産業革命遺産」と強制労働：日韓市民による世界遺産ガイドブック』, 神戸学生・青年センター出版部

【軍艦島の登場する小説等】

122 村上龍 1980,『コインロッカー・ベイビーズ』, 講談社［2009 講談社文庫（新装版）］
123 高橋治 1988,『別れてのちの恋歌』, 新潮社［1991 新潮文庫］
124 西木正明 1988,『端島の女』, 文藝春秋［『凍れる瞳』所収, 1991 文春文庫］
125 皆川博子 1988,『聖女の島』, 講談社ノベルス［2007 講談社ノベルス（復刊）］
126 保田良雄 1989,『軍艦島に進路をとれ』, 新潮社
127 赤川次郎 1997,『三毛猫ホームズの無人島』, カッパノベルス［2008 角川文庫］
128 恩田陸 2000,『puzzle』, 祥伝社文庫
129 漆原友紀 2003,『迷宮猫』, 季刊エス 5 号［コミック, 2004 講談社『フィラメント』所収］
130 内田康夫 2006,『棄霊島』, 文藝春秋［2008 ノン・ノベル］
131 高橋治（原作）, 石塚夢見（漫画）2006,『別れてのちの恋歌』, 講談社［コミック］
132 韓水山 2009,『軍艦島』, 作品社

【軍艦島の登場する映画・DVD・テレビ番組等】

133《緑なき島》1948, 松竹, 佐野周二, 山村聡他, 監督　小坂哲人［所在不明］
134《緑なき島》1955, NHK 短編映画［1955.11.17 NHK 総合テレビ放映, 2015 DVD 化《軍艦島よ永遠に》］
135《離島の惨状　台風 12 号》1956, 朝日ニュース
136《島々の季節「軍艦島」》1965, 毎日ニュース　No.553［1965.7.7 封切］
137《模型の国》1975, 無援舎, 今村秀夫（演出）［2007 DVD 化《軍艦島 1975》］

138《純》1978, 工藝社, 江藤潤, 朝加真由美他（出演）, 横山博人（監督）［2005 DVD 化］
139《風化する軍艦島》1979, NHK 科学ドキュメント［1979.12.10 NHK 総合テレビ放映, 2015 DVD 化《軍艦島よ永遠に》］
140《冒険者カミカゼ》1981, 東映, 千葉真一, 真田広之他（出演）, 鷹森立一（監督）［2008 DVD 化］
141《人影なし》1982, 公共広告機構 CM, 電通大阪制作［1982 ACC 秀作賞テレビ部門］
142《別れてのちの恋歌》1991, NTV ドラマ「水曜グランドロマン」, 大竹しのぶ, 堤真一他（出演）, 井上昭（演出）［1991.5.1 放映］
143《魚からダイオキシン》1992, 松竹配給, 内田裕也, 本木雅弘他（出演）, 宇崎竜童（監督）［1992 ビデオ化, 2002 DVD 化］
144《月だけが照らしていた　軍艦島閉山 20 年　島と人の軌跡》1994, NHK 総合「プライム 11」［1994.5.28 放映］
145《深く潜れ　八犬伝 2001》2000, NHK 衛星ドラマ D モード, 鈴木あみ, 小西真奈美他（出演）［2001 DVD 化］
146《軍艦島　FOREST OF RUINS》2004, オープロジェクト, オープロジェクト制作［DVD］
147《軍艦島オデッセイ　廿世紀未来島を歩く》2008, オープロジェクト, オープロジェクト制作［DVD］
148《MY LONELY TOWN》2009, Being,［PV（B's "MY LONELY TOWN"）］
149《HASHIMA 軍艦島 2010》2010, NBC 長崎放送, NBC 長崎放送［DVD］
150《とっておきの軍艦島ガイド　世界遺産暫定候補の軍艦島と歴史が薫る長崎の旅》2011, オープロジェクト, オープロジェクト制作［DVD］
151《軍艦島（The Battleship Island）》2017, CJ エンターテインメント, リュ・スンワン（監督）［韓国映画, 2017 DVD 化］

■その他の文献

谷川渥 2003,『廃墟の美学』, 集英社（集英社新書）
中川浩一編著 1978,『産業遺跡を歩く：北関東の産業考古学』, 産業技術センター
日本観光協会全国産業観光推進協議会編 2008,『産業観光 100 選：産業観光ハンドブック』, 交通新聞社
平井東幸・種田明・堤一郎編著 2009,『産業遺産を歩こう：初心者のための産業考古学入門』, 東洋経済新報社
矢作弘 2004,『産業遺産とまちづくり』, 学芸出版社
山崎俊雄・前田清志編 1986,『日本の産業遺産 1：産業考古学研究』, 玉川大学出版部

■Webサイト

NHK 深く潜れ〜八犬伝 2001 〜（ウェイバックマシン）：
http://www.nhk.or.jp:80/drama/archives/dd/bbsmgr/index.html
amazon.co.jp《軍艦島 1975 模型の国》ページ：https://www.amazon.co.jp/dp/B000NOKE7C/

第4章

■文献

Aggio, Regina 2007, *Filmstadt Berlin 1895-2006: Schauspieler, Regisseure, Produzenten - Wohnsitze, Schauplätze, und Drehorte,* Berlin: Verlag Jena 1800.

Ampelmann GmbH (hg.) 2015, *Ampelmann: Vom Verkehrszeichen zur Kultfigur*, Berlin: Ampelmann Edition.（高橋徹訳編『アンペルマン――東ドイツ生まれの人気キャラクター』, 郁文堂, 2015）

Bellmann, Gunter, Markus Mey, Peter Philipps 1997, *Berlin Einst und Heute*, Berlin: Ullstein Buchverlage.

Buhlmann, Gerhart 1953, *Die Stalinallee: Nationales Aufbauprogramm 1952*, Berlin: Verlag der Nation Berlin.

Casper, Helmut 2008, *Erinnerungsorte in Berlin: Führer zu Schauplätzen Deutscher Geschichte,* Petersberg: Michael Imhof Verlag.

Cuadra, Manual, Rolf Toyka (hg.) 1997, *Berlin Karl-Marx-Allee: Hintergründe ihrer Entstehung, Probleme, Visionen,* Hamburg: Junius Verlag.

Engelhaft, Dirk 2016, *Berlin - Wo es die DDR noch gibt: Architektur Design Alltag,* Berlin: Via Reise Verlag.

Grahn, Robert 2012, *Wandel im Flug: Berlins Veränderung nach dem Fall der Mauer,* Berlin: Berlin Story Verlag.

Hampel, Harry 1996, Thomas Friedrich, *Wo die Mauer war*, Berlin: Nicolaische Verlagsbuchhandlung.

Hartmann, Reiner, Frank Paul Kistner 2008, *Berlin: Ein Rundgang vor und nach dem Mauerfall,* Berlin: Edition Braus.

Haspel, Jörg, Thomas Flierl (hg.) 2017, *Karl-Marx-Allee und Interbau 1957: Konfrontation, Konkurrenz und Koevolution der Moderne in Berlin* (Beiträge zur Denkmalpflege in Berlin, Band 47), Berlin: Hedrik Bäßler Verlag.

Heckhausen, Markus (hg.) 1997, *Das Buch vom Ampelmännchen*, Berlin: Eulenspiegel Verlag.

Holder, Anne, Matthias Käther 2003, *DDR-Baudenkmale in Berlin: Berlins Osten neu entdeckt*, Berlin:

Via Reise Verlag.
Hölkemann, Barbara 2006, *Die Oberbaumbrücke in Berlin: Eine Einheit gegensätzlicher Bestimmungen*, Baden-Baden: Deutscher Wissenschafts-Verlag.
Hübner-Kosney, Jürgen (hg.) 1998, *Berlins Wandel zwischen Mauerzeit und Jahrtausendwende: Das alte und neue Gesicht der östlichen Berliner Stadtbezirke,* Berlin: Selbstverlag.
Info Box 1997, *Info Box: Der Katalog*, Berlin: Verlag Dirk Nishen.
Ingram, Susan(ed.) 2012, *World Film Locations Berlin*, Bristol: Intellect Books.
Köhler, Tim 1993, *Unser die Strasse - Unser der Sieg: Die Stalinallee*, Berlin: Aufbau Taschenbuch Verlag.
Kreuder, Friedemann 2000, "Hotel Esplanade: The Cultural History of a Berlin Location", in: *PAJ (A Journal of Performance and Art)*, Vol.22 No.2, 22-38.
Krüger, Thomas Michael 2003, *Architekturführer Karl-Marx-Allee & Frankfurter Allee Berlin,* Berlin Stadtwandel Verlag.
Lange, Annemarie 1963, *Führer durch Berlin: Reisehandbuch für die Hauptstadt der Deutschen Demokratischen Republik*, Berlin: Das neue Berlin.
Münch, Markus 2007, *Drehort Berlin: Wo berühmte Filme entstanden*, Berlin: Berlin Edition im be.bra Verlag.
Nicolaus, Herbert & Alexander Obeth 1997, *Die Stalinallee: Geschichte einer deutschen Straße*, Berlin: Verlag für Bauwesen.
Peters, Paulhans 2002, *Eine Zukunft für die Karl-Marx-Allee*, Hamburg: Dölling und Galitz Verlag.
Reuter, Ortmann (foto) 2001, *Berlin Potsdamer Platz 1994-2001: Die bauliche Entwicklung in Luftbildern*, Berlin: Luftbildverlag Berlin.
Sabrow, Martin(hg.) 2009, *Erinnerungsorte der DDR*, München: C.H.Beck.
Schubert, Michaela & Wolfgang Bernschein 2007, *Berlin: Der Spezielle Reiseführer (Reisen - Ein Film)*, Berlin: Wolbern Verlag.
Schulte, Benett 2011, *Die Berliner Mauer: Spuren einer verschwundenen Grenze*, Berlin: Berlin Edition im be.bra Verlag.
Sommer, Stefan 2003, *Das große Lexikon des DDR-Alltags*, Berlin: Schwartzkopf & Schwartzkopf Verlag.
Thieme, Wolf 2002, *Das Weinhaus Hute: Die wechselvolle Geschichte einer Berliner Legende*, Berlin: Berlin Edition.
Toteberg, Michael(hg.) 2003, *Good Bye Lenin!*, Berlin: Schwartzkopf & Schwartzkopf Verlag.
Wefing, Heinrich (text), Andreas Muhs (foto) 1998, *Der Neue Potsdamerplatz: Ein Kunststück Stadt*, Berlin: be.bra Verlag
Weise, Klaus 1979, *Stadtführer Atlas Berlin*, Berlin: VEB Tourist Verlag.
Weise, Klaus 1977, *Wohin in Berlin: Hauptstadt der DDR*, Berlin: Berlin-Information.
Wenders, Wim & Peter Handke 1987, *Der Himmel über Berlin: Ein Filmbuch*, Frankfurt/M: Suhrkamp Verlag.

Wildt, Nadin 2016, *Filmlandschaft Berlin: Großstadtfilme und ihre Drehorte,* Berlin: Berlin Story Verlag.

■映像資料

本論で言及した作品について、使用したDVDに関するデータを一覧表にした。DVDについては、日本盤発売の有無も作品によって状況がさまざまであり、発売番号なども再発売等でしばしば変わるため、ここに掲載したのはあくまでも著者がたまたま使用したものについてのデータであることをお断りしておく。なお、東西ドイツ統合以後に制作されたベルリンを舞台にした映画のリストは本書223-224頁を参照。

The Bourne Supremacy（ボーン・スプレマシー）, DVD, ユニバーサル・ピクチャーズ・ジャパン UNKE42021, 2006

Counterpart, DVD, STARZ 54421, 2017

Good bye, Lenin!, DVD (Deluxe Edition, 3 Discs), Warner Home Video Germany D5/Z5 95654, 2004［本編のほか、特典映像として"*Genau so war's*"（考証解説映像）、"*Lenin lernt fliegen*"（デジタル効果解説映像）、メイキング、未公開シーン等収録］

Heisser Sommer, DVD, Icestorm Entertainment GMBH 19112, 2003

Der Himmel über Berlin（ベルリン天使の詩）, DVD（デジタルニューマスター版）, 東北新社 TBD9123, 2006（本編のほか, 特典映像として未公開シーン, オーディオ・コメンタリー等収録）

Das Leben der Anderen（善き人のためのソナタ）, DVD, アルバトロス ALBD5641S, 2007

Lola rennt（ラン・ローラ・ラン）, DVD, ポニーキャニオン PCBE50806, 2004

Nur aus Liebe, DVD, Warner Home Video Germany D2 92116, 2001

One, Two, Three（ワン, ツー, スリー）, DVD, フォックス・ホーム・エンターテインメント・ジャパン MCS17026, 2005

Sonnenallee, DVD, Highlight Communications AG 65433, 1999

Unknown（アンノウン）, DVD, ワーナー・ホーム・ビデオ 1000232076, 2011

Der Zimmerspringbrunnen, DVD, Universal Pictures Germany GMBH 902 762-1, 2003

■Webサイト

ブログ《ベルリン中央駅》「天使の降りた場所」シリーズ（中村真人）

(8) ポツダム広場：http://berlinhbf.com/2006/09/22/674/

(9) 戦前のポツダム広場を歩く：http://berlinhbf.com/2006/10/05/700/

(10) ポツダム広場の栄枯盛衰史：http://berlinhbf.com/2006/10/07/702/

(11) ポツダム広場伝説は続く：http://berlinhbf.com/2006/10/11/707/

(22) ホテル・エスプラナーデ：http://berlinhbf.com/2007/02/10/856/

(23) カイザーザール：http://berlinhbf.com/2008/01/30/1309/

■文献

Bergauer, Josef 1941, *Das klingende Wien: Erinnerungsstätten berühmter Tondichter*, Wien und Leipzig: Johannes Günter Verlag.

Blaukopf, Herta und Kurt 1992, *Wiener Philharmoniker: Welt des Orchesters - Orchester der Welt,* Wien: Löcker Verlag.

Brauneis, Walther 1995, "Das Eroicahaus: Eine topographische Analyse", in: *Mitteilungsblatt der Wiener Beethoven-Gesellschaft* 4.

Cohen, Sara 1997, "Liverpool and the Beatles: Exploring Relations between Music and Place, Text and Context", in: David Schwarz, Anahid Kassabian and Lawrence Siegel (eds.), *Keeping Score: Music, Disciplinarity, Culture*, Charlottesville and London: University Press of Virginia.

Damisch, Heinrich (ed.) 1941, *Mozart Almanach auf das Jahr 1941*, Wien: Österreichischer Landesverlag.

Endlicher, Michael (ed.) 1997, *The New Year's Day Concert of the Vienna Philharmonic Orchestra* (CD-ROM), Wien: Chocolate Multimedia Production.

Internationale Stiftung Mozarteum (ed.) 1996, *Festschrift: Die Wiederrichtung des Mozart-Wohnhauses 26. Jänner 1996*, Salzburg: Internationale Stiftung Mozarteum.

Kretschmar, Helmut 1988, *Wiener Musikergedenkstätten*, Wien: J&V Edition.

Kretschmar, Helmut 1990, *Mozarts Spuren in Wien*, Wien: J&V Edition.（邦訳：白石隆生訳『ウィーンのモーツァルト史跡探訪』, 音楽之友社, 1991）

Kretschmar, Helmut 1998, *Beethovens Spuren in Wien*, Wien: Pichler Verlag.

Mattl-Wurm, Sylvia 1995, "Reliquien und Relikte", in: *Kultobjekte der Erinnerung,* Ausstellungskatalog, Wien: Historisches Museum Wien.

Nebehay, Christian M. 1984, *Wien Speziell: Musik um 1900 - Wo finde ich Berg, Wolf, Brahms, Bruckner, Mahler, Strauss, Schönberg, Zemlinsky, Hauer, Webern,* Wien: Verlag Christian Brandstätter.（邦訳：白石隆生・敬子訳『ウィーン音楽地図 2 ロマン派／近代』, 音楽之友社, 1987）

Nebehay, Christian M. 1985, *Wien Speziell: Musik der Klassik - Wo finde ich Haydn, Gluck, Mozart, Beethoven, Schubert, Strauss Vater, Lanner,* Wien: Verlag Christian Brandstätter.（邦訳：白石隆生・敬子訳『ウィーン音楽地図 1 古典派』, 音楽之友社, 1987）

Negus, Keith 1996, *Popular Music in Theory: An Introduction*, Cambridge: Polity Press.（邦訳：安田昌弘訳『ポピュラー音楽理論入門』, 水声社, 2004）

Orel, Alfred 1941, *Mozarts Deutscher Weg: Eine Deutung aus Briefen*, Wien: Wiener Verlagsgesellschaft.

Orel, Alfred 1944, *Mozart in Wien* (Kleinbuchreihe Südost, 94), Wien: Wiener Verlag.

Orel, Alfred 1953, *Musikstadt Wien*, Stuttgart: Europäischer Buchklub.

Thomas, Walter (ed.) 1941, *Wolfgang Amadeus Mozart, Herausgegeben zur Mozartwoche des Deutschen Reiches in Zusammenarbeit mit dem Reichesministerium für Volksaufklärung und Propaganda und dem Reichesstatthalter in Wien*, Wien: Verlag “Die Pause” in Wien.

Trümpi, Fritz 2011, *Politisierte Orchester: Die Wiener Philharmoniker und das Berliner Philharmonische Orchester im Nationalsozialismus,* Wien: Böhlau Verlag.

Weiss, Walter M. 1997, *Auf den Spuren von Wolfgang Amadeus Mozart: Ein biographischer Reiseführer durch Salzburg, Prag & Wien*, Wien: Verlag Christian Brandstätter.

属啓成 1938,『ライカ行脚　ドイツ楽聖遺跡』, 三省堂

■ フィガロハウス（モーツァルトハウス）案内冊子

末尾の括弧内は主な執筆者。また、*Mozarthaus Vienna* 以外はウィーン市立歴史博物館 Historisches Museum der Stadt Wien の刊行。

Der Mozart-Erinnerungsraum in Mozarts Wohnung von 1784-1787, 1. Auflage, 1953 (Franz Glück, Otto Erich Deutsch).

Mozarts Wohnung in der Schulerstrasse 1784-1787, 2. Auflage, 1965 (Franz Glück, Otto Erich Deutsch, Peter Pötschner).

Mozart-Wohnung (Figarohaus) Wien 1, Domgasse 5 (Katalog), 3. Auflage, n.d. (Otto Erich Deutsch, Heinz Schöny).

Mozart-Wohnung (Figarohaus) Wien 1, Domgasse 5 (Katalog), 4. Auflage, 1987 (Otto Erich Deutsch, Robert Waissenberger, Adelbert Schüsser, Günter Düriegel).

Wolfgang Amadeus Mozart Musikgedenkstätten (Katalog), 1995(?) (Adelbert Schüsser, Elsa Prochazka, Rudolph Angermüller, Walther Brauneis).

Mozarthaus Vienna (Museumsführer), 2006, Wien: Pressten Verlag, 2006 (Alfred Stalzer, Wolfgang Kos).

■ウィーン・フィルの「ニューイヤー・コンサート」の録画、録音

DVD、CD のいずれについても、国内盤と輸入盤が並存し、発売会社や番号も再発売等でしばしば変わるため、ここに掲載したのはあくまでも筆者がたまたま使用したものについてのデータであることをお断りしておく。

【DVD】

1963-79（抜粋）ウィリー・ボスコフスキー指揮, ドイツ・グラモフォン 00440 073 4002,

2004
1974 ウィリー・ボスコフスキー指揮, ドイツ・グラモフォン 00440 073 4002, 2004
1987 ヘルベルト・フォン・カラヤン指揮, ソニー・ミュージック SIBC30, 2003
1989 カルロス・クライバー指揮, ユニバーサル・ミュージック（ドイツ・グラモフォン）UCBG-9049, 2003
1990 ズービン・メータ指揮, ユニバーサル・ミュージック（ドイツ・グラモフォン）UCBG-1031, 2001
1991 クラウディオ・アバド指揮, ユニバーサル・ミュージック（ドイツ・グラモフォン）UCBG-9023, 2003
1992 カルロス・クライバー指揮, ユニバーサル・ミュージック（フィリップス）UCBP-9017, 2003
1993 リッカルド・ムーティ指揮, ユニバーサル・ミュージック（フィリップス）UCBP-1019, 2001
2000 リッカルド・ムーティ指揮, 東芝 EMI TOBW-93007, 2003
2001 ニコラウス・アーノンクール指揮, ワーナー・ミュージック WPBS-90126, 2001
2002 小澤征爾指揮, TDK TDBA-0015, 2002
2003 ニコラウス・アーノンクール指揮, TDK TDBA-0019, 2003
2004 リッカルド・ムーティ指揮, ドイツ・グラモフォン 073 097-9, 2004
2005 ロリン・マゼール指揮, ドイツ・グラモフォン 00440 073 4020, 2005
2006 マリス・ヤンソンス指揮, ドイツ・グラモフォン 00440 073 4142, 2006
2007 ズービン・メータ指揮, ドイツ・グラモフォン 00440 073 4188, 2007
2008 ジョルジュ・プレートル指揮, デッカ 074 3246, 2008
2009 ダニエル・バレンボイム指揮, デッカ 074 3317, 2009
2010 ジョルジュ・プレートル指揮, デッカ 074 3376, 2010
2011 フランツ・ウェルザー＝メスト指揮, デッカ 074 3411, 2011
2012 マリス・ヤンソンス指揮, ソニー・ミュージック 88697927139, 2012
2013 フランツ・ウェルザー＝メスト指揮, ソニー・ミュージック 88765411669, 2013
2014 ダニエル・バレンボイム指揮, ソニー・ミュージック 88883792289, 2014
2015 ズービン・メータ指揮, ソニー・ミュージック 88875035509, 2015
2016 マリス・ヤンソンス指揮, ソニー・ミュージック 88875174789, 2016
2017 グスタフ・ドゥダメル指揮, ソニー・ミュージック 88985376169, 2017
2018 リッカルド・ムーティ指揮, ソニー・ミュージック 88985470599, 2018

【CD】

1941 クレメンス・クラウス指揮, Edition Kurier WPH-L-K-2006/12, 2006
1954 クレメンス・クラウス指揮, オーパス蔵 OPK7006/7, 2004
1975 ウィリー・ボスコフスキー指揮, ポリドール POCL-3640/1, 1994

1979 ウィリー・ボスコフスキー指揮, ポリドール POCL-3640/1, 1994
1980-83（抜粋）ロリン・マゼール指揮, ドイツ・グラモフォン 429 562-2, 1983
1994 ロリン・マゼール指揮, ソニー・ミュージック SK 46 694, 1994
1995 ズービン・メータ指揮, ソニー・ミュージック SK 66 860, 1995
1996 ロリン・マゼール指揮, BMG クラシックス 09026 68421 2, 1996
1997 リッカルド・ムーティ指揮, EMI レコード 7243 5 56336 2 0, 1997
1998 ズービン・メータ指揮, BMG クラシックス 09026 63144 2, 1998
1999 ロリン・マゼール指揮, BMG クラシックス 74321 61687 2, 1999

(参考) ウィーン・フィルによるニューイヤー・コンサート以外での《美しく青きドナウ》の歴史的録音
1924 ヨゼフ・クライン指揮, 新星堂（東芝 EMI）SGR-8243, 1998
1934 ジョージ・セル指揮, ドイツ・グラモフォン 435 335-2, 1991
1941 クレメンス・クラウス指揮, Biddulph WHL001, 1993